·rary

Vita di Giambattista Vico scritta da se medesimo

平凡社ライブラリー

Heibonsha Library

自伝

Vita di Giambattista Vico scritta da se medesimo

ジャンバッティスタ・ヴィーコ著
上村忠男訳

平凡社

本訳書は、平凡社ライブラリー・オリジナルです。

目次

第一部　本人の書いたジャンバッティスタ・ヴィーコの生涯（一七二五―二八年）

　ジャンバッティスタ・ヴィーコ氏は、ナポリで一六七〇年[*1]、とても立派な世評を残した実直な両親[*2]の子として生まれた。父親は陽気な性格であったのにたいして、母親はかなりの憂鬱気質であった。かくては双方の性質があいまって、彼らの子どもの生まれつきの性質の形成に寄与するところとなった。というのも、ヴィーコは、もともと、とても活発で、じっとしていられない子であった。ところが、七歳のとき、梯子《はしご》の高いところから足を踏み外して、頭から真っ逆さまに床に墜落し、そのまま五時間あまり身動きひとつせず、意識を失ったままの状態におちいってしまった。そして頭皮が破れるまでにはいたらなかったものの、頭蓋骨の右側に損傷を受け、骨折した結果、途方もなく大きな腫れが生じて、いくつもの深い裂け目から多量の血が噴き出す事態となった。子どもが頭蓋骨を骨折し、長時間にわたって昏睡状態におちいっているありさまを見た外科医は、つぎのように見通しを述べた。この子はこのまま死んでしまうか、一命をとりとめても頭がだめになってしまうだろう、と。しかしながら、神のご加護で、この診断はどちらも当たらなかった。ただ、この不慮の事故による傷病が癒えて以後、ヴィーコは憂鬱質で万事に辛辣な性質の人間に育っていくこととなった。このような性質は、機知に富み、しかも深く自省的な人物に特有のものである。彼らは構想力〔創意工夫の能力〕に恵まれているために一瞬のうちに綺想がひらめき、ものごとを深く省察する能力に秀《ひい》でているために軽口をたたいたり虚偽を吹聴《ふいちょう》したりするのを喜ばないのである。

このような次第で、優に三年におよぶ長い回復期ののち、ヴィーコは読み書きの基本を学

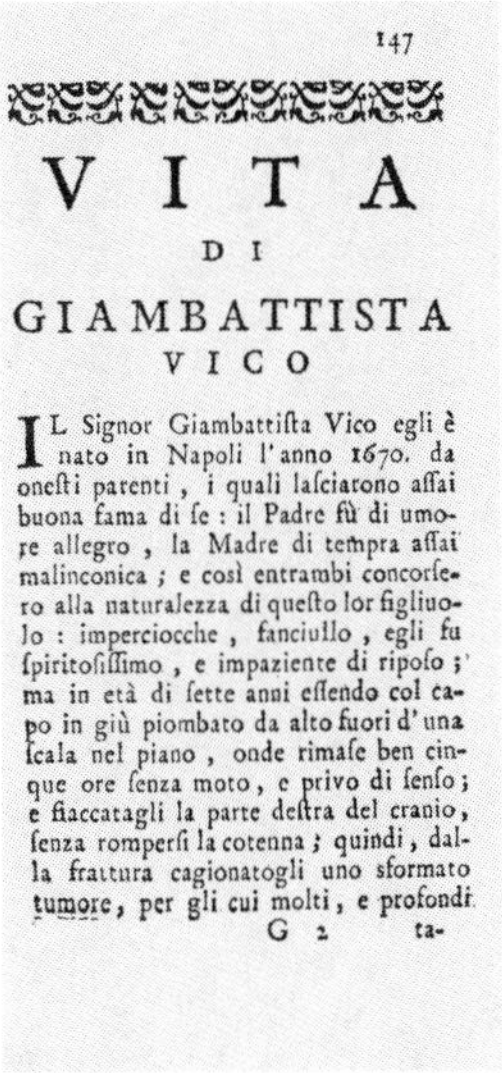
147

VITA

DI

GIAMBATTISTA

VICO

IL Signor Giambattiſta Vico egli è nato in Napoli l'anno 1670. da oneſti parenti, i quali laſciarono aſſai buona fama di ſe: il Padre fù di umore allegro, la Madre di tempra aſſai malinconica; e così entrambi concorſero alla naturalezza di queſto lor figliuolo: imperciocche, fanciullo, egli fu ſpiritoſiſſimo, e impaziente di riposo; ma in età di ſette anni eſſendo col capo in giù piombato da alto fuori d' una ſcala nel piano, onde rimaſe ben cinque ore ſenza moto, e privo di ſenſo; e fiaccatagli la parte deſtra del cranio, ſenza romperſi la cotenna; quindi, dalla frattura cagionatogli uno sformato tumore, per gli cui molti, e profondi

G 2　　ta-

『学芸論集』第1巻（1728年）に掲載された「本人の書いたジャンバッティスタ・ヴィーコの生涯」の最初の頁（上村忠男所蔵本）。

ぶ初等学校に復学することになったのだったが、教師からあたえられた課題を家でいとも素早く片づけてしまったため、この素早さをてっきり投げやりと思いこんだ父親はある日のこと教師に、息子は生徒としてなすべき義務をしっかり果たしておりますでしょうか、と尋ねた。そして教師がしっかり果たしていると答えると、それでは課題を倍にしてやってほしい、と頼むのだった。だが、教師は、同じクラスの他の生徒たちの程度に合わせなければならないし、かといって息子さんひとりだけのクラスを作ることもできず、またもうひとつ上のクラスでは程度が高すぎるからと言って、これを断った。この面談の場に居合わせて教師の言い分を聞いていたヴィーコは、勇気をふるって、どうか上級のクラスに移ることを許可してください、上級のクラスに進むまでに勉強しておかねばならないことは自分でしっかりやっておきますから、と教師に願い出た。教師は、そんなことが実際にできると期待したというよりも、子どもの才能がどこまでできるものなのか試してやろうという気持ちで、この願い出を許可した。すると、驚嘆したことに、数日もたたないうちに、少年はみごとに自分自身の教師としてふるまってみせた〔不足分を独習でマスターした〕のだった。

こうして少年は最初の教師の指導を離れて、別の教師に託されることとなったが、この教師のもとではわずかの期間しか面倒を見てもらうことがなかった。子どもに教育を受けさせたいならイエズス会の神父のところにやったほうがよい、と父親が人から勧められたのが理由だった。そしてイエズス会の学校[*3]では少年を第二クラスに受けいれた。[*4]そのクラスを担当していた教師[*5]は、少年が優れた素質をそなえているのを見てとるや、自分の生徒のうちでも一番できる者三人をつぎつぎに競争相手として少年に対抗させた。すると、少年は、神父たちが言うところの「勉励課題」、すなわち特別の学業課題によって、そのうちの一人は打ち負かし、もう一人は少年と張り合おうとしたのが原因の病気にさせてしまった。また三人目はイエズス会の教団からとくに目をかけられている生徒であったので、神父たちのいわゆる「成績表」が読みあげられる前に「学業成果顕著」の特典によって上の第一クラスに進級させられてしまった。この措置をジャンバッティスタは自分にたいする侮辱と受けとめて憤慨した。くわえて、第二学期ではすでに第一学期でやったことを繰り返すことになっていると聞いて、ついにこの学校を退学してしまった。そして家に閉じこもって、アルヴァリス〔の文法教程[*6]〕を頼りに、第一クラスと古典学クラスにおいて神父たちから教えられることになっていたはずの部分を独力で学習し、つづいて十月には論理学の学習に進んだ。折しも季節は夏だったので、夜になってから勉強机に向かった。優しい母親は、一眠りして目を覚ますと〔息子がまだ勉強しているのを見て〕可哀想に思い、もう寝なさいと命じるのだったが、それでも空が白みはじめるまで息子が勉強を続けていたのを翌朝になって知ることも一度や二度ではなかった。これは、ヴィーコがやがて学芸の研究で年を積んでいくなかで学者としての自分の名声を強力に擁護するにいたったことの前兆であった。

ヴィーコを担当することとなった教師は、たまたまの巡り合わせというべきか、唯名論者の哲学者であったイエズス会士、アントニオ・デル・バルツォ神父[*7]であった。そして、優れた論理学綱要を著わす人は哲学者としても力量のある人であり、論理学綱要として最も優れた著作をものしたのはペトルス・ヒスパヌス[*8]であると学校で聞いていたので、ヴィーコはこの人物を精力的に勉強することにした。それからまた、パオロ・ヴェネト[*9]こそは論理学綱要のあらゆる著者のうちでも最も鋭敏であると彼の教師〔デル・バルツォ神父〕から教えられたので、この人物も取りあげて役立てようとした。ところが、この種のクリュシッポスふうの論理学[*10]に耐え抜くには彼の才能はまだ脆弱であったので、すんでのところで自滅してしまいかねず、たいへん心残りではあったが、取り組むのを断念せざるをえなくなった。そして、このように絶望を味わわされた結果（若者たちに年齢不相応の学問をさせるのはこんなにも危険なことなのだ！）、学芸の砂漠に放り出されて、一年半ばかりその砂漠のなかをさまよう羽目となってしまった。ルネ・デカルトはもっぱら自分の哲学と数学だけを称揚し、神および人間のことがらにかんする知識の完成をめざす他のいっさいの学問をおとしめようとして、自分の習得した学問の方法について狡猾に装ったが、[*11] ここではそのように装うことはしないようにしよう。ここでは〔デカルトの場合とは違って〕、歴史家として当然の率直さをもって、ヴィーコが修めた学問のすべてが逐次順序を追って包み隠さず物語られるだろう。こうして、彼の学者としての、このようであるべきであったのであってこれ以外ではありえなかった成りゆきの、固有にして自然本性的な諸原因が知られるようになるだろう。

このようにしてヴィーコはよく統制のとれた少年時代のまっとうな行路からさまよい出てしまったのだったが、それはさながら、軍馬としての訓練をたっぷりと受けてきた悍馬《かんば》がその後牧場に放たれ、長らく勝手気ままに野原で草をはむにまかせられたのに似ていた。しかし、そのような馬も、いったん進軍ラッパの響きを耳にすると、戦闘意欲が俄然湧き起こり、騎士に自分の背にまたがって戦場へ導いていってくれるよう求める仕草をする。これと同じような意欲をヴィーコもあの有名なインフリアートたち〔激高せる者たち〕のアカデミーが長年月にわたる中断ののちサン・ロレンツォ修道院で再開されたときに感じた。[*12] そこには有能な学者たちが都市の主だった法曹人、王立神聖評議会[*13]の評議員、それに貴族の方々と一堂に会していた。これを見たヴィーコは自分の天賦の才能によって揺り動かされて、一旦は放棄した歩みを取り戻し、ふたたび前進しはじめたのだった。光輝あるアカデミーはかくもこのうえなくすばらしい成果をそれぞれの都市にもたらすのである。というのも、若者たちはその年齢からして血気さかんで、しかも人生の経験をまだわずかしか積んでいないため、満身これ自信のかたまりで、高邁な希望にあふれており、称賛し栄光をあたえてやれば夢中になって学業に邁進する。そして、やがて分別がつき、もろもろの実利を求める年齢がやってきたときには、その間に身に付けた価値と功績とによってそれらの利益を公正な仕方で獲得するようになるからである。こうしてヴィーコは〔イエズス会の学校に戻って〕ジュゼッペ・リッチ神父[*14]のもとで新たに哲学のコースに受けいれられることとなった。神父は彼もまたイエズス会士であったがきわめて鋭敏な才知の持ち主で、宗派上はドゥンス・スコトゥス派の流れを汲むスコトゥス主義者[*15]でありながら、根底においてはゼノン主義者であった。[*16]ヴィーコはこの神父から「抽象的実体」のほうが唯名論者バルツォのいわゆる「様相」よりもはるかに実在性をもつという説[*17]を聞いた。そしてわが意を得たように感じた。これは、やがてヴィーコが他のどの哲学よりもプラトン哲学を愛好するようになることの前兆であった。じじつ、スコラ哲学のうちでドゥンス・スコトゥスの哲学ほどプラトン哲学に接近している哲学はないのである。また、のちにヴィーコが、彼の『形而上学』においておこなったように、[*18]ゼノンの「点」をアリストテレスのような改竄《かいざん》された見解とは別の〔原意に即した〕見解によって論じるようになることの前兆でもあった。だが、ヴィーコには、リッチが「存在者」と「実体」について説明するにあたって、それぞれが位置する形而上学上の段階から見て両者がどの程度まで区別されるかということにこだわりすぎているように思われた。というのも、ヴィーコは新しい認識を渇望していたからである。また、哲学における知識の全領域については、スアレス神父が彼の著書『形而上学』において、形而上学者にふさわしい卓越した仕方で、しかもこのうえなく明快かつ平明に論じているということを耳にした。[*19]じっさいにも神父は比類ない雄弁によって群を抜いていた。そこでヴィーコは前回とは異なってもっと有益な目的のために学校を去り、一年間家に閉じこもってスアレスを研究した。

この間、ヴィーコは一度だけ王立大学に出かけたことがあり、そのとき幸運にも守り神の導きで有能な首席法学講師フェリーチェ・アクアディエス氏[*20]のクラスを聴講する機会に恵まれた。氏はちょうど学生たちにヘルマヌス・ウルテユス[*21]の話をしていて、この人物こそは市民法提要についてこれまで書いてきた者たちのうちでもっとも優れた著者である、と評しているところだった。この言葉はヴィーコの記憶にとどめられ、彼の研究がよりよい方向へと向かっていく主要な原因のひとつとなった。そしてそこからヴィーコは多大な利益を得ることとなった。それというのも、その後父親の意向で法律を学ぶこととなり、近所であったということと、それ以上に講師の評判が高かったこともあって、フランチェスコ・ヴェルデ氏[22]のもとに通わされることになったのだが、氏のところではわずか二ヶ月間講義を受けるにとどまった。氏の講義は市民法と教会法それぞれの法廷において扱われた実際的な訴件の微に入り細をうがった説明に終始していて、それらがどのような原理にもとづくものなのか、ヴィーコにはさっぱりわからなかった。ヴィーコはすでに形而上学を学んでいて、普遍的な知性を形成しはじめており、個別的な事項について公理ないし一般原則から出発して論じることを開始していたのだった。そこでヴィーコは父親に、ヴェルデ氏のところへはもうこれ以上勉強に行くつもりはない、氏からはなにも学ぶべきものがあるとは思えないから、と言った。そして、アクアディエス先生も推奨していたウルテユスのような著述家にならって、自分もまたいつの日か市民法提要について研究してみたいと思っているので、ウルテユスの版本一冊をニコロ・マリーア・ジャナッタージオ[23]という名前の法学博士から借り出してほしい、と頼んだ。この人物は法廷でこそ名は知られていなかったが、該博な法学知識の持ち主で、長い期間、熱心に、法律関係の書籍の蒐集に努めていたのだった。この息子の頼みを聞いて、ヴェルデ講師についての世上の大評判に目をくらませていた父親は、すっかり驚いてしまった。しかし、父親はとても思慮分別のある人だったので、ここは息子の望みを叶えてやろうと思い、ニコロ・マリーアにウルテュスの版本を貸してほしいと頼んだ。父親は書籍商だったので、――ナポリではおいそれと購入できないウルテュスを手に入れたいと息子が言うのを聞いて――以前ニコロ・マリーアにそれを売ったことがあったのを想い出したのだった。ニコロ・マリーアは、申し出の理由を息子自身の口から聞きたがった。そして息子ヴィーコがその理由を説明して、ヴェルデの講義では記憶力の訓練をしているばかりで、その悟性のほうはなにもせずに放置されて困り果てていたと答えると、善良で、こうした事情によく通じているこの人物には、その若者の判断というか、むしろ、全然若者らしくない、まっとうな思慮分別がたいそう気に入ったと見えて、父親にたいして息子さんは将来きっと立派な学者になると予言めいたことをおこなったうえ、ヴィーコにウルテュスだけでなく、ハインリヒ・カニジウスの『教会法提要』[*24]まで、それも貸すのではなく、贈与してくれた。ニコロ・マリーアの目には、カニジウスこそはこの〔教会法の原理の〕問題について書いた教会法学者のうちで最良の学者であると見えたのである。こうしてアクアディエスの善き言と、ニコロ・マリーアの善き行いとが、ヴィーコをして市民法と教会法双方の正しい道へと導いていくこととなった。

さて、市民法の引用箇所を個別に比較対照していくなかで、ヴィーコは二つのことがらにこのうえない喜びを感じた。一つは、〔古代ローマの〕法学者や皇帝がもろもろの訴訟案件の裁定にさいして注意を払ってきた衡平にかかわる個別的な動機が法律の要約のなかで明敏な解釈者たちによって正義の一般的な格率へと抽象されているありさまを省察することであった。[*25] このことはヴィーコに彼ら古き時代の解釈者たち[*26]への愛着をいだかせ、やがて彼らが自然的衡平[*27]の哲学者であることに気づいてそうと判断する素因となった。もう一つは、同じ〔古代ローマの〕法学者たちが自分たちの解釈しようとする法律、元老院議決、法務官告示[*28]の文面をどれほど細心の注意を払って検証していたかを観察することであった。このことはヴィーコを博識な解釈者たち[*29]と和解させ、やがて彼らがローマ市民法の純粋の歴史家であることに気づいてそうと評価する素因となった。そして、これら二つの喜びは、一方では、普遍法の諸原理の探究のために彼が着手することとなる研究全体の前兆であり、もう一方では、ラテン語、なかんずくローマ法学におけるその用法にかんして、ヴィーコが獲得することとなる利益の前兆であった。ローマ法学のもっともむずかしい部分は法律用語を定義するやり方を知ることなのだ。

ヴィーコは、市民法についても教会法についても、それぞれの提要を原典にもとづいて研究しおえると、五年間の法律教育のあいだに教えられることになっていた「教材」なるものは頭から無視して、実際の法廷審理にたずさわることを望んだ。そして、清廉無比の神聖評議会評議員でヴィーコ家の保護者でもあったドン・カルロ・アントニオ・デ・ローザ氏[*30]の紹介で、法廷実務を習得するためにファブリツィオ・デル・ヴェッキオ氏[*31]のもとに送られた（ヴェッキオ氏はきわめて廉直な弁護士で、のち老齢にいたって極貧のうちに亡くなった）。また、ヴィーコに裁判の現場でのやりとりの実態をよりよく学ばせようとしてであろうか、運命のいたずらで、神聖評議会においてヴィーコの父親にたいして訴訟が提起されるという事態が生じ[*32]、予審の審理がドン・ジェロニモ・アックアヴィーヴァ氏[*33]に託されたのだったが、この件にかんする調査をヴィーコは弱冠十六歳[*34]でひとりだけで遂行し、ついで部局で開かれた裁判ではファブリツィオ・デル・ヴェッキオ氏の助力を得て弁護を務めて勝利した。弁論を終えたときには、学識ゆたかな法律家でその部局の判事を務めたピエル・アルド・チャヴァッリ氏[*35]から称賛され、退廷するさいには、同法廷付きの老練の弁護士で原告側弁護人であったフランチェスコ・アントニオ・アクイランテ氏[*36]から祝福の抱擁を受けた。

だが、このことから、またきわめて多くの類似する論拠からも、知識のある領域においては正しい歩みをなしとげている人々も他の領域では悲惨な過ちにおちいってしまうものだということを容易に見てとることができる。そして、それは彼らがあらゆる領域に対応しているような完全無欠な知恵によって領導されていないことから生じるのである。というのも、ヴィーコはすでに形而上学的な知性を身につけていた。そして、そのような知性の仕事は、真なるものを類によって理解し、ついで類を種につぎつぎと分割していくことによって、真なるものをその最終的な種差において確認することにほかならない。ところが、ヴィーコは、法外なものや虚偽のものによってのみ人を喜ばせようとしている当今のもっとも堕落した詩作法[*37]を真似て得意になっていたのだった。ヴィーコがそのような詩作法を真似て得意になっていたことはつぎの事実から確認される。ある日ヴィーコは、自分が詩作において進歩したかどうかを判定してもらおうと考えて、ジャコモ・ルブラーノ神父[*38]（この神父は途方もなく博識のイエズス会士で、雄弁な説教をおこなうということで当時絶大な信用を得ていたが、その雄弁たるやほぼ完全に堕落してしまったたぐいのものでしかなかった）のもとを訪れ、薔薇の花を主題にしたカンツォーネを一篇、添削してもらった。すると、もともと寛大で優しい心の持ち主であった神父はそのカンツォーネがたいそう気に召して、齢も十分に重ね、偉大な説教家としての最高の名声に達した身でありながら、慎みを忘れ、それまで会ったこともない一介の若僧に、自分のほうからも同じ主題で書いた田園詩を朗詠して聞かせたのだった。しかし、ヴィーコがその種の詩作法を学んだのは、機知に富む作品を書くことによって構想力〔創意工夫の能力〕を鍛錬するためでしかなかったのであって、そういった詩作法はもっぱら虚偽のものを奇抜な装いのもとに呈示してみせては聴き手のまっとうな期待の裏をかき、彼らを楽しませるにすぎない。したがって、真面目で厳格な知性の持ち主には不快感を催させかねないが、なおも未熟で脆弱な心には愉悦を引き起こすのである。そして実をいうと、このような過ちは、形而上学の研究であまりにも繊細になり硬直してしまった若者たちの才知にとってはほとんど必要不可欠な逸脱行為と言ってもよいのかもしれない。それというのも、若いころには、才知が凍てついたりすっかり枯渇してしまったりすることのないよう、また、円熟した年齢にこそふさわしい厳格な判断力を時期尚早に身につけてしまって、もうあえてなにをする勇気も失ってしまうことのないよう、ときには燃えるような活力を発散させて羽目を外すのも必要なことだからである。

そうこうしているうちにも、ヴィーコは肺病に罹《かか》り、もともと虚弱な体質を損ねはじめていた。また、一家の財政状態が耐えきれないほど逼迫していたなかにあって、なんとか自由な時間を見つけて研究に専念したいという切なる願いを抱いていた。ヴィーコの心は法廷での喧噪にすっかり嫌気がさしていたのだった。ちょうどそんな折、たまたまある書店で、イスキアの司教で、その著作からうかがえるように、きわめて著名な法学者でもあったジェロニモ・ロッカ猊下《げいか》[39]が、法学を教えるにはどんな方法がよいかという問題をめぐってヴィーコと議論を交わす機会がおとずれた。猊下はその議論にいたく満足なさって、とても景色の美しい場所にあって空気も健康に申し分のないチレントの城館[40]に来て、自分の甥たちの家庭教師になってくれまいか、と誘ってくださった。その城館の所有者は猊下の弟、ドン・ドメニコ・ロッカ氏[41]であるとのことだった（のちにヴィーコは氏がもっとも親切な自分の保護者であることを知るようになる。また氏もヴィーコと同じような作風の詩を詠んでは愉しんでいた）。そして、弟はあなたを何ごとにつけても自分の息子たちとまったく同等に処遇してくれるだろうし（実際にそのように処遇してくれた）、その土地のよい空気を吸えば健康を取り戻すこともできるだろう、そして思う存分勉強もできるだろうから、とおっしゃるのだった。

事はそのとおりに運んだ。というのも、ヴィーコはその地にたっぷり九年間も滞在して[42]彼の研究の大部分を終えたからであって、市民法と教会法の研究を自分の責務と定めてそれに没頭したのだった。そして、教会法の分野でさまざまな教義の研究にまで進んだおかげで、やがて自分が恩寵の問題にかんするカトリック教会の教理のちょうど中間に位置しているのを見いだすこととなった。これはとくにリカルドゥス[*43]の本を読んだことに負うところが大であった。リカルドゥスはソルボンヌの神学者であって（ヴィーコはたまたま父親の書店に並んでいた彼の著書を携えてチレントに赴《おもむ》いたのだった）、幾何学的ともいえる方法によって、聖アウグスティヌスの教えがカルヴァン派とペラギウス派という両極端、そしてまたこれらのうちのどちらかに近い主張の中間に位置するものであることを示してくれている。[*44]このような位置関係を示されたことは、ヴィーコがのちに万民の自然法の原理を省察するうえで大いに効果があった。万民の自然法の原理は、歴史にかんする部分で、ローマ法や他のあらゆる異教諸国民の自然法の起源を説明するのに好都合な原理でなければならず、かつまた、道徳哲学にかんする部分で、恩寵の健全な教理と合致するような原理でなければならなかったのである。同じころ、ロレンツォ・ヴァッラ[*45]がラテン語の正雅さの点でローマの法学者たちを非難しているのを知ったのがきっかけとなって、ヴィーコはラテン語の研鑽に励む必要があると感じ、まずはキケロの著作から取りかかることにした。

しかし、詩の作り方にかんしてはヴィーコはなおも偏見にとらわれて暮らしていたのだったが、そんな彼に幸いにもあるとき、この城館に住むフランチェスコ会厳修派の神父たちのある書庫のなかからたまたま一冊の書物を手に取るということが起こった。その書物の最後に、はっきりとは憶えていないが、その修道会の司教座聖堂参事会員でマッサという姓の紳士による寸鉄詩の批判か弁護かが記されていた。[*46] そして、そこではいくつかの驚嘆すべき詩の韻律、なかでもウェルギリウスが遵守していた韻律について論じられていた。これを読んでヴィーコはいたく感嘆し、ラテン詩人たちをその第一人者〔ウェルギリウス〕から始めて研究してみたくなった。それからまた、自分の当世ふうの詩作法が気に入らなくなりはじめて、トスカーナ語をその第一人者たち、散文ではボッカッチョ、韻文ではダンテとペトラルカの作品を手本にして磨きあげることへと方向転換を図った。そして日替わりにキケロかウェルギリウスかホラティウスを研究し、第一のキケロはボッカッチョと、第二のウェルギリウスはダンテと、第三のホラティウスはペトラルカと対比させた。このような対比をしてみたのは、互いのあいだに存在する相違を完全無欠な判断によって確認したいという好奇心に発するものであった。そして、これら三つの組み合わせのいずれにおいてもラテン語がトスカーナ語にどれほど勝っているかを学ぶこととなったが、それはもっとも教養のある著作家たちをいつもつぎのような順序で三度読むことによってであった。すなわち、一度目はそれぞれの作品の統一性を理解するため、二度目は取っかかりとその後の事態の推移を見るため、三度目は構想が展開していくなかでとるみごとな表現形態を蒐集するためである。それらの表現形態をヴィーコは書物そのもののうえに注記しておき、常套句集や語彙集を作ることはしなかった。こうしておけば、必要な場合にそれらの表現形態の在り場所を想い出して、巧みに使うことができると考えたのである。こういったやり方こそは、よい構想を得て、それを余すところなく展開していくための唯一の方法なのだ。

それから、ホラティウスの『詩論』に詩のもっとも豊かな装備は道徳哲学者たちの書いたものを読むことによって獲得されるとあるのを知って、[*47] ヴィーコは古代ギリシア人の道徳理論の研究に真剣に取り組む決意をし、まずはアリストテレスの倫理学から取りかかった。政治的制度のさまざまな原理にかんして権威者たちがきわめてしばしばアリストテレスを参照しているのをヴィーコは読んで知っていたからである。そしてヴィーコは、この研究をとおして、ローマ法学とはあるひとつの衡平の技術にほかならず、それが法律の根拠と立法者の意志のうちに法学者たちの探りあてた自然的正義にかんする無数の事細かな規定によって教えられたものであることに気づいた。しかしまた、道徳哲学者たちの教えている正義の学は、形而上学において理念的正義の概念によって教示されているわずかの永遠の真理にもとづいて進行する。そして、この理念的正義は都市〔国家〕を建設するにさいして建築家の役割を演じて、二種類の個別的な正義、すなわち交換的正義と配分的正義とに、あたかも神から遣わされた二人の職人に命令するかのようにして命令するのであって、これら二人の職人は、数学において比例の二つの方法であることが証明されている算術的と幾何学的という二つの永遠の計器を用いて、利益を考量するのである。[*48] そこでヴィーコは、世におこなわれている通常の研究法によっては法律の学問はその半分以下程度しか習得されえないということが分かりはじめた。したがって、ヴィーコはあらためて形而上学におもむかなければならなくなったのだが、この点〔道徳の研究〕にかんしてはヴィーコがスアレスをつうじて学んでいたアリストテレスの形而上学はなんの役にも立たなかったので、しかしまた、なぜ役に立たないのか、その原因が分からないまま、プラトンが神聖な哲学者の王であるという評判だけに導かれて、独力でプラトンの形而上学の研究に向かった。そして、ずっとのちになって、この研究から大いなる利益を得るにいたってようやく、なぜアリストテレスの形而上学が道徳の研究にとって、それがアヴェロエス[*49]に役立たなかったのと同じように役立たないのか、その原因を理解するようになった。アヴェロエスによるアリストテレス註解の仕事もアラブ人をそれまでより人道的かつ文明的にしたわけではなかったのだ。それというのも、アリストテレスの形而上学は、まず初めに質料があって、そこから個々の形相が抽出されるような、あるひとつの自然学的な原理へと導いていく。こうして神を自分の外にある事物に細工する陶工のような存在にしてしまうからである。これにたいして、プラトンの形而上学が導いていくのは、永遠のイデアがみずから質料そのものを導出し創造するような自然学的原理にほかならない。それはあたかも種子精気が自分で卵を形成するのにも似ている[*50]。この形而上学にしたがって、プラトンはひとつの理念的ないし建築家的な徳もしくは正義にもとづく道徳を建設する。そして、この道徳にのっとって理想的な国家を構想しようとするのであり、もろもろの法律を制定することによってこの国家に同じく理想的な法をあたえるのである。このような次第で、道徳を十分理解するためにはアリストテレスの形而上学では満足できないとヴィーコが感じるようになり、むしろプラトンの形而上学から教えられるところが多いことが実際に読んでみて分かって以来、彼のなかでいつとはなしに、神の摂理の観念もしくは計画のなかにあって普遍的な都市〔国家〕において執行されるような永遠の理念的な法、そしてその観念にもとづいてやがてあらゆる時代、あらゆる国民のあらゆる国家が創建されることとなる永遠の理念的な法を構想してみたいという考えが目覚めはじめた。これは、プラトンが彼の形而上学の帰結として構想していてよかったはずの理想的国家であった。しかし、プラトンには堕落した最初の人間〔アダム〕についての知識がなかったため、構想することができなかったのだった。

同時に、キケロとアリストテレスとプラトンの哲学的著作はすべて、国家的社会のなかにあって人間をいかによく規制していくかということを目的として書かれていた。このことに気づいたヴィーコは、ストア派の道徳にもエピクロス派の道徳にもまったく、あるいはごくわずかしか、喜びを見いださなくなってしまった。両者とも孤独人の道徳であったからである。エピクロス派の道徳は自分たちの小庭園に閉じこもった無精者たちの道徳であり、ストア派の道徳はいかなる情念にも無感覚になるよう努めている瞑想家たちの道徳なのであった。[*51]またヴィーコは、のっけから論理学から形而上学への飛躍をなしとげていたため、あとになってアリストテレス、エピクロス、そして最後にルネ・デカルトの自然学を重んじることはほとんどなくなってしまった。こうしてヴィーコは、〔自然学のうちでは〕プラトンの信奉するティマイオスの自然学、すなわち、世界は数によって構成されていると見る自然学[*52]に満足を覚えるようになり、またストア派の自然学を軽蔑することは差し控えるようになった。ストア派の自然学も世界は数からなっていると主張しており、[*53]両者のあいだに実質上なんらの相違も存在しないからである。この点にかんしては、のちに『イタリア人の太古の知恵』のなかで確立に努めたとおりである。[*54]そして最後には、エピクロスの自然学もデカルトの自然学もともに機械論的な自然学であって、いずれも誤った立場に立っているので、[*55]戯れにもせよ、本気にもせよ、とうてい受けいれられないと考えるようになった。

しかしながら、ヴィーコは、アリストテレスの場合にも、プラトンの場合と同様、彼らが哲学において論じていることがらを論証するのにしばしば数学的証明が用いられているのを見て、この点において彼らをじゅうぶんに理解するだけの能力が自分には欠けていることが分かった。そこで、幾何学に取り組もうと決心し、エウクレイデス〔ユークリッド〕の第五命題まで進んだ。そして、この証明では、要するに、三角形の合同〔の条件〕がそれぞれの辺とそれぞれの角について個別的に検討されており、どの辺や角ももうひとつの三角形の辺と角と一致することが証明されているのを見て、[*56] これらの細々とした真理を全部ひっくるめて、個別的な幾何学的量をひとつの形而上学的な類概念にまとめあげることによって理解するほうが容易ではないかと感じた。このようなわけでヴィーコは、あたら労力を費やしたすえ、すでに形而上学によって普遍的なものを身につけるようになってしまっている知性の持ち主たちにはものごとの個別的な細部にこだわる才能の持ち主たちに本来的なものであるこの種の学問〔幾何学〕はかえって御しがたいことを思い知らされ、研究を続けるのを止めてしまった。その研究は、形而上学の研鑽を積むなかで類概念の無限空間を飛翔するのに慣れてしまった彼の知性に手枷・足枷をはめて自由を束縛していたからである。[*57] そして、弁論家や歴史家や詩人たちの作品に慣れ親しむことをつうじて、遠く離れたことどものあいだにそれらをなんらかの共通の理由によって結びつけている紐帯を見てとっては、構想力〔創意工夫の能力〕を楽しませた。[*58] これらの紐帯こそは寸鉄人を刺すような鋭い機知を悦ばしいものにする雄弁の美しいリボン飾り〔みごとな技巧〕にほかならないのである。

このような次第で、正当にも古代人は幾何学の勉強を児童が専念するのにふさわしい勉強と評価し、幾何学をこの幼い年齢に適した論理学であると判断したのだった。じっさいにも、幼少年時代には個別的なものごとは十分に習得でき、それらを順次ひとつひとつ配列していくことができる半面、それだけになおのこと、事物の類概念を把握するのには多大の困難がともなう。そして、アリストテレス自身、幾何学で用いられている方法から三段論法を抽出したにもかかわらず、子どもたちには言語と歴史と幾何を記憶力、想像力、構想力を訓練するのに最適の素材として教えられるべきであると主張している箇所では、このことに同意しているのである。[*59] このことから、今日一部の人々によって、教学方法における二つのはなはだしく有害なやり方が、どれほどの損傷をともなって、どのような青年育成法にしたがっておこなわれているかが容易に理解できる。第一は、文法学校を出たばかりの児童にいわゆる

『アルノーの論理学』[*60]にもとづいた哲学が開始されていることである。この論理学は、高等な学問の深遠な、そして通俗的な常識からはまったくかけ離れた素材についての、このうえなく厳格な判断に満ち満ちている。こんな論理学をむりやり押しつけられると、子どもたちのなかで若々しい知性の素質がねじ曲げられてしまうこととならざるをえない。それらの素質は、本来ならそれぞれに見合った適切な術によって、すなわち、記憶力は言葉を学習することによって、想像力は詩人や歴史家や雄弁家の作品を読むことによって、構想力は図形幾何学を勉強することによって規制され促進されるべきものなのだ。なかでも図形幾何学は見方によっては一種の絵画のようなものであって、それを構成している要素が多数存在することによって記憶力を強化し、それが繊細な図形からなっており、またかくも多くの図面が緻密きわまる線で描かれていることによって、想像力を洗練させる。さらには、それらの線すべてに目を通し、それらのなかから、求められている大きさを証明するために必要な線を掻き集めなければならないことによって、構想力を敏活にする。そして、これらいっさいは、円熟した判断力が身につくようになったときに、鋭く、生き生きとした、雄弁な叡智を実らせるための能力にほかならない。ところが、そのような論理学のたぐいによって少年たちが時期尚早にクリティカ〔判断の術〕に連れこまれてしまうと、それはとりもなおさず、まずは習得し、ついで判断し、最後に推理するという、観念の自然な流れに反して、十分に習得する前に正しく判断するようにと督促されているに等しく、このような〔のっけからクリティカを教える〕やり方からは、無味乾燥な自己表現しかできず、自分ではなにひとつ作りだしてはいないくせに万事に判断をくだそうとする青少年層が輩出することとなる。これにたいして、彼らが構想力の活発な少年時代にトピカ——これは発見の術であって、構想力に富む者たちだけの特権である——に（ヴィーコがキケロに教えられて少年時代に専念したように）専念すれば、論題を過不足なく準備することが可能となり、ついでこれについて正しい判断をくだすことができるようになるだろう。というのも、問題となることがらのすべてをまずもって知っていなければ、正しい判断をくだすことはできない。そしてトピカこそは問題となるそれぞれのことがらにおいてそのことがらのうちに存在しているものをすべてくまなく発見する術にほかならないからである。こうして青年たちはことがらの自然本性そのものに従いつつ哲学者にして雄弁家として自らを形成することとなるだろう。[*61] もうひとつの有害なやり方は、少年たちに事物の大きさについての学の諸要素が代数学的方法によってあたえられることである。この方法は若者の素質のうちでももっとも活力ある部分をことごとく凍えさせてしまう。想像力を曇らせ、記憶力を衰弱させ、構想力を怠惰なものにし、理解力を鈍化させてしまう。しかしまた、これら四つの能力こそ、よき人間性の涵養《かんよう》にとってこのうえなく必要なものなのだ。第一のものは絵画、彫刻、建築、音楽、詩、雄弁にとって、第二のものはもろもろの言語と歴史の知識の幅広い習得にとって、第三のものはさまざまな発明や発見にとって、第四のものは賢慮にとって、それぞれ必要不可欠なのである。そのうえ、代数学はどうやら、大きさの自然的な記号をいくつかの恣意的な〔人々のあいだの約定にもとづく〕数記号に変換してしまおうとして、アラビア人によって新たに考案されたもののようである。数記号は、ギリシア人とローマ人のもとでは彼らの使う〔アルファベット〕文字がそれに充てられていた。そしてその文字、少なくとも大文字は、ギリシア人のもとでもローマ人のもとでも、均整のとれた幾何学的な直線からなっていた。それをアラビア人は十個のちっぽけな数字に変換してしまったのだった。こうして、代数学は構想力をいらつかせる。というのも、それは自分の足下にあるものしか見ないからである。それは記憶力を途方に暮れさせる。というのも、後に続く記号が見いだされたなら、その前の記号にはもはや注意を払わないからである。それは想像力をなにも見えなくさせてしまう。というのも、それはなにひとつ心に思い描くことがないからである。それは理解力を破壊してしまう。というのも、それは自分には予言する力があると公言してはばからないからである。このような次第であるから、この学問に多くの時間を費やした青年たちは、のちに政治の世界で活動するようになったとき、彼らにとってこのうえなく残念かつ遺憾なことにも、うまく適応できないでいる自分を見いだすこととなるのである。したがって、代数学がいくばくかの利益をもたらし、それほど大きな損害をあたえないようにするためには、それは数学課程の最後にわずかの期間だけ学習されるべきであり、ローマ人が数についておこなっていたように使用されるべきであろう。ローマ人は、総量が途方もなく大きい場合には点を用いて表示していた。このようにすれば、求められている大きさを見つけ出すのに、総合的方法を用いたわたしたちの人間的な理解力をもってしては絶望的な労力を続けなければならないような場合、解析の神託に頼ることができるようになるのである。なぜなら、この種の方法〔解析〕を用いて正しく推理するということからいうと、分析的な形而上学によって推理をおこなう習慣を身につけておくほうがよいからである。そして、どの問題においても、まずは存在者の無限のうちに真理をつかみ取ることへとおもむき、そののちに、実体の類概念を経過して、類概念に包摂されているすべての種にわたって、求めている事物ではないものを順次除去していき、ついには最終的な種差に到達するのがよいのである。この最終的な種差こそ、わたしたちが知りたいと願っている事物の本質を構成しているのである。*

＊このいささか長い道草は青年たちに向けておこなわれたヴィーコの記念講義で、彼らが雄弁のために諸科学を選択し利用することができるようになることを目的としている[＊62]［ヴィーコの注記］。

さて、本題に戻るとして、ヴィーコは、幾何学的方法の奥義はすべてつぎの点に含まれていることを発見した。すなわち、まずは推理のために必要とされる語を定義すること。ついで推理を進めていくうえで相手となる者とも見解が一致するような共通の格率をいくつか設定すること。最後に、必要とあれば、なにがことがらの自然本性からして譲歩できるかを慎重に問うて、もろもろの推理を繰り出していけるようにすること（推理というものはなんらかの前提が設定されなければ結論に到達することはありえないのである）。そして、これらの原理に依拠しながら、証明されたもっとも単純な真理から出発して、逐次、より複合的な真理へと進んでいくこと。また、複合的な真理は、それを構成している部分がまず個別的に検討されないかぎり、絶対に肯定しないこと。これらの点に幾何学的方法の奥義が秘められていることをヴィーコは発見したのだったが、このことを発見したヴィーコは、幾何学者たちが彼らの推理をどのように進めていっているかを知ったことはそれだけでも有益であると評価した。なぜなら、いつか自分にもこのやり方で推理を進めるのが必要となる場合がやってきても、その奥義を心得ているのは悪いことではなかっただろうからである。じっさいにも、その後ヴィーコは『普遍法の単一の原理と単一の目的』のなかでこの方法を厳格に用いた。そして、この著作をジャン・ルクレール氏[*63]は、のちにしかるべき場所で語られるだろうが、「厳格な数学的方法によって織りなされている」と判断したのだった。

ところでまた、哲学においてヴィーコがなしとげた進歩を順序立てて知るためには、ここで少しばかり後戻りしなくてはならない。というのも、ヴィーコがナポリを立ち去るころには、すでに〔ナポリでも〕エピクロスの哲学がピエール・ガッサンディ[*64]の本をもとにして研究されはじめていたのだったが、それから二年後、ヴィーコは青年たちが熱狂的にこの哲学を賛美しているという情報を得た。そこでヴィーコのうちにもこの哲学を〔ガッサンディによるエピクロス発見の典拠となっている〕ルクレティウスにもとづいて理解したいという意欲が目覚めることとなった。こうしてルクレティウスを読んでみて分かったのだが、エピクロスは人間の知性が物体とは別種の実質でできていることを否定したために、優れた形而上学を欠き、狭く制限された知性の域を出ることができなかった。そして、哲学の原理として、すでに形成されてしまった物体、それも他の諸部分が複合してできあがった多様な究極的部分に分割された物体を措定するとともに、それらの究極的部分のあいだには空虚が存在しないため、それらはもはや分割不可能であるかのように思いなしてみせるのだったが、こんな哲学では子どもたちの短小な知性や女のように脆弱な知性をしか満足させることができないのである。また、エピクロスは、幾何学についてはなんの知識もなかったにもかかわらず、よく順序立った一連の帰結を導き出していくことによって、一種の機械論的自然学にもとづいて、まさしくジョン・ロックの形而上学がそうであるのと同じようないっさいが感覚からなる形而上学を作りあげるとともに、自分たちはエピクロス派であると公言する者たちに彼が実際に命じたような孤独のなかで生活しなければならない人々にふさわしい快楽の道徳を提示している。そしてエピクロスの功績を正しく評定しようとしたヴィーコは、彼によって物体的自然の諸形態がみごとに説明されているのを見て大いなる喜びを味わったが、人間の知性がどのように作動するのかを説明する段になったとたん、無数の冗言や愚説を繰り出さざるをえない羽目に追いこまれているのを見て、ついつい笑い出してしまうか、憐憫《れんびん》の情を禁じえなかった。したがって、この一事だけでも、ヴィーコがプラトンの教義にかつてにもまして確信をいだく大きな動機として役立った。プラトンは、わたしたち人間の知性の形相から出発して、なんらの仮説も立てることなく、万物の原理として、永遠のイデアをわたしたちがわたしたち自身についてもっている知識と意識にもとづいて確立している。このプラトンの教義にかつてにもまして確信をいだく大きな動機となったのだった。それというのも、わたしたちの知性のうちには、わたしたちによって存在しているのではないため、わたしたちが承認しないわけにも否定するわけにもいかないいくつかの永遠の真理が存在しているからである。残余の部分については、わたしたちはそれらを作る自由がわたしたちのうちにあると感じている。物体に依存するすべての事物がそれであって、それらをわたしたちは時間のなかで、すなわち、作ろうと思うときに作る。しかも、それらを認識しながら作るのであって、それらについては、わたしたちはすべてわたしたちの内部に含みもっている。たとえば、想像力によって像を、記憶力によって思い出を、欲求によって情念を、感官によって匂い・味・色・音・触感を作り出すのであり、これらすべてをわたしたちはわたしたちの内部に含みもっている。だが、永遠の真理はわたしたちによって存在しているのではなく、わたしたちの身体に依存していないのだから、物体からまったく独立したひとつの永遠のイデアこそは万物の原理であることを理解しなければならない。この永遠のイデアは、それと認識しつつ、欲しさえすればいつでも、あらゆる事物を時間のなかで創造するのであり、それらを自分の内部に含みもっているのであり、含みもつことによって支えているのである。[*65] この哲学の原理からは、形而上学において、抽象的実体のほうが物体的実体よりも多くの実在性をもつということが確定される。そして、そこから文明生活にきわめてよく適した道徳が出てくる。こうしてソクラテスの学校は、自らとその後継者たちのために、平和と戦争の術の双方においてギリシアのうちでも最大の光明をあたえることとなったのであり、世界は数からなると主張するティマイオスの自然学、すなわちピュタゴラスの自然学に拍手を送るのである。数は見方によってはゼノンが自然界の事物を説明するために導入している形而上学的点よりもさらに抽象的なものなのだ。このことは、先に行って述べるように、ヴィーコがのちに『形而上学篇』のなかで証明するとおりである。

さらにしばらくして、ヴィーコは実験的自然学が人々の称賛の的となっており、ロバート・ボイル*[66]の名がいたるところで叫ばれていることを知った。ただ、この実験的自然学をヴィーコは医学とスパルギリカ〔化学的薬剤学〕*[67]にとっては有用であると判断したが、それだけになおのこと自分からは遠ざけたいと思った。なぜなら、この自然学は少しも人間の哲学に寄与するところがなかったからであり、またどうしても野蛮な仕方*[68]で説明することにならざるをえなかったからである。そこでヴィーコはローマ法の研究に専念しつづけた。ローマ法の主要な基盤は人間の習俗にかんする哲学と言語ならびにローマの政体にかんする知識であり、これらはひとえに古代ローマのラテン著作家たちの書いたものをもとにして学ばれるのである。

優に九年も続いた孤独な生活も終わりに近づいたころ、ヴィーコはルネ・デカルトの自然学が過去のいっさいの自然学の名声を曇らせてしまったということを聞き知って、この自然学について正確な知識を得たいという熱い思いに駆られたのだったが、神の恵み深い策略というべきか、実をいうとヴィーコはその自然学についてのいくつかの情報をすでに得ていたのだった。というのも、ヴィーコは父親の書店から他の本にまぎれこませてエリクス・レギウスの『自然哲学』[*69]を持ち出して来ていたからである。この偽名のもとでデカルトは彼の自然学をユトレヒトで公刊しはじめていたのである。そこでヴィーコはルクレティウスのあとでレギウスの研究に取りかかったのだったが、この医業に携わる哲学者は数学以外の学識をもっていないことが明らかになったので、この人も、数学のことはいっさい知ろうとしなかったエピクロスに劣らず、形而上学にかんしては無知にちがいないと確信した。なぜなら、レギウスは自然のうちにやはり虚偽の仮説にもとづく原理――すでに形成されてしまっている物体――を設定しているからであって、それはエピクロスの設定した原理とつぎの点で相違するにすぎないのだった。すなわち、エピクロスが物体の分割可能性を原子のところで停止させるのにたいして、レギウスは彼の三要素を無限に分割可能であるとしている。また、エピクロスが運動を空虚のなかに置くのにたいして、レギウスは充満のなかに置いている。さらには、エピクロスが彼の無限の世界を原子が自分の重さと重力で下に向かって運動していくさいに生じる偶発的な逸れから形成しはじめるのにたいして、レギウスは不活性の、それゆえまだ分割されていない物質の断片に伝導された衝撃から、彼の不定の渦巻きを形成しはじめている。その物質は伝導された運動によって多数の小さな立方体へと分割される。そして自己の質量によって妨害されて直進運動をなして動いていくよう努力することを余儀なくされるものの、物質が充満しているために直進することができず、小さな立方体に分割されたまま、おのおのの立方体の中心の周りを回転しはじめるというわけである。したがって、エピクロスが彼の原子の偶発的な逸れから世界を偶然の支配のなすがままに放置することとなったように、デカルトの最初の微小粒子が直進運動に向かって努力するのを余儀なくされていることから、ヴィーコには、そのような体系は世界を運命に隷属させる人々に好都合なもののように思われた。

このような判断をくだしたことにヴィーコが大いに満足を覚えたのは、その後ナポリに戻ってレギウスの自然学がじつはデカルトの自然学であったと知り、そのデカルトの『形而上学的省察』[*70]を研究しはじめたときであった。それというのも、デカルトはとても栄誉欲の強い男で、——エピクロスの構想と類似する構想にもとづいてでっちあげた彼の自然学をヨーロッパでもっとも著名な大学のひとつであるユトレヒト大学の講壇でひとりの医学＝自然学者によって披露させることによって——医学の教授たちのあいだで有名になりたいと切望したことがあったが、それと同じようにして、つぎには、十一世紀[*71]以来アリストテレスの形而上学が導入されていた僧院においてもいつの日か支配権を獲得するときが到来するのを願って、プラトンの流儀にならった形而上学のいくつかの最初の路線——そこでは、デカルトは二種類の実体、ひとつは延長している実体、もうひとつは叡智的な〔思考している〕実体の存在を確立して、質料を支配するひとりの行為者、すなわち、それ自体は質料ではなくて、プラトンの「神」に当たるような行為者が存在することを論証しようと腐心している——を構想してみせたのだった。なぜなら、アリストテレスの形而上学は、アリストテレスが彼自身の説を付け加えた部分では不敬虔なアヴェロエス学派に利用されたりもしたが、その根幹はプラトンの形而上学であった。そのためにキリスト教はアリストテレスの形而上学を彼の師〔プラトン〕の敬虔な意図へと容易に折り曲げることができた。こうしてキリスト教はその発端から十一世紀にいたるまではプラトン形而上学によって支配してきて、それ以後はアリストテレス形而上学によって支配してきているのだった。そしてじっさいにも、デカルト自然学がこのうえなく熱烈に称賛されているということについては、ヴィーコはナポリに戻ってすぐさま、とても親しくしていた偉大なデカルト派の哲学者、グレゴリオ・カロプレーゾ氏[*72]の口からしばしば聞かされた。

だが、デカルトの哲学は、それを構成している諸部分の統一性という点では、なんらひとつの体系としての存立を得てはいないのである。なぜなら、デカルトの自然学には、さきにも述べたように、必然によって作動する、ただ一種類の物体的実体だけを確立する形而上学がふさわしいはずだからである。それはちょうどエピクロスの自然学には、偶然によって作動する、ただ一種類の物体的実体がふさわしいのと同じである。だから、物体の呈する無限のさまざまな形態はすべて物体的実体の様態にほかならず、実質上無に等しいと見ている点で、デカルトはエピクロスと見解を同じくしているのだった。また、デカルトの形而上学も、キリスト教にふさわしいなんらの道徳学もまったく実らせることはなかった。彼があちこちで道徳について書いているわずかのことどもではまとまった道徳学を構成するには不十分で、『情念論』も道徳学というよりはむしろ医学に役立つような代物だったからだけではない。[*73]それだけでなく、マルブランシュ神父[*74]でさえもがキリスト教的道徳体系についての仕事を完成させることはできなかったのであり、パスカルの『随想録』も断片的でまとまりを欠いた光明を投げかけているにすぎない。[*75] また、デカルトの形而上学からは独自の論理学は生まれてこない。現に〔デカルトの信奉者として知られる〕アルノーにしても彼の論理学[*76]をアリストテレスの論理学を土台にして築きあげているのである。それのみか、デカルトの形而上学は医学そのものにも役立たない。デカルトの人間は解剖学者たちによれば自然のなかには見いだされないからで、こうして見てみると、デカルトの哲学と比べた場合、数学についてはなにひとつ知らなかったエピクロスの哲学のほうがまだしも一個の体系としての体をなしていると言ってよい。ヴィーコはこれらすべての理由に気づいたことから、自分がルクレティウスを読んでますますプラトン的形而上学に与《くみ》するようになるとともに、レギウスを読んでますます同じプラトン的形而上学の正しさを確信するようになったことに、大いなる満足を覚えたのだった。

これらの自然学は、ヴィーコにとってはプラトン的形而上学者たちについての厳格な省察からの気晴らしのようなものであり、詩作をおこなうさいに想像力をはばたかせるのに役立った。彼はイタリア語で詩を作るという最初の習慣をなおも守りつづけながらも、トスカーナの最上の詩人たちのひそみにならって、そこからラテン作家たちのうちに見いだされる輝かしい理念を引き出すことに意を用いて、しばしばカンツォーネを書いては詩作の練習に励んでいたのだった。たとえば、キケロがマニリア法にかんする演説[*77]のなかで大ポンペイウスに捧げた頌辞《しょうじ》は、ラテン語で書かれた全作品のなかでこの種の演説としてはこれ以上荘厳なものは見あたらないのだが、ヴィーコはこの頌辞を手本にして、ペトラルカの「三人姉妹[*78]」を模倣しつつ、三つのカンツォーネに分かたれた頌歌、「バイエルンの選挙侯マクシミリアンを讃えて」を書きあげた。この三つのカンツォーネは一七〇九年にルッカで出版されたリッピ氏編『イタリア詩人選集』に採用されている。[*79]また、一七〇一年にナポリで出版されたアカンポーラ氏編『ナポリ詩人選集』には、ポーポリ公爵家のドンナ・イッポリータ・カンテルモ＝スチュアートとブルッツァーノ公爵で現在はロッチェッラ公となられたドン・ヴィンチェンツォ・カラファとの結婚式によせた別のカンツォーネが入っている。[*80]このカンツォーネはカトゥッルスのいとも軽やかな歌「夕べ来たりぬ[*81]」を手本にして作ったものだったが、その歌をすでにトルクアート・タッソも似たような主題のカンツォーネで模倣していたこと[*82]をのちになって知った。そこでヴィーコは当初そのような事実をなにひとつ知らないでいたことに満足を覚えた。というのも、これほどの大詩人にたいして畏敬の念を抱いていたからであり、また、自分がすでにこの詩人に先を越されたと知っていたなら、そのようなカンツォーネをあえて作ることもしなければ、愉しむこともなかっただろうからである。これら以外にも、プラトンの「最大年」[83]の理念にもとづいてウェルギリウスがきわめて該博な牧歌「シキリアの詩神たちよ」[84]を創作したのにならって、ヴィーコもまた同じ主題で、バイエルン公爵殿下〔マクシミリアン〕とポーランドのテレサ皇女様の結婚式によせたカンツォーネを作った。このカンツォーネは一七二三年にナポリで出版されたアルバーノ氏編『ナポリ詩人選集』第一巻に収められている。[85]

このような学説とこのような知識をたずさえてナポリに戻ったヴィーコは、自分の生まれ故郷にまるで異国人であるかのように受けいれられた。そしてそこで見いだしたのは、デカルトの自然学が声望のある学芸人たちによって最高度に礼讃《らいさん》されているありさまであった。アリストテレスの自然学は、それ自体のせいでもあったが、それ以上にスコラ派の連中による極端な改竄《かいざん》が原因で、すでに子どもだましのおとぎ話扱いにされていた。形而上学は――十六世紀にはマルシリオ・フィチーノ、[86]ピーコ・デッラ・ミランドラ、[87]ニーフォとステウコの二人のアゴスティーノ、[88]イァコポ・マッツォーニ、[89]アレッサンドロ・ピッコローミニ、[90]マッテーオ・アックアヴィーヴァ、[91]フランチェスコ・パトリーツィ[92]といった面々を学芸の最高位に就かせ、詩、歴史、雄弁に寄与するところ多大で、もっとも学識があり雄弁であった時代のギリシアがそっくりそのままイタリアに再生したかのようであったのだが――いまや修道院のなかにでも閉じこめておけばよいと見なされるにいたっていた。そしてプラトンについてのみ、詩作のために、あるいは記憶による博識ぶりを誇示するために、いくつかの箇所が引き合いに出されるにすぎなかった。スコラ派の論理学は断罪され、代わってエウクレイデスの『原論』を採用するよう推奨されていた。医学は自然学体系の度重なる変更の結果懐疑主義に陥ってしまい、医師たちはアカタレプシア、つまりは病気の本性についての真理を究明するのは不可能であるという立場をとって、エポケー、つまりは診断をくだして有効な治療策を講じるのに同意することを留保しはじめていた。また、かつてはギリシア哲学とギリシア語でもって学習され、あれほど多くの比類なき医師たちを世に送ってきたガレノス本草学も、当今の後継者たちの大いなる無知のためにすっかり軽蔑される羽目に陥ってしまっていた。市民法の〔注釈学派以来の伝統を汲む〕古典的な解釈者たちは学院において彼らの占めていた高い名声の座から転落し、当代風の博識家たちがその座を占めるようになったが、これは法廷にとって多大の損害以外のなにものでもなかった。というのも、後者がローマ法の批判にとって必要であるのと同じくらい、前者は衡平をどこに求めればよいのかが疑わしい訴訟の場合に活用される法律的トピカにとって不可欠であるからである。このうえなく学識ゆたかなカルロ・ブラーニャ氏[*93]は称賛に値する詩作法を復活なさったが、しかしそれをジヨヴァンニ・デッラ・カーサ[94]のひそみに倣ってあまりにも窮屈なものに制限してしまい、ギリシアやラテンの源泉から、あるいはペトラルカの詩集の清冽なせせらぎやダンテの詩歌の壮大な奔流から、なんら繊細なものも強靭なものも汲みとってはこなかった。いとも博識のレオナルド・ディ・カプア氏[95]は典雅さと優美さをまとった美しいトスカーナ語の散文を復活させた。だが、これらの美点をもってしては、人々の習俗をたくみに操るギリシアの知恵によって活気づけられた演説も、人々の感情を揺り動かすローマの偉大さによって強化された演説も聴くことはどだい無理な話であった。そして最後に、このうえなくラテン的な教養に秀でたトンマーゾ・コルネリオ氏[96]は、その純正ラテン主義で貫かれた著作『自然学予備演習』によって、才能ある青年たちを鼓舞してラテン語の学習に向かわせるよりはむしろ茫然自失させてしまっていた。このような次第であったから、ヴィーコは自分がその言葉に付き従うと誓わねばならないような師をもたなかったことを幸いに思い、あの〔ヴァトッラの〕森のなかで、自分の守り神に導かれて、勉学の時期の大部分をなんらの学派的感情にも左右されずに過ごせたこと、そして勉学に励んだ場所が学芸の嗜好が衣服の流行のように二、三年ごとに変化してしまう都会ではなかったことに感謝した。そして優れたラテン語の散文が総じてなおざりにされているのを見て、ますますその涵養に努めようと決意した。また、コルネリオ氏がギリシア語には堪能《たんのう》でなく、トスカーナ語にも配慮せず、批評にいたっては、これをまったく、あるいはほんのわずかしか好まなかったことを知って——それはおそらく、多言語使用者たちは使える言語が多くあるため、かえってそれらのうちの一つだけでも完璧に使用することができないでいるということ、また批評家たちは著作家たちの書いたものの欠点を指摘するだけにいつもこだわっているため、言語の具えている美点を追求しようとはしていないということに気づいていたからであろう——、ヴィーコはイエズス会の神父たちの第二クラスで習ったグレッセロの『ギリシア語の基礎』[*97]によって進めてきたギリシア語と、トスカーナ語を放棄し（同じ理由で、フランス語もけっして知りたいとは思わなかった）、ラテン語に全力を集中する決断をした。かつまた、辞典や注釈書が出版されるにつれてラテン語が堕落していったのを観察して、その種の本をもはやいっさい手にとらないようにしようと決心し、ジューニオの『用語解説辞典』[*98]だけを諸技芸の術語の理解のために手許に置いておいて、注記のないラテン語の著作家たちの本を哲学的批判によって彼らの精神に立ちいりながら読むことにした。これは十六世紀にラテン語で書いていた著作家たちが実践していたのと同じやり方であって、なかでもヴィーコはジョーヴィオ[*99]を雄弁さのゆえに、またナウジェーロ[*100]を繊細さのゆえに賛嘆した。ナウジェーロについては、今日に伝わるほんのわずかの作品から推察される、あまりにも優雅なその趣味からしても、彼の『歴史』が被った大いなる損失にはただただ嘆息するばかりである。

これらの理由からヴィーコは彼の生まれた祖国においてまるで余所者であるかのように生活していただけでなく、だれからも名を知られることなく生活していた。しかし、このような気持ちをいだき、このような孤独な生活態度をとっていたからといって、文芸の知識で信頼を得ている老大家たちをあたかも知恵の神のごとくに遠くから崇敬していなかったわけではなく、他の若者たちが幸運にもこれらの大家と付き合っているのを見て、正直なところ気が気でならず、羨ましく思ってもいた。青年が邪悪な教師や無知な教師の言辞に頼って全生涯を他人の嗜好と寸法に合わせた知識で満足してしまうのではなくて、いっそうの進歩向上をめざすのには必要不可欠であるこのような心構えでいたところ、ヴィーコはナポリの学芸界で重きをなす二人の人物にまずもっては知られるところとなった。一人はテアティーノ会修道士ドン・ガエターノ・ダンドレーア神父であった。のちにいとも神聖な司教として生涯を全うされた方で、不朽の名声を残したフランチェスコおよびジェンナイオ〔ジェンナーロ〕氏の二人とは兄弟の間柄にあった。*101 神父は、ある書店でヴィーコがたまたま出会って教会法規集の歴史についていろいろとお話し申しあげていたところ、「きみは妻帯しているのか」

と尋ねられた。ヴィーコが「まだです」と答えると、さらに言葉を接《つ》いで「テアティーノ会に入る気はないかね」と言われた。これにたいして、ヴィーコが「自分は貴族の家柄ではありませんが」と答えると、神父は「そんなことは少しも問題にならんじゃろう、ローマ〔教皇庁〕から特免状をもらってあげるから」とおっしゃるのだった。神父がここまで自分のことを高く買ってくださっているのにきちんと応答せざるをえなくなったヴィーコは、「わたくしにはわたくしだけを頼りにしている貧しい年寄りの両親がおりますので」と答えて切り抜けようとした。ところが、神父は「文芸によって身を立てようとする者は、家族にとって助けになるというより、むしろ負担になるのではないかな」と言い返されるので、ヴィーコは「わたくしにかぎってはその反対になるでしょう」と申しあげた。すると神父は「要するにきみには〔テアティーノ会に入るようにとの〕神からのお召しがなかったということなんじゃな」と言って会話を終えられた。

もう一人はドン・ジュゼッペ・ルチーナ氏[*102]であった。この御仁は神と人間のことがらにかんするあらゆる種類の知識についてのギリシア語、ラテン語、トスカーナ語での広大無辺の学殖をお持ちで、ヴィーコがどれほどの才能があるかをお試しになったうえで、この青年を市でなにかの役に立たせられないものであろうか、と親切にも心を痛めてくださっていたところ、折も折、青年を押し立てる絶好の機会が氏にもたらされた。鋭敏な構想力と厳格な判断力と純粋なトスカーナ語文体によって法廷における第一級の弁護士であり、また文芸人たちの偉大な庇護者であるドン・ニコロ・カラヴィータ氏[*103]が、ナポリ副王サントステーファノ伯爵閣下の離任にさいして、閣下を讃える詩文集を編もうという計画を立てられたのである。これはわれわれの記憶にあるかぎり、この種の詩文集としてはナポリで公刊される最初の詩文集であったが、数日内に印刷所に回さねばならないことになっていた。そこでルチーナ氏は、だれもがその意見に従うほどの権威ある立場にあったのを利用して、カラヴィータ氏に他のすべての頌辞に先立って巻頭に置かれる演説の作者としてヴィーコを推薦なさった。そして、この提案がカラヴィータ氏に受けいれられると、みずからヴィーコのところに出向いてこられて報せを伝えてくださるとともに、これはルチーナ氏自身も大変よくしてもらった経験があるこの文芸の保護者に見知っておいてもらう絶好の機会だと教えてくださった。このことはむろんヴィーコにとっても願ってもないことだった。そしてヴィーコはトスカーナ語関係の勉強はすでに放棄していたので、その詩文集のためにラテン語の演説を書きあげ、一六九六年、ジュゼッペ・ロゼッリ印刷所で上梓される運びとなった。[*104]これ以来、ヴィーコは文人としての名声を高めはじめ、なかでもさきに名を挙げさせていただいたグレゴリオ・

カロプレーゾ氏などはヴィーコのことをいつも、エピクロスについて言われたことがあったように、「アウトディダスコロ」、すなわち自分で自分を教える人と呼んでいた。*105 次いで、ナポリ副王メディナセリ公爵閣下の御母堂『ドンナ・カテリーナ・ダラゴーナ様のためにナポリで執り行われた葬儀式典』では、いとも博識のカルロ・ロッシ氏がギリシア語で、高名な説教家のドン・エマヌエル・チカテッリ氏がイタリア語で、そしてヴィーコがラテン語で、それぞれ追悼演説を書き、他の作品とともに二つ折判の一巻本に収められて、一六九七年に公刊された。*106

その後ほどなくして、担当教授の死亡によって〔ナポリ大学の〕修辞学講座に空席が生じた。この職は年額にして百スクード金貨ほどの収入にしかならず、それに加えて修辞学教授が学生に法学研究に進む資格を認定する証明書の手数料から入る少々の不定収入が見込まれる程度のものであったが、ヴィーコはカラヴィータ氏から即刻これに応募するようにと言われた。しかし、これをヴィーコは断った。その二、三ヶ月前、もう一件、市の書記官職の公募があって、ヴィーコもこれに応募したもののうまく行かなかったからである。するとカラヴィータ氏は「それではあまりに引っ込み思案というものだ」と親切に諫めてくださり（じっさいにも自分の利益にかんすることとなると、ヴィーコはからきし意気地がなくなってしまうのだった）、「貴君はその場〔審査会場〕でおこなう講義の準備だけをしっかりやっておけばよい、応募の手続きは自分がしてあげるから」とまで言ってくださるのだった。そこでヴィーコは、ファビウス・クインティリアヌスの〔『弁論家の教育』の〕もっとも長い章「訴件の諸段階」の冒頭の数行[*107]に的を絞り、「段階」という語の語源と区別をめぐるギリシア語とラテン語の学識と批判に満ちあふれた一時間の講義をもって選考に臨んだ。そしてこの講義によって多数票を獲得し、修辞学教授の職に就任するに値すると認められたのだった。[*108]

その間に副王のメディナセリ公爵閣下は、アルフォンソ・ダラゴーナ[*109]の治世以来これまで見られたことのなかった優れた文芸の光輝をナポリに復活させておられた。文芸をこよなく愛するナポリのカヴァリエーレ勲章佩勲者で文人たちの大いなる評定者であったドン・フェデリーコ・パッパコーダ氏と、ドン・ニコロ・カラヴィータ氏による提案を受けて、文人たちの精華と目される人々からなるナポリ啓発のためのアカデミーを設立なさったのである。[*110]そこで、最高に教養ゆたかな文芸が貴族階級のもとで最高の名声を博するまでに高まりはじめているのを見てとったヴィーコは、自分もこのアカデミーの会員に名を連ねるという名誉を得たいという思いに駆られて、人文学を専門的職業とするべく、鋭意研究に専心することとなった。

ところでまた、運命の女神は青年たちの友だと言われる。なぜなら、彼らが生涯の仕事を選択するのは彼らの若い時代に栄えている技芸や職業にもとづいてなのであるが、世の中はその本性上、年々歳々嗜好を変えていくので、やがて年老いて気がついてみると、自分が得意としているのは、もはやだれにも喜ばれず、ひいてはなんの利益も生み出さない知識でしかないという結果とあいなってしまうからである。このような次第で、ナポリでも、十六世紀の最良の学芸がすべて残らず長期にわたって復活するはずであるとみんなが信じていたまさにそのときに、副王公爵閣下のお発《た》ちとともに事態が一変し、あっという間にあらゆる期待を裏切ってなにもかもがご破算となり、まったく新しい状況が出来《しゅったい》するという、学芸上の一大転換が生じたのだった。それというのも、形而上学は修道院に閉じこめておくべきだ、などと二、三年前には言っていた有為な文人たちも、われ遅れじとばかりにそれの修養に精を出しはじめたのだったが、ただし、その形而上学は十六世紀においてあれほど多くの偉大な学者や文人たちを輩出してきたマルシリオ・フィチーノを介してのプラトンやプロティノスにもとづいた形而上学ではなくて、ルネ・デカルトの『省察』にもとづいたものであった。これには彼の著作『方法叙説』が続いたが[*三]、そのなかでデカルトは言語、弁論家、歴史家、詩人たちの研究を否認し、自分の形而上学、自然学、数学のみに立脚して、書物による学問一般をアラビア人の知識の水準にまで引き下げてしまっている。ところが、彼らアラビア人こそ、形而上学におけるアヴェロエスや、それぞれの学問においてそれらを展開するのに必要な術語をいまに残している数多くの有名な天文学者や医師たちの例に見られるように、〔形而上学、自然学、数学という〕学問の三つの部門のすべてにおいてこのうえなく学識ゆたかな者たちを擁しているのだった。それからまた、どれほど学識ゆたかで偉大な才能の持ち主たちにとっても、彼らはだれもがまずもっては長いあいだ粒子自然学と実験と機械にたずさわってきたため、デカルトの『省察』がおそろしく深遠で難解なものに見えたにちがいなかった。というのも、知性を感覚から引き抜いてそれを省察することができるというのだから。そこで「あの人はデカルトの『省察』がわかる」というのが偉大な哲学者であることの誉め言葉となった。じっさいにもそのころ、学者や文人たちの集う場となっていたカラヴィータ氏の館でヴィーコはドン・パオロ・〔マッティア・〕ドリア氏[*112]と知りあう機会に恵まれた。ドリア氏は偉大な貴族であると同時に哲学者でもあって、ヴィーコが形而上学について議論しあうことのできた最初の人であったが、そのドリア氏がデカルトにおいて崇高で偉大で新しいものであるとして称賛したものがプラトン主義者たちのあいだでは古くから言いふらされてきたものであることにヴィーコは気づいた。しかし、ドリア氏の論証の仕方からは、あるひとつの知性がプラトン的神性の煌々とした光明をしばしば放っているのが見てとられた。そこでこのとき以来、二人は信頼に満ちた高貴な友情で結ばれつづけることとなったのである。

この時期までヴィーコは他のすべての学者たちにまさって二人だけを賛美していた。プラトンとタキトゥスである。なぜなら、どちらも比類のない形而上学的知性をもって、タキトゥスは人間をそのあるがままの姿において、プラトンはそのあるべき姿において観照しているからである。また、プラトンが理念においての賢者を完成させる廉潔さと公正さのあらゆる部門について普遍的な知識をいかんなく発揮して広く論じているように、タキトゥスのほうでは、実践においての賢者が人々の悪意と運命のもたらす無数の不規則な出来事のただなかをうまく切り抜けていけるようにと、利益にかかわるあらゆる方策にまで降りていっている。[113] そして、このような側面においてこれら二人の偉大な著作家を賛美したことは、ヴィーコがのちにあらゆる時代の普遍的な歴史がその上を経過していく永遠の理念的な歴史[114]をつくりあげ、国家制度的なことどものいくつかの永遠の属性にしたがってあらゆる国民の勃興、完成された状態での停止、没落の過程をそこへと収斂させていったさいの基盤をなす構図を素描するものであったのであって、そこでは、プラトンの賢者が具えているような深遠な知恵とタキトゥスの賢者が具えているような通俗的な知恵を二つながらに具えた賢者[*115]が形成されることが希求されていたのだった。ちょうどそんな折、比類ない通俗的な知恵と深遠な知恵の双方を等しく兼ね備えた人物、ヴェルラム卿フランシス・ベイコンの存在がついにヴィーコに知られるところとなった。じっさいにも、彼は学理においても実務においても万能の人間であって、稀代の哲学者であると同時にイギリスの大宰相でもあった。そしてヴィーコは、この人物の数ある著作のうち、ほかにも同じ題材をあつかって同等か、あるいはもっと優れた著作があるかもしれないものはさておくとして、『学問の尊厳と進歩』の諸巻を読んで、プラトンはギリシア人の知識の第一人者であるが、そのギリシア人はひとりのタキトゥスももっていなかったのと同じように、ひとりのベイコンがローマ人にもギリシア人にも欠けていること、学芸の世界には発見され促進されなければならないものがどれほど多く欠如しているか、またすでに存在しているものについてみても、矯正される必要のあるどれほど多くのどのような種類の欠点が存在しているか、をたったひとりの人間が見抜いていたこと、彼は特定の職業や自分の学派に執着することなく、カトリック教に背反する若干のことがらを別とすれば、すべての学問を公平にあつかい、学芸の普遍的共和国を構成する全体のなかにあって各自がそれぞれの持ち分で貢献するよう取り計らっていること[*116]を学んだ。そこでヴィーコは、省察をめぐらせる場合にも執筆する場合にもつねにこれら三人の類い稀なる著作家を眼前に置きながら、彼の天賦の才能を彫琢していった。そしてその努力がやがて最新の著作『普遍法の単一の原理と単一の目的』をもたらすこととなったのだった。

このような次第で、ヴィーコは王立大学で学業の開始にさいしておこなわれる講演[*117]においては、形而上学から出発して国家制度的なことがらにかんする実践のなかに降りていきながら普遍的な論拠を提示するというやり方をいつも採用していた。そして、この観点に立って、最初の六回の講演では学問の目的について論じ、第六回目の講演の後半と第七回目の講演全体では学問の方法について論じた。最初の三回の講演は主として人間の自然本性に適合した諸目的をあつかっており、つぎの二回の講演は主として政治的目的、第六回目の講演はキリスト教的目的をあつかっている。

一六九九年十月十八日におこなわれた第一回目の講演は「自己自身の認識こそは各人が学問のあらゆる分野を速やかに学びおえるための最大の刺激となる」という論点にもとづいておこなわれたものであって、わたしたちはわたしたちの神的な知性の力をその全機能にわたって涵養しようではないか、と提唱している。そして、人間の知性は、類比して言うなら、神が万物の知性であるように、人間の神にほかならないこと[*118]を立証している。知性の機能が生み出すもろもろの驚異を逐一提示してみせ、それが感覚であれ、想像力であれ、記憶力であれ、構想力であれ、悟性的判断力であれ、きわめて多種多様できわめて多数のことどもをいかに迅速にして容易かつ効果的な神的力によって同時に作動させるかを論証している。子どもたちはまだ邪悪な感情や悪癖に染まっていない三歳か四歳のころ、遊びまわっているうちに早くも母語のすべての語彙をすっかり憶えてしまっているのが見いだされること。ソクラテスは道徳哲学を天から呼び降ろした*119というよりも、むしろわたしたちの精神を天にまで高めたのであって、もろもろの発明・発見によって天上の神々のあいだに引き上げられた者たちとはわたしたち一人一人に具わっている構想力が発現したものにほかならないこと。煙が目に逆らい、悪臭が鼻に逆らうように、無知でいること、欺かれること、誤謬を犯すことは知性に逆らうことであり、したがって怠惰は最高度に非難されてしかるべきであるにもかかわらず、こんなにも多くの無知な連中が存在するというのは驚き以外のなにものでもないこと。わたしたちがすべてのことについて十分な学識をもっていないのはひとえにわたしたちがそうあろうと欲していないからであって、効果的に意志を働かせさえすれば、霊感によって天へと連れて行かれてなんでも作り出すことができるのであり、それをあとから振り返ってみて、それらがわたしたちによってではなく、神によって作り出されたかのごとくに賛嘆するのだということ。これらのことを論証している。ひいてはこう結論している。もしひとりの若者がわずかの年数のあいだに学問の全領域を渉猟しつくせなかったとしたなら、それはこの若者にそうする意志がなかったか、意志はあっても、教師がいなかったか、学問の順序立った方法が欠けていたか、学問の目的がわたしたちの精神に具わっている一種の神的なものを涵養するということ以外のところに置かれていたか、のいずれかに起因している、と。

一七〇〇年におこなわれた第二回目の講演は「愚者が愚者自身にたいして敵となる場合ほど、敵対的で恐るべき敵はない」という論点にもとづいておこなわれたものであって、知性によってもろもろの真理を獲得することをつうじて精神にもろもろの徳を伝達しようではないか、という内容を含んでいる。そして、この宇宙を神が永遠の掟によって愚者を断罪し自分自身にたいして戦うよう定めている一大都市にたとえて、事態をつぎのように思い描いてみせている。「この掟には万物の自然本性と同じ数だけの条項がすべて全能の〔神の〕指によって記されている。人間にかんする条項を朗読してみよう。人間をして死すべき肉体と永遠の霊魂を具えたものたらしめよ。人間を、真と義という二つのもののために、すなわち、唯一わたしだけのために生まれさせよ。知性に真と偽を識別させよ。感覚をして知性を欺かせることなかれ。悟性に人生の支援、指導および支配を受け持たせよ。もろもろの欲望を悟性に服従させよ。……霊魂のよき諸技芸によって称賛を得さしめよ。徳と堅忍不抜によって人間的な幸福を獲得せしめよ。もしだれか愚かな者がいて、よこしまな悪意もしくは奢侈もしくは無精もしくはほんの不注意によってさえも、いま述べたことと異なった行為に出たとすれば、その者はおのれにたいする大逆を犯す者であることからして、その者をして自分自身にたいして戦いを挑ませよ」。そしてその戦いのありさまを悲劇的なかたちで描写している。このくだりからは、ヴィーコがのちに論じることとなった『普遍法』の論点をすでにこの時期から心のなかで思いめぐらせていたことが明白に見てとられる。

一七〇一年におこなわれた第三回目の講演は先立つ二つの講演を実践の場に応用した付録のようなものであって、「もしわたしたちが真実のものであってうわべだけのものではなく、堅実なものであって空疎なものではない知識を身につけようとおもうならば、学芸の社会からいっさいの欺瞞を駆逐しなければならない」という論点にもとづいておこなわれた。そして、学芸共和国においては公正さをもって生活する必要があるのであり、この学芸共和国の国庫から不正に貢ぎ物を強要する批評家、国庫の増大をさまたげる頑迷固陋な党派人、国庫への自分たちの負担金をごまかす詐欺師たちは弾劾されるべきであることを論証している。

一七〇四年におこなわれた第四回目の講演は「もし人が学芸の研究から最大の利益、それもつねに名誉と結びついた最大の利益を得たいと願うのであれば、栄光もしくは共通善のためにこそ知識の研鑽に努めるべきである」という論点を提起している。この講演は、利益のためにのみ研究をおこない、利益を求めるあまり、学者であることよりも学者に見えることに意を用い、目当てにしていた利益が達成されるやたちまち怠けはじめ、学者であるという世評を失わないためにどんな下劣な策をも弄する偽学者たちにたいしてなされたものである。ヴィーコがこの議論をすでに半ばまで展開しおえていたところへ、なんとスペインの行政官のなかでのカトーと言うべき神聖評議会議長のドン・フェリクス・ランシーナ・イ・ウョア氏[*120]が入ってこられた。そこでこの方のためにヴィーコは機転を利かせて、すでに述べてきたことの要点をいまいちど短く再説したうえで、これからまだ言うべく残っている部分にうまく繋ぎ合わせてみせた。これに類する才気煥発さをクレメンス十一世[*121]は修道院長だったとき、ウモリスタ〔諧謔家〕たちのアカデミー[*122]においてイタリア語で彼のパトロン、デトレ枢機卿[*123]を讃えたさいに発揮し、これによって教皇インノケンティウス十二世のもとで幸運の端緒をつかんで[*124]、ローマ教皇の位にまで昇ったのだった。

一七〇五年におこなわれた第五回目の講演では「諸国家が軍事的栄光に輝き、政治的にも支配権を確立しえたのは、いずれも同時に学芸の華が最大限に咲きほこったときであった」という論点が提起されている。そして十分な根拠を提示することによって力強く立証がなされ、ついでは以下のような実例をつぎからつぎへと挙げて確認がなされている。アッシリアでは世界で最初の学者であるカルデア人が興り、その地に最初の大君主国が樹立された。ギリシアがそれに先立つすべての時代にまさって学識を顕示したとき、アレクサンドロス大王によってペルシア王国が打倒されたのだった。ローマはスキピオ〔・アフリカヌス〕のもとでカルタゴの廃墟の上に世界帝国をうち立てたが、そのスキピオが哲学にも雄弁にも詩文にも通じていたことはあのテレンティウスの他の者が真似しようにも真似できない喜劇が十分に示しているとおりである。というのも、あの喜劇は、じつはスキピオが友人のラエリウスと二人で書きあげたものであって、ただ、自分の偉大な名前を付して世に出すには値しないと評価して、現在その作者として通っている人物〔テレンティウス〕の名のもとに公表させたのだった。テレンティウスも自分の創作になる部分をいくばくか付け加えて寄与するところがあったにはちがいないにしてもである。*125 たしかに、ローマの君主制がアウグストゥスのもとで確立された時代には、ギリシアのあらゆる知恵がラテン語の光輝を得てローマによみがえったのだった。イタリアのもっとも輝かしい王国はテオドリクスのもとでカッシオドルスのような人々の助言を得て花開いたのだった。[*126] カール大帝〔シャルル・マーニュ〕のもとでローマ帝国がドイツに再興されたが、それは西欧の王宮ですっかり死に絶えていた学芸がこの大帝の宮廷においてアルクイヌス[*127]のような人物とともに再生しはじめたからであった。ホメロスがアレクサンドロス大王を作り出したのであって、この王は武勇において〔ホメロスの描く〕アキレウスに倣いたいと全身で燃えあがっていたのだった。そしてユリウス・カエサルは、このアレクサンドロスの先例に倣って、かの偉業を成し遂げようという野望に目覚めたのだった。[*128] だから、どちらのほうが勝っているかをだれもあえて断定しようとは思わないこれら二人の偉大な軍司令官は、ともにホメロスの描く英雄の弟子なのであった。二人の枢機卿、両者ともにきわめて偉大な哲学者にして神学者であり、さらに一人は偉大な説教師でもあったヒメネスとリシュリューは、前者はスペイン王国の、後者はフランスの設計図を描いた。[*129] トルコは野蛮状態の上に一大帝国を創建したのだったが、それには学識のある不敬虔なキリスト教修道士セルギウスの助言があったのであって、この修道士は無学なムハンマドに建国のための法律をあたえたのだった。[*130] そして、ギリシア人がアジアから始まってその後いたるところで野蛮状態に入りこんでしまっていたあいだに、アラブ人は形而上学、数学、天文学、医学を修養し、こうした学者たちの知識によって、それはもっとも高尚な人文学の知識ではなかったものの、まったく野蛮で獰猛なアルマンソール[131]を征服の最大の栄光にまで駆り立てていったのであった。そして、彼らはいっさいの学芸が禁止されてしまったような帝国をトルコに樹立するのに奉仕したのだったが、しかしまた、最初はギリシア人の、ついではローマ人の、背信的なキリスト教徒たちが折あるごとにもろもろの技芸や戦争の策略をトルコ人に供給してやるということがなかったなら、彼らの広大な帝国もおのずから崩壊してしまっていただろう。

一七〇七年におこなわれた第六回目の講演では、学問の目的と学問をする順序とが混合されたつぎのような論点、すなわち、「堕落した人間の自然本性についての認識は〔わたしたちをして〕人文的教養ならびに諸科学の全分野の修得へと向かわせるとともに、それらを学習するさいの正しく容易にして永続的な順序を提示する」という論点をあつかっている。ここでヴィーコは聴衆を自分自身についての省察、すなわち、〔アダムの犯した〕罪の罰を受けている人間は他の人間から言語によって、頭〔知性〕によって、そして心〔感情〕によって分け隔てられているということについての省察へと入らせる。言語によってというのは、言語がしばしば観念の助けにはならず、しばしば観念を裏切ってしまうからであって、そのため人間は観念をつうじて他の人間と結ばれたいと思いながら、それができないのである。頭によってというのは、感覚の好みが多様であることからさまざまな意見が生じるからであって、感覚の好みにおいて人間は他の人間と一致することがないのである。そして最後に心によってというのは、心は堕落させられているので、悪習の一様性すら人間を他の人間と和合させることがないからである。このことからしてヴィーコは、わたしたちが堕落した結果受けている罰は徳と知識と雄弁によって矯正されなければならないことを立証する。これら三つのものによってのみ、人間は他の人間と同じであると感じるのである。以上が学問の目的にかかわることがらである。学問をする順序にかんしては、言語こそが人間社会を確立するもっとも強力な手段であったことからして、学問は言語の学習から開始されなければならないことを立証している。なぜなら、どんな言語もすべて記憶力と結びついており、記憶力にかんしては幼少期こそが驚嘆すべき力を発揮するからである。また、子どもたちの年代では悟性的判断力はまだ脆弱であって、実例以外のものによっては統制されない。そして実例が人々の心を動かすためには想像力を活発に働かせることによってそれらを習得しなければならないのであるが、この点にかけては幼少期は驚異的なのである。したがって、子どもたちには、架空のものであれ真実のものであれ、物語を読むことに専心させなければならない。さらには、子どもたちの年代もそれなりにものごとを判断し推理する能力が欠如しているわけではないのだが、そのための材料をいまだ持ち合わせていない。そこで、ものごとを正しく判断し推理する術を身につけさせるには、計量の学を習得させるのがいちばんである。計量の学は記憶力と想像力を要求すると同時に、ずんぐりと太った空想の力を弱めてもくれるのであって、そうした空想の力は、それがあまりにも強靭な場合には、わたしたちのあらゆる誤謬と悲惨の母と化すのである。また、幼少期には感覚が支配的で、それらが純粋な知性をむりやり引き連れていく。だから、子どもたちには自然学の学習に精を出させるとよい。自然学は人を物体の世界の観照へといざなうからであり、世界体系の知識を得るために数学を必要とするからである。そのうえで、子どもたちには、ずんぐりと太った自然学の広大な観念と線と数でなる精妙な観念から出発して、存在者と一者にかんする知識でもって形而上学における抽象的な無限の概念を理解することができるよう、準備させるのがよい。それは、このような存在者と一者にかんする知識のなかで青年たちが自分の知性を認識することによって、自分たちの魂がどのような状態にあるのかを確認するよう仕向けられ、永遠の真理と比べてみた場合、その魂がどんなに堕落させられてしまっているかを見てとって、幼少期においてこのうえなく激烈な情念をいかに自分では不手際にしか指導できないかについてすでにいくばくかの経験をした年齢になって、魂を道徳によって自然なかたちで矯正する準備をするためにほかならない。そして、フィラウティア、すなわち自己愛を飼い馴らし鎮めるには、異教の道徳では十分でないことを知った場合には、青年たちは形而上学を学ぶなかで、有限なものよりも無限なもの、物体よりも知性、人間よりも神のほうがずっと確実であって、人間は自分がどう行動し、どう感覚し、どう認識しているか、その仕方を知らないことを経験しているのだから、理解力を低くして啓示神学を受けいれる用意をさせるとよい。そしてその結果、キリスト教的な道徳にまで降りていかせ、こうして罪を浄化して、最終的にキリスト教的な法学におもむかせるのがよいのである。

さきに報告した第一回目の講演のとき以来、その第一回目の講演でも、それに続くどの講演でも、しかしまたとりわけこの最後の〔第六回目の〕講演において、ヴィーコがあるなんらかの新しくもあれば偉大でもある論題、神と人間にかんする知識の全体をひとつの原理においてて統合するような論題を心のなかで思いめぐらせていたことが明らかに見てとれる。だが、彼のおこなったこれらの講演はすべて、その論題からはあまりにも遠く離れすぎていた。そこで彼はこれらの講演を世に出さなくてよかったと思った。すでに大量の書物の重みで耐えられなくなっている学芸共和国にこれ以上書物を上積みして負担をかけるべきではなく、もし新たに割り込ませるとしたなら、重要な発見やこのうえなく有用な発明を記した書物だけを割り込ませるべきであると考えたからである。しかしながら、一七〇八年、王立大学は新学年の開講式を公開でおごそかに執り行い、ナポリの副王ヴィンチェンツォ・グリマーニ枢機卿[*132]がご臨席なさっている面前で朗読される開講講演をもって開講式を王[*133]に奉献することに決定した。したがって、その日に朗読される開講講演は印刷して刊行される手筈になっていた。そこでヴィーコには、幸運にも、学芸の世界になにか新しくて有用なことがらをもたらすような論題、ベイコンの『学問の新機関』で挙げられているもろもろの願望されることがら[*134]のなかに新たに願望されることがらとして付加されるにふさわしいような論題について考案する機会がおとずれることとなった。ヴィーコが推理してみたのは、あらゆる種類の知識において古代人がとっていた学問方法と対比した場合のわたしたち〔近代人〕の学問方法の有利な点と不利な点についてであった。わたしたちの学問方法にはどのような不利な点があり、それらはどのようにすれば回避することができるか。また、回避することのできない不利な点は古代人のどのような有利な点によって補うことができるか。こういったことについて推理してみたのだった。かくては、たとえて言えば、今日の完璧な大学とは、古代人に立ち勝ってわたしたちが享受している、より多くのものをすべて兼ね備えた、たった一人のプラトンではあるまいか、と。神と人間にかんする知識のすべてが、いたるところで、そのあらゆる部分において、ひとつの精神をもって統治し存立しつづけ、こうしてもろもろの学は互いに手を貸しあい、どれも他にたいして障害とならないようにしようというわけである。この論考は同年、フェリーチェ・モスカ書店から十二折判で出た。[135] そこで取りあげられた論題は、事実上、その後ヴィーコが取り組むことになる著作『普遍法の単一の原理と単一の目的』〔一七二〇年〕を素描したものであって、この著作を補足したものがもうひとつの著作『法律家の一貫性』〔一七二一年〕である。

またヴィーコは、法学の分野において、開講式で若者たちに講演を朗読する以外の方途によっても、自分の価値を大学に認めてもらいたいとつねに狙っていた。そこで、その論考の

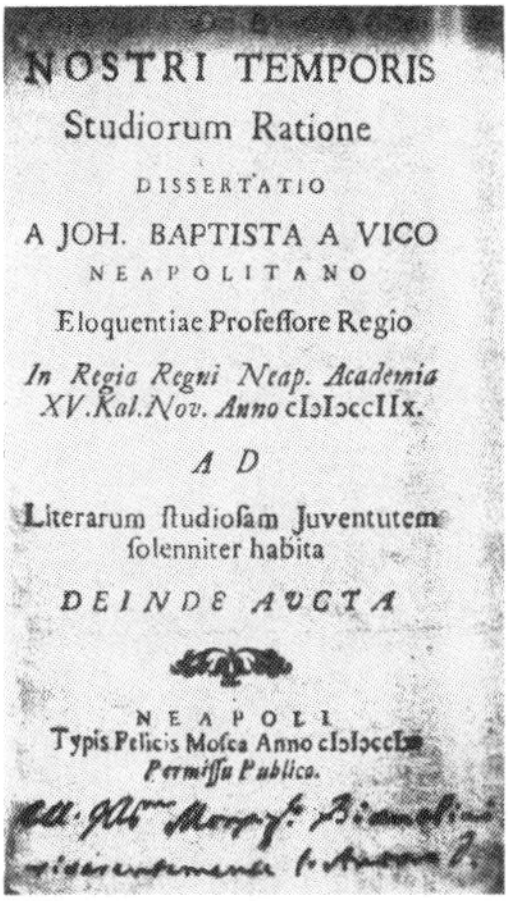
NOSTRI TEMPORIS
Studiorum Ratione
DISSERTATIO
A JOH. BAPTISTA A VICO
NEAPOLITANO
Eloquentiae Profeſſore Regio
In Regia Regni Neap. Academia
XV.Kal.Nov. Anno cIↃIↃccIIx.
AD
Literarum ſtudioſam Juventutem
ſolenniter habita
DEINDE AUCTA
NEAPOLI
Typis Felicis Moſca Anno cIↃIↃccIx
Permiſſu Publico.

『われらの時代の学問方法について』（1709年）の表紙。フランチェスコ・ビアンキーニ枢機卿への自署名入り献呈本（ベネデット・クローチェ所蔵本）。出典：*Autobiografia di Giambattista Vico (1725-1728)*, a cura di Fausto Nicolini (Milano-Firenze-Roma, Bompiani, 1947)

なかでは、古代ローマの法律家たちが法律を制定したさいに秘匿していた法律の奥義[136]について大きくあつかった。そして、どれほど私的な法律であってもそれらをローマ的な統治の理由[137]の観点から解釈するような法学の体系についてのひとつの試案を提供した。[138]すると、この部分にかんして、当時バルセローナに滞在中であった王立大学の学長で、ローマの古事、とくに法律についてこのうえなくゆたかな学識を有しておられるビンセンソ・ビダニア猊下[139]が、いともご立派な論考[140]において、ヴィーコが固く信じて疑わないでいた点、すなわち、古代ローマの法律家たちは全員が貴族であったという点に反論なさった。これにたいしてヴィーコは、まず私信のかたちで回答申しあげ、ついで『普遍法の単一の原理と単一の目的』によって公的に十分満足のいくかたちで応答した。同書の脚注にはこのきわめて著名でいらっしゃるビダニア猊下の論考がヴィーコの返答とともに掲げられている。[141]しかし、このような反論があった一方で、いとも学識ゆたかなオランダ人法学者のヘンドリク・ブレンクマン氏[142]は法賢慮についてヴィーコが考察したことどもをたいそう喜ばれた。そして、『学説彙纂』のフィレンツェ写本を再読するためにフィレンツェに滞在中、ナポリのさる富豪の訴訟の弁護のためナポリからその地に足を運んでいたアントニオ・ディ・リナルド氏[143]とヴィーコの所説について光栄にも議論を交わしてくださった。

また、この論考〔『われらの時代の学問方法について』〕が、ナポリの副王でいらっしゃる枢機卿猊下の面前では君侯方にとってきわめて大切なものである時間を浪費しないために言い尽くせなかった部分を付け加えて世に出ると、市民法夕方講座の筆頭教授でもろもろの言語ともろもろの学問に通暁した万能人であられるドメニコ・アウリジオ氏[*144]が（氏はそのときまで大学においてヴィーコのことをよく思っておられなかったが、それはなにもヴィーコ自身の業績が原因だったわけではなくて、ずっと前にナポリで大騒動となった、いまここで事新しく述べるまでもない学芸上の一大論争[*145]において、氏に反対してディ・カプア側の陣営に加わった文人たちと、ヴィーコが友人関係にあったという、それだけの理由によるものだった）、ある日、講座担当資格者選考のための公開審査の席上、自分の隣に座るようヴィーコに手招きしてくださった。そして「例の小冊子」を読ませてもらったとおっしゃり（氏は教会法講座の筆頭教授と席次争いが起きるので、開講式には出席しておられなかったのだ）、「その小冊子は目次をめくるだけではない人物[*146]の筆になるもので、その一頁一頁が読者に何冊もの大部の本を書きたい気持ちにさせるだけの内容を含んでいると思った」と評価してくださった。どちらかと言えば気性が烈しく、人を褒めることがきわめてまれな御方からのこれほど丁重な扱いとこれほど好意的な評価は、この御方がヴィーコにたいして示された尋常ならざる度量の大きさを証し立てるものであった。そしてその日以来、両人のあいだにはきわめて親密な友情が結ばれ、それはこの偉大な文人が存命中変わることなく続いたのだった。

その間ヴィーコは、ヴェルラムのベイコンの、本格的な〔哲学的〕論考というよりは機知に富んでいて学識ゆたかな著書『古代人の知恵について』を読んで、詩人たちの物語る神話伝説よりもさらに深いところに古代人の知恵の原理を探ってみたいという気持ちが起こってきて、『クラテュロス』のなかでギリシア語の起源のうちにそれらの原理を探求しに行ったプラトンの先例を手本にして実行に取りかかった。そして、文法学者たちの語源学が気に入らなくなりはじめていたことがさらに拍車をかけて、ヴィーコは古代人の知恵の原理をラテン語のさまざまな語彙の起源のうちに追跡することに専念した。たしかに太古のイタリア学派の知識は、ピュタゴラス学派において、はるかに早い時期に、その後ギリシアで始まったものよりも深いところで開花したのだった。こうしてヴィーコは、「コエルム（coelum）」という単語が「鏨《たがね》」と「空気の大きな物体〔天〕」の双方をともに意味するところから、ピュタゴラスが学んだエジプト人たちは自然が万物をつくり出すさいに用いた道具は楔《くさび》であると考えたのではないか、そしてこのことをエジプト人たちは彼らのピラミッドで表示しようとしたのではないか、と推測した。また、ラティウム〔古代ローマ〕の人たちは「ナートゥーラ（natura）」〔「自然」ないし「人間に生まれつき具わっている才能」〕のことを「インゲニウム（ingenium）」と言っていたが、*147「インゲニウム」の主要な特性は鋭利さにある。そこで彼らはこう推測したのだった。自然はあらゆる形あるものを空気の鑿によって形づくっては壊すのであり、空気の鑿で軽く彫りを入れることによって素材を形あるものにするとともに、同じ鑿を深く打ちこむことによって壊すのであって、空気は鑿によっていっさいのものを荒廃させてしまうのだ、と。そして、この道具を動かしている手が「アエテール（aether）」〔アイテール〕なのであって、それの知性がユピテル〔ゼウス〕であると万人によって信じられていたのだ、と。また、ラティウムの人たちは「空気」のことを「アニマ（anima）」と呼び、宇宙がそこから運動と生命を引き出す原理のようなものであると見ていた。そして、その女性としてのアニマの上にアエテールが男性として働きかけるのだと考えて、アエテールが生命体に入りこんだときには「アニムス（animus）」と呼んだのである。*148ここから「われわれはアニマによって生き、アニムスによって感じる」というラテン語特有の通俗的な区別が出てくる。*149だから、ラティウムの人たちによると、アニマないし空気が血液のなかに入りこむと人間の生命の原理となり、アエテールが神経のなかに入りこむと感覚の原理となるのだった。そして、アエテールが空気より活発であればあるほど、動物精気は生命精気よりもいっそう動的かつ迅速になるのだった。また、アニムスがアニマの上に働きかけるのと同じように、アニムスの上にラティウムの人たちが「メーンス（mens）」と呼んでいるものが働きかける。このものは「思考」に該当する存在であって、ここからラテン語には「アニムスのメーンス（mens animi）」という言い回し[*150]が残ることとなったのだった。そして、思考ないしメーンスはアエテールのメーンスにほかならないユピテルから人間たちに送りこまれたものであるとラティウムの人たちは考えていたのだった。そうであってみれば、自然界におけるあらゆる事物の作用原理はピラミッド形をした微粒子でなければならないことになる。そしてたしかにアエテールが結合したものが火にほかならない。[*151]

このような原理に立脚して、ヴィーコはある日、ドン・ルーチョ・ディ・サングロ氏[*152]の邸宅で、ドリア氏を相手につぎのような論議を展開した。すなわち、ひょっとして自然学者たちは、自分たちが磁石の不思議な効果だと感嘆しているもの[*153]が火にあってはごくありふれた現象でしかないのを省みてみたことがないのではないのか、ということ。磁石が引き起こす現象のうちでもっとも驚嘆すべき現象は、鉄を惹きよせること、鉄に磁力を伝えること、極地に向かって針を振ることの三つであるということ。一方、適当な距離に置かれた発火源が火を胚胎し、それが触発しあって炎を生じ、わたしたちに光を伝えるのであり、また、炎は自分に属する天の頂上に向かって上昇していくということほど、ありふれた現象はない。したがって、もし磁石が炎のように稀薄で、炎が磁石のように濃密であったとしたなら、磁石は極地ではなくて天頂に向かって針を振っただろうし、炎は天の頂上ではなくて極地に向かっていっただろうということ。それにしても、もし磁石が極地の方向に針を振るのは磁石が努力して向かうことのできる部分が天空のいちばん高い部分にほかならないからだとしたなら、どうなるのだろうか。ある程度長い針の先端に置かれた磁石の場合に明瞭に観察されるように、磁石は極地の方向に針をふりながらも、同時に天頂に向かって上昇しようと努力しているのが明らかに見てとられる。だから、旅行者たちがこの点に着目して磁石を観察し、それが他の場所以上に上昇する気配を示す場所が確定されたなら、磁石は地理学を完成させるためにあれほど探し求められている土地の緯度の確実な測定を可能にしてくれるのではないか。こういったことを論じたのだった。

この考えをドリア氏はとても気に入られた。そこでヴィーコはそれをさらに医学の用にも立てようとした。というのも、自然をピラミッドによって表示したエジプト人に特有の機械論的医学として弛緩と収縮の医学が存在し、これをきわめて学識ゆたかなプロスペロ・アルピーノ[*154]がこのうえなく高等な教養と博識とをもって飾り立てていたからである。またヴィーコは、デカルトが定義した熱さと冷たさ——冷たさは外部から内部への運動であり、逆に熱さは内部から外部への運動である——を医者のだれひとりとして利用してこなかったのを見て、この説にもとづいて医学の一体系をうち立ててやろうという気になった。火照るように高い熱は、おそらく、心臓の中心から周辺部へと向かう血管中の空気が、心臓の外側に相対する部分において閉塞されている血管の直径を、心臓を良好な状態に保つのに必要とされる以上に押し広げようとすることに起因するのではないだろうか。また、これと反対に、寒気のする悪性熱は、周辺部から心臓の中心へと向かっていく血管内の空気が、心臓の内側に相対する部分において閉塞されている血管の直径を、心臓を良好な状態に保つのに必要な程度を超えて押し広げようとすることに起因するのではないだろうか。こうして、動物の中心である心臓には、心臓を動かすのにも良好な状態に保つのにも必要な空気が欠けることになり、心臓の鼓動が弱まって、血液が凝結するにいたるのではないだろうか。これが主として急性熱の原因なのだ。そして、これこそヒッポクラテスがこの種の熱を引き起こす「神的なあるもの」と呼んだもの[*155]にほかならない。これには自然全般から導き出されるもろもろの合理的な推測が合流する。なぜなら、冷たさと熱さの双方がともに事物の生成に寄与しているからである。冷たさは、燕麦の種子を発芽させたり、死骸のなかで蛆《うじ》を発生させたり、湿った暗い場所でその他の動物を発生させるのに寄与している。また極度の冷たさは、火と同様、壊疽《えそ》を生じさせる。そしてスウェーデンでは壊疽を治療するのに氷が用いられている。寒気のする悪性熱の場合には、冷たい感触と固体部分の溶液化による発汗の症候が、そして火照るように高い熱の場合には、ひりひりと焼けつくような感触が〔ヴィーコの考えを〕裏づけてくれる。前者の場合の発汗現象は分泌管が大幅に拡張したことを理解させる。また後者の場合には、ひりひりと焼けつくような感触によって、褶曲し緊張した血管が外部に存在することを十二分に指し示しているからである。だから、もしあらゆる疾病を「ルプトゥム（ruptum）」〔壊れたもの〕という最高の類概念に還元したラティウムの人たちのもとにはあるひとつの古代イタリアの医学が存在していて、あらゆる疾病は固体部分〔血管〕が不全な状態に陥ることから始まり、最終的には同じラティウムの人たちが「コルルプトゥム（corruptum）」〔もろともに破壊されたもの（cum+ruptum）〕と呼んでいるもの〔生体機能全体の破壊・腐敗〕に到達すると考えていたとしたなら、どうだろうか。

こうしてまたヴィーコは、後日世に問うこととなった小冊子〔『イタリア人の太古の知恵』第一巻「形而上学篇」〕において述べたような理由によって、この自然学を独自の形而上学にもとづいて確立することへと立ち向かっていった。そして、ラテン語の起源についていましがた試みたのと同じような取り扱いをほどこすことによって、ゼノンの点をアリストテレスによって変改された記録から浄化し、ゼノン派の点こそは抽象的な事物から出発して物体的な事物へと下降していくための唯一の仮説であること、それは幾何学が物体的な事物から出発して物体を構成している抽象的な事物へと知識を働かせつつ到達するための唯一の道であるのと同様であることを証明してのけた。また、点とは部分をもたないもののことであると定義されるやいなや（これは抽象的な延長の無限の原理を基礎づけるということにほかならないのだが）、拡がりをもたない点が一種の延び拡がり[*156]によって線の延長をつくり出すのと同じようにして、ある無限の実体が存在していて、その実体がそれ独自の延び拡がり、発生とでも呼んでよいような延び拡がりによって、もろもろの有限な事物に形相をあたえるのだということ。はたまた、ピュタゴラスは、世界がある意味では線よりもさらに抽象的なものである数で成り立っていると主張し、その理由として、それ自体は数ではなく、数を生む数が、互いに等しくないあらゆる数の内部に不可分のかたちで存在するということを挙げているが（そしてここからアリストテレスは、本質は数と同様に分割不可能であり、それらを分割するのはそれらを破壊してしまうことにほかならないと述べたのだったが）、これと同様、互いに不等な、拡がりをもった、もろもろの線の下に、等しく存在している点というのは（ここから、たとえば、四角形の対角線と辺とは、他の場合であれば通約不可能な線であるにもかかわらず、同じ点で交わるのだが）、それ自体は延長をもたないある実体がもろもろの不等な物体の下に等しく存在していて等しく支えているという仮説なのだということ。こういったことを証明してのけたのだった。

この形而上学に続いては、ストア派の論理学がやってくるはずだった。ストア派はその論理学のなかで連鎖推理に[157]よって議論する訓練を積んでいたが、それはほとんど幾何学的方法による彼ら独特の論証法であったのだ。そしてまた、幾何学において生み出される最初の合成された図形が三角形であり、最初のもっとも単純な図形がこのうえなく完璧な神を象徴する円であるのと同様のやり方で、あらゆる物体的形態の原理として楔を措定する自然学がやってくるはずだった。かくて、そこからは、自然を四つの三角形の面をもった固体であるピラミッドと解していたエジプト人たちの自然学が容易に出現しえたはずであり、弛緩と収縮のエジプト医学がそこに適合できたはずであった。このエジプト医学については、ヴィーコは、医学にかんしては他のだれよりも精通しておられるドメニコ・アウリジオ氏に宛てて、「生体の均衡について」と題されたほんの数葉の本[158]を書いた。また、ルカントニオ・ポルツィオ氏[159]とも頻繁に議論をおこなった。そして氏から絶大な信頼を得て、緊密な友情で結ばれ、この友情をヴィーコはこのガリレオ学派の最後のイタリア人哲学者が死去するまで培《つちか》い続けることとなった。ポルツィオ氏は、ヴィーコの考えていることは、氏自身の言葉をそのまま借用させていただくなら、自分を屈服させてしまった、としばしば友人たちに語るのを常としていたという。だが、「形而上学篇」だけがナポリにおいて十二折判で一七一〇年にフェリーチェ・モスカ書店から、ドン・パオロ・マッティア・ドリア氏への献辞を添えて、『ラテン語の起源から導き出されるイタリア人の太古の知恵』の第一巻として公刊された。[*160] そして、同書をめぐって、ヴェネツィアのさる雑誌への寄稿者たちとヴィーコのあいだで論争が生じ、ヴィーコの『反駁〔答弁〕』と『返答』がそれぞれ一七一一年と一七一二年にナポリにおいて十二折判で同じくモスカ書店から出版された。[*161] 論争は双方の側から礼儀正しくおこなわれ、とても友好的なかたちで決着がついた。[*162] しかし、かねてよりヴィーコのなかで感じられはじめていた文法的語源学への不満は、その後最近の著作〔一七二五年に公刊された『新しい学』〕のなかで彼がすべての言語に共通の自然本性の原理から導き出された言語の起源を発見するにいたったことの前兆であった。この原理にもとづいてヴィーコはすべての死んだ言語と生きている言語に起源をあたえるための普遍的語源学の諸原理を確立するのである。[*163]
また、ヴェルラム卿はその本〔『古代人の知恵について』〕のなかで詩人たちの物語る神話伝説から古代人の知恵を探り出そうという試みに乗り出しているが、この本にほとんど満足できなかったことが、ヴィーコが同じく最近の著作のなかで、ギリシア人やラティウムの人たち、そして彼らのあとに登場した他の諸国民がこれまで信じてきたのとは別の詩の諸原理を発見するにいたったことのもうひとつの前兆であった。これにもとづいてヴィーコは神話学の別の諸原理を確立するのであり（それによると、神話伝説はひとえに太古のギリシア諸国家の実状をありのままに物語った歴史的意義をおびたものであったことになる）、そしてまた英雄的国家の神話伝説的な全歴史を説明するのである。*[164]

その後ほどなくしてヴィーコは、かつてその教育に多くの歳月を注ぎこんだことのあるトラエット公爵、ドン・アドリアーノ・カラファ氏*[165]から、公爵の伯父、アントニオ・カラファ元帥*[166]の伝記を書いてもらいたいという、丁重な依頼を受けた。ヴィーコのうちには真実を重んじる精神がすでに形成されていたのだったが、公爵の手許には保存状態が良好で信用の置ける記録のコピーがふんだんに用意されていた。そこでヴィーコは公爵の要請を受けることにした。昼間は勤務があり、伝記を書く時間は夜しか残されていなかったので、完成までに二年を費やした。うち、一年はそれらのずいぶんとばらばらで混乱した記録を整理して注釈を付けるのに費やし、もう一年はそれらの記録から歴史を織りあげるのに費やした。しかも、その期間中ずっと、ヴィーコは左腕にきわめて激烈な痛みをともなう神経症的発作で苦しんでいたのだった。また、だれもが当時目撃できたことであるが、ヴィーコは日が暮れてからこの伝記を書いている間じゅう、注釈のほかは机上になにも置かず、〔ラテン語で書いていたにもかかわらず〕まるで母語〔イタリア語〕で書いているかのように、それも家庭生活に付き物の喧噪のただ中で、しばしば友人たちと歓談しながら、執筆を進めたのだった。こうして、主題にふさわしい礼儀正しさと王侯方への敬意と真実にたいして払われるべき公正さとがみごとに鋳込まれた作品を仕上げたのである。同書は一七一六年にフェリーチェ・モスカ書店から、すばらしい装幀をほどこして、四つ折判の一巻本で出た。*167 これはナポリの印刷所からオランダ趣味の体裁で出された最初の書物であった。そして公爵からローマ教皇クレメンス十一世猊下に献呈され、ご嘉納になった旨返答なさった猊下の小勅書のなかで「不朽の物語*168」というお褒めの言葉を頂戴することとなったばかりか、さらにはイタリアのもっとも著名な文人、ジャンヴィンチェンツォ・グラヴィーナ氏*169からの評価と友情をヴィーコにもたらすこととなった。グラヴィーナ氏とは、ヴィーコは氏が一七一八年に亡くなるまで親しく文通を続けた。

この伝記を書く準備をしていたあいだに、ヴィーコはフーゴ・グロティウスの『戦争と平和の法』を読む必要に迫られた。そしてここに彼は自分が模範として設定してきた他の三人の著作家に付加すべき第四の著作家を見いだすこととなった。[*170] なぜなら、プラトンは、彼の深遠な知恵をホメロスの通俗的な知恵によって確固としたものにするというよりもむしろ飾り立てているにすぎない。タキトゥスは、さまざまな事件が彼に先行する時代から彼の眼前に散漫かつ混乱した状態で体系をなさずにやってくるのを眺めやりながら、それらの事件にたいして彼の形而上学や道徳学や政治学をまき散らしているにすぎない。ベイコンは、神と人間のことどもにかんして当時存在していたあらゆる知識を視野に収めて、まだ所有していない点は補充しなければならず、すでに所有している点は改善しなければならないことを見てとっているが、法律にかんしては、彼の立てた規準によって諸都市の宇宙に考察をおよぼして、あらゆる時代の経過を通覧することもなければ、あらゆる国民を包括した拡がりにまで到達することもなかった。ところが、フーゴ・グロティウスは、ありとあらゆる哲学と文献学をひとつの普遍法の体系のうちに置いている。とくに文献学にかんしては、それを構成する二つの部門、すなわち、物語〔神話伝説〕的なものであれ、確実な証拠にもとづくものであれ、事物の歴史と、ヘブライ語、ギリシア語、ラテン語という、キリスト教をつうじてわたしたちのもとに届いている古代の三つの学問語である三つの言語の歴史を、二つながらにその体系のうちに取りこんでいるのだった。こうしてヴィーコはその後グロティウスのこの著作の研究をさらに深めていったのだったが、たまたまそんな折、同書が再版されることになり、これに注記を付けてほしいという依頼を受けた。そこでヴィーコは執筆に取りかかったのだが、それはグロティウスにたいしてというよりも、むしろ、グロノヴィウス[171]が書いた注記を批判したいという意図に発するものであった。グロノヴィウスは、正当な評価をあたえるためというよりも自由な政体に気に入られたいために注をつけていたのである。しかしまたヴィーコは、第一巻と第二巻の半ばまで進んだところで、作業を中断してしまった。カトリック教を信じる人間が異端的著作家[172]の作品を注記で飾るのはふさわしくないと反省したからである。[173]

これらの研究を遂行し、これらの認識を獲得し、他のすべての著作家に立ち勝ってこれら四人の著作家に感嘆し、彼らをなんとかしてカトリック教に役立てたいと願うなかで、ついにヴィーコは、最善の哲学、つまりはキリスト教に服するプラトン哲学が文献学とのあいだに一致を見ているようなひとつの体系がいまだ学芸の世界に存在していないことを理解するにいたった。ちなみに、ここで言う文献学は、言語の歴史と事物の歴史という二つの歴史のいずれの部門にも学としての必然性を導き入れるようなものでなければならない。また言語の歴史は事物の歴史によって確証されなければならないのであって、そのようにしてできあがった体系は学院の賢者たちの提示する格率と国家の賢者たちの遂行する実務[*174]を仲良く折り合わせるものでなければならないのである。そして、このような理解に到達するとともに、すでに最初のいくつかの開講講演でも内心で探し求めていて、『われらの時代の学問方法について』でおおざっぱにではあるが形にし、『イタリア人の太古の知恵』第一巻「形而上学篇」においてさらに少しばかり磨きをかけたものが、ヴィーコの心から熟し落ちたのだった。

そこでヴィーコは、一七一九年の開講式典においてつぎのような論題を提示した。「〈知ること〉、〈欲すること〉、〈なしうること〉の三つこそは神と人間にかんするあらゆる学問の要素である。[*175]そして、これらの唯一の始源が知性であり、その知性の眼が理性であって、これに神は永遠の真理の光明を提供したまうのである」。そして論題をつぎのように分割した。「さてこれら三つの要素であるが、これらが現存しており、かつわたしたちのものであることを、わたしたちはわたしたちが生きていることを知っているのと同じくらい確実に知っているのだから、それらをわたしたちはわたしたちがけっして疑うことのできないひとつのもの、すなわち思考《コーギタ―ティオー》によって説明することとする。そして、事をいっそう容易に運ぶために論述の全体を三部に分け、第一部では、すべての学の最初の原理は神からやってくること、第二部では、神の光明ないし永遠の真理がさきに提示した三つの要素をつうじてすべての学に浸透しており、それらのすべてをあるひとつのきわめて緊密な結合によって結びつけていて、それらをそれぞれ別個の方向に導いていくとともに、それらの総体をそれら自身の最初の原理である神の許に呼び戻すこと、第三部では、これまで神と人間にかんする学識の原理について書かれたり言われたりしてきたことで、この〔わたしたちの〕原理と合致するものはすべて真、合致しないものはすべて偽であることを論証しようと思う。したがって、神と人間にかんすることどもの認識については、つぎの三点、すなわち、起源と循環性と一貫性について論じることとなるだろう。そして、起源にかんしては、すべてのことどもは神からやってくること、循環性にかんしては、すべてのことどもは神へと戻っていくこと、一貫性にかんしては、すべてのことどもは神において存立を得ているのであって、神がなくては暗闇であり誤謬であることを証明することとなるだろう」。そしてこれらの点について一時間余りにわたって論じた。[*176]

この論題は、何人かの人には、とくにその第三部が壮大ではあるがそれほど実効性がないものと受けとられた。ピーコ・デッラ・ミランドラが「あらゆる知りうるものについての結論」[*177]を支持しようとこころみたときでも、これほどの危険を冒そうとはしなかったというのだった。というのも、ピーコは文献学の大部分を除外したからである。じっさいにも文献学は、その発端においては、宗教、言語、法律、慣習、領地、交易、支配権、政体、身分、その他無数のことどもにかんして、ばらばらでまとまりがなく、不分明で曖昧模糊としており、道理に合わず、信用が置けなくて、学の原理に還元される可能性はまったく絶望的な状態にあるのだった。そこでヴィーコは、そのような体系が実現しうることを論証するようなひとつの理念をあらかじめあたえるために、一七二〇年に一篇の試論を草した。*178 この試論はイタリアとアルプスの彼方の学芸人の手に行きわたり、何人かからは不利な評価を受けた。けれども、その後、ヴィーコの著作*179がこのうえなく学識ゆたかな方々の非常に名誉ある評価で飾られて世に出たときには、そうした不利な評価をくだした者たちも彼らの判断を維持したわけではなく、学識ゆたかな方々といっしょになって実効あるかたちで称賛したのだから、彼らの名前をここで挙げるまでもないだろう。イタリアの大いなる誇りであるアントン・サルヴィーニ氏*180は、ヴィーコにたいしていくつかの文献学上の問題点を指摘する労をとってくださった（氏はこれらの問題点をフランチェスコ・ヴァッレッタ氏*181に宛てて書かれた手紙をつうじてヴィーコに届けさせられた。フランチェスコ・ヴァッレッタ氏は、きわめて学識ゆたかな御方で、ご祖父ジュゼッペ・ヴァッレッタ氏*182から遺された有名なヴァッレッタ文庫の相続人でもいらっしゃる）。これらの問題点については、ヴィーコは「文献学の一貫性」〔『普遍法』第二巻『法律家の一貫性』の後半部〕のなかでお答え申しあげた。[*183] ドイツの高名な文芸界の人物、ウルリヒ・フーベル氏[*184]とクリスティアン・トーマス氏[*185]から指摘された他の哲学上の問題点についても、ルートヴィヒ・フォン・ゲンミンゲン男爵がヴィーコに伝えてくださった。[*186] しかし、これらにたいしては、『法律家の一貫性』の末尾で記したとおり、ヴィーコはすでに著書のなかで満足の行く返答をあたえていたのだった。[*187]

一七一九年の開講講演の第一部と第二部についての立証がなされている第一巻が『普遍法の単一の原理と単一の目的』という標題で同じ一七二〇年にフェリーチェ・モスカ書店から四折判で出ると、未知の人たちによって口頭でなされた反論や何人かの人たちによってやはり私的になされた反論が著者の耳に届いたが、それらはどれひとつとして体系を覆すものではなく、些細な個別的ことがらにかんするものだった。しかも、大部分はまさに体系がそれに反対して構想された当の古い意見から導き出されたものでしかなかった。そこでヴィーコは、ありもしない敵をあたかもあるかのように見せかけておいて、そうして持ち出した敵を打倒していると思われないよう、これらの反対者たちに次いで公刊された『法律家の一貫性』のなかで彼らの名前を挙げることなく応答した。こうしておけば、その反対者たちがだ

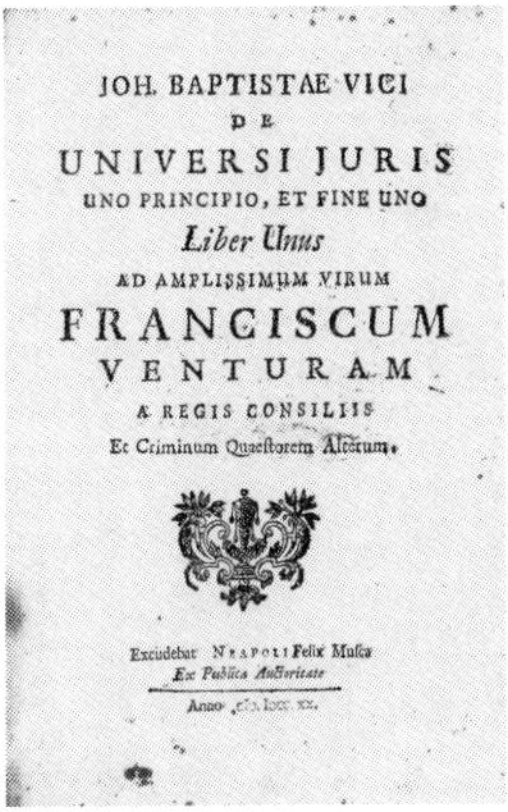

『普遍法の単一の原理と単一の目的』（1720年）の表紙（上村忠男所蔵本）。

れだかはわからないものの、彼らが万一この本を手にすることがあったなら、全員が一人一人、密かに、自分にたいして回答がなされていることに思い当たるだろうからである。つづいて翌一七二一年には同じフェリーチェ・モスカ書店からこれもまた四折判で第二巻が『法律家の一貫性』という標題で出た。この巻ではさきの開講講演の第三部についての立証が「哲学の一貫性」と「文献学の一貫性」の二つの部分に分けて立ち入ったかたちでなされている。そして、この後半部分でつぎのように構想された一章、すなわち、「新しい学がこころみられる」が一部の人々には気に入らなかったようであるが、ほかでもなくこの章からこそ、文献学は知識の原理にまで引き戻されはじめるのである。じっさいにも、ヴィーコによってさきの開講講演の第三部においてなされた約束は、たんに哲学の部分についてだけでなく、さらには文献学の部分についても、けっして空約束ではなかったことが判明する。それどころか、あらゆる時代のあらゆる学者の見解からは遠く隔たった、まったく新しいことどもにかんする、多くの重要な発見がそうした体系にもとづいてなされていることが判明する。そこで、この巻については、「理解できない」という非難以外は聞かれなかった。しかし、ナポリ市のきわめて学識ある方々は、この巻で言われていることはとてもよく理解できるということを世の人々に証言してくださった。この方々はこの巻を公的に承認し、威厳と説得力をもって称賛してくださったのだった。それらの称賛の言葉は同著作に収録されている。

　そうこうするうちに、ジャン・ルクレール氏[*188]からつぎのような内容の書簡が著者に書き送られてきた。

謹啓、数日前いとも高名なるヴィルデンシュタイン伯爵の執事より、法と文献学の起源にかんする貴兄の著書を拝受いたしました。ただ、ユトレヒトに滞在中は、ほんの少しばかり繙《ひもと》くことができたにすぎませんでした。ついで、いくつかの用件があってアムステルダムに戻ることを余儀なくされ、かくも清澄な泉で喉の渇きを癒すに十分な時間を持てないでいます。それでも、一瞥させていただいて、哲学的にも、文献学的にも、多くの注目に値することがらが指摘されているのを見いだしました。これらは、わが北方の学者たちにたいして、彼らのもとにおけるのと劣らぬ才能と学殖とがイタリア人のもとにも発見されること、それどころか、寒冷地域の住民から期待できるよりもはるかに学識があり、はるかに明敏なことがらが、イタリア人によって言表されていることを示してやれる機会を、小生にあたえることでありましょう。小生は明日ユトレヒトに戻り、何週間か同地に滞在して、この人里離れた場所で貴著を心ゆくまで味わってみるつもりです。同地ではアムステルダムにいるよりも邪魔されることが少ないでしょうから。そして貴兄の思想をよく把握したうえで、『古代・近代文庫』第十八巻の第二部において、貴著がいかに高く評価されるべきかを示させていただく所存です。貴兄のご健勝を祈りつつ、また貴兄の卓越した学識に正当な評価をあたえる者の員数に小生も加えていただけることを願いつつ。取り急ぎ、アムステルダムにて、一七二二年九月八日。*[189]

この書簡はヴィーコの著書を好意的に評価していた人々を喜ばせたが、これと同じくらい反対の意見の持ち主たちには不快感をあたえた。そこで彼らは、これはあくまでルクレールの私的な儀礼的挨拶であって、『古代・近代文庫』において公的な評価をくだす段になれば、彼らにも正しいと思われるところにしたがって評価をくだすだろうと見ていた。そして、ヴィーコの著書が出たのを機会に、ルクレールが五十年近くも言いつづけてきたこと、すなわち、イタリアではアルプスの彼方の国々から出される著作に才能の点でも学識の点でも比肩できるような著作は生み出されないという主張の撤回を宣言するなどということは考えられない、と言い触らしていたのだった。一方、その間ヴィーコは、卓越した方々からあたえられた高い評価を自分は大いに歓迎はするが、だからと言って、そうした評価を自分の仕事の目的や目標にしているわけではないということを世人に立証するために、ホメロスの二つの詩を二つながら彼の文献学の原理の観点から読みなおした。そして、そのなかで考えついたいくつかの神話学上の規準に照らして、これらの詩をこれまで観察されてきたのとは異なった姿のもとで世に示し、ウァッロの区分による暗闇時代と英雄時代というギリシア史の二つの時代[*190]が「アキレウスの怒りとオデュッセウスの旅という」二つの主題にもとづいて神業のごとくに織りあげられていることを明らかにしたのである。ホメロスについてのこれらの読解は、それが準拠している規準とともに、翌一七二二年、同じくフェリーチェ・モスカ書店から四つ折判で、『ジョヴァンニ・バッティスタ・ヴィーコの二著、『普遍法の単一の原理と単一の目的』ならびに『法律家の一貫性』への註記』という標題をつけて出版された。[*191]

その後ほどなくして、法律の朝方講座の筆頭教授席が空席となった。この講座は夕方講座よりも格が下であったが、年俸六百スクードだった。そこでヴィーコは、とくに法学の分野で上述のような業績を挙げて大学にたいしてそのための準備を整えてきたことでもあり、この講座を獲得できるのではないかとの希望で心が躍った。それにくわえて、大学での講座在任期間の点ではヴィーコが最古参であった。というのも、カルロス二世の署名の入った勅任状で講座を担当しているのはヴィーコだけであり、他の全員はそれよりのちの国王の署名の入った勅任状で講座を担当していたからである。また、自分の生まれた土地〔ナポリ〕でこれまで送ってきた人生にも自信があった。その土地でヴィーコは天から授かった才能を注いだかずかずの著作によって全市民に栄誉をあたえ、多くの人々の役に立ってきて、だれ一人として害することはなかったからである。〔試験講義の〕前日、[*192]今回は『旧学説彙纂』のなかから法文を引き当てることになっていたので、慣例にしたがって、その頁を無作為に開けてみた結果、ヴィーコはつぎの三つの法文を引き当てた。すなわち、一つは「所有物返還請求権について」という題目下の法文、他の一つは「特有財産について」という題目下の法文、第三は「公示された文言について」という題目下の最初の法文であった。この三つの法文ともテクストが多量にあったため、ヴィーコは学長であられるビダニア猊下にたいして、自分はこれまで法学を教授したことがまったくないけれども、この試験に迅速に取り組む能力があることをお示ししたいので、三つのうちから一つをなにとぞ決めていただきたい、決めていただいた法文にもとづいて二十四時間後に試験講義をおこなってみせますから、と申し出た。しかし、学長は「それはできぬ」とお断りになられたので、ヴィーコは自ら最後の法文[*193]を選びとった。そして、選びとった理由として、これが他のどの法学者よりも高い見識をそなえたパピニアヌスのもので[*194]、法学のなかでもうまく論じおおせるのは最大の難事業である法律の名称の定義をあつかっているということを挙げた。そのような法文を選んだという理由でヴィーコを非難するような者がいたとしたら、そのような者は怖いもの知らずの無知な人間であるということになってしまうだろうと見越しての話であった。というのも、そんなことをすれば、こんなにもむずかしい題材を選んだという理由でヴィーコを非難するのに等しいからである。だからこそキュジャス[*195]は、『学説彙纂全五十巻の釈義』のなかで、もっともなことにも自らの功績を誇って、みなが自分のところに法律の名称の定義の仕方を教わりにやってくると言っているのである。[*196]そして、彼がパピニアヌスをローマの法学者の第一人者と呼んでいるのも、パピニアヌスよりもよく法律の名称を定義した者はだれひとりとしてなく、また法学の分野にパピニアヌスよりも優れた定義を多くもたらした者もだれひとりとしていなかったからにほかならないのである。

競争相手たちは四つのことがらに彼らの希望を託していた。それらがいわば岩礁となってヴィーコは難破するにちがいない、と考えたのだった。連中は全員が心のなかではヴィーコに一目置いていたので、ヴィーコはきっと大学にたいする自分の貢献についての荘重で長々とした序説に時間をかけてしまうだろうと信じこんでいた。ヴィーコがどんなことをやれるかを分かっていた二、三の者たちは、ヴィーコが自分で選んだテクストについて自著『普遍法』のために論じ立て、このことによって聴聞者の非難のざわめきを喚起して、法学の競争試験について定められている規則を破ってしまうだろうと予想していた。青年たちに法学を教えるのだけが学部の教師の仕事だと考えている多くの者たちは、ヴィーコが選んだのはオトマン*[197]が該博な学識を注ぎこんで論じた法文であることから、ヴィーコはオトマンを引照することによって自分を際立たせようとするのではないかとか、この法文についてはファーヴル*[198]が先行の解釈者たちの見解をひとつ残らず攻撃論破してしまい、その後だれひとりとしてファーヴルに応答した者がいないことから、ヴィーコも講義をファーヴルからの引用でいっぱいにするだけで、攻撃をくわえるようなことはよもやするまいといったような幻想を抱いていた。ところが、ヴィーコの講義は連中の期待をすべて裏切る結果となった。というのも、ヴィーコは講義に入るにあたってまずは簡潔で荘重で感動的な呼びかけをおこなった。そしてただちに問題の法文の冒頭部分を読みあげ、講義をその部分だけに限定してそれ以外の項目にはいっさい言及しなかった。ついで、その部分を要約し区分したのち、この種の試問においてはたえて耳にしたことのない斬新なやり方、いたるところで「法律いわく」、「元老院議決いわく」、「法務官いわく」といった言葉を繰り返していたローマの法学者たちのやり方にならって、「法学者いわく」という決まり文句を用いて、法文の文言を一語一語事細かに解釈したからである。こうして、この種の競争にさいしてしばしば聞かれる「論者は原典から逸脱してしまったのではないか」という非難をこうむることがないよう配慮したのだった。こうしておけば、もしだれかヴィーコの講義の価値を低く抑えようとする者がいて、ヴィーコが法律の名称の原理なるものについて論じることができたのは『学説彙纂』のなかでは法文はいまだなんらかのスコラ的な法学提要の方法で配列されていないからだと言ったり、ヴィーコはその原理を据えるにあたってパピニアヌスを引き合いに出しているが、同様に別の法学者に準拠して、ここで論じられている訴訟についての定義をパピニアヌス以外にもさまざまある言葉や見解によってあたえることもできたはずであると言ったりするとしたなら、その者はまったく無知で、かつ悪意に満ちた者以外の何者でもないということになるだろうからであった。そこでヴィーコは個々の語句の解釈からパピニアヌスの定義の意味するところを抽出し、これをキュジャスによって例証し、もってこの定義がギリシア人解釈者たちの定義と合致したものであることを示した。そしてその後ただちにファーヴルに矛先を向け、彼がいかに軽薄で揚げ足をとっただけの内容空疎な論拠でもってアックルシウス、*199ついではパオロ・ディ・カストロ、*200さらにアルプスの彼方の古き時代の解釈者たち、*201それからアンドレーア・アルチャート*202を非難しているかを論証した。また、ファーヴルによって非難された人たちの順序ではオトマンがキュジャスの前に置かれていたのに、その順序を追っていくうちにオトマンのことを忘れてしまい、アルチャートのあとで、キュジャスを採りあげ、これを弁護した。そのことに気がついたので、つぎのような一文を挿入した。「しかしながら度忘れして、キュジャスをオトマンより前に出してしまった。だが、キュジャスが片づいたので、これからオトマンをファーヴルから弁護することとしよう」。これほどまでにヴィーコは競争にオトマンとともに臨むことに勝利の望みをかけていたのだった！　だが結局、オトマンの弁護にかかろうとしたところで、講義に割り当てられていた時間が切れてしまった。

ヴィーコは、読書するときも執筆するときも省察をめぐらせるときもいつもそうであるように、友人たちと議論を交わしながら、自分の子どもたちが騒ぎ立てるなかで、この講義の草案を前の日の真夜中まで練りに練った。そして講義の全体をただの一頁に収まるほどの長さに要約し、生涯をつうじてこれ以外なにも教えたことがなかったかのようにすらすらと、それも他の者たちなら二時間は要したであろうほどの多くの言い回しを用いて講義してみせた。ギリシア語の専門用語もふくめて、もっとも博識な法学のこのうえなく洗練された法律的言い回しを使用し、スコラ的用語が必要とされた場合にも、ギリシア語以外の蛮語《バルバロス》よりもギリシア語で述べた。ただ一回だけ、プロゲグラムメノーン προγεγραμμενων〔公示された〕という語句の発音がむずかしかったため、少しばかり言いよどんだことがあったが、すぐ付け加えて言った。「わたしが言いよどんだことを不思議がらないでいただきたい。なぜなら、ただひとえにその単語のアンティトゥピア αντιτυπια〔固い物体による反撥〕そのものがわたしを言いよどませたのであるから」と。その切り抜け方の見事さたるや、多くの人々には故意に一瞬狼狽してみせたのではないかとみえたほどであった。かくも適切で優雅な〔アンティトゥピアという〕別のギリシア語単語を持ち出すことによって立ち直ってみせたというのだった。次の日、ヴィーコは講義を朗読したとおりに書きあげ、その写しを人々に配布したが、それはなかんずく、最高法廷の一級弁護士でドン・ニコロ・カラヴィータ氏[*203]のご子息でいらっしゃるドン・ドメニコ・カラヴィータ氏[*204]にお渡しするためであった。氏はヴィーコの講義に列席することができなかったのだった。

ヴィーコは、自分がこれまで挙げてきた業績と試験講義の出来映えだけでも、こうした自負にあふれた行動に出るに十分であると考えていた。そして、講義が終わって列席者全員から拍手喝采を浴びたことが、講座を確実に獲得できそうだという希望をヴィーコに抱かせた。ところが、結果はどうやら不首尾に終わったらしいことがわかった（こういった出来事はこの講座にあたえられる卒業証書を授与されたばかりの学生たちの身の上にも現に生じていることである）。そこでヴィーコは、関係者を訪問して回って懇願したり、その他出願者に付きものの礼節を果たしたりしないことで、気取っているとか尊大であるなどとみられないようにするために、世知に長《た》けておられてヴィーコに深く好意を寄せてくださっているドン・ドメニコ・カラヴィータ氏の「辞退したほうがよい」という権威ある勧告にしたがって、度量のあるところを見せて、応募を取り下げる旨を表明しにおもむいた。

この不運に見舞われた結果、ヴィーコは将来故国〔ナポリ〕において自分にふさわしい地位を得る望みを失ってしまったが、ジャン・ルクレール氏の〔ヴィーコの著作『普遍法』にたいする〕評価によっていくぶんか慰められた。氏は、あたかもヴィーコの著作にたいして何人かの人たちによって浴びせられた非難の言葉を耳にしたかのように、『古代・近代文庫』第十八巻の第二部、第八論文において、*205 ヴィーコの著作がなにを言おうとしているのかさっぱり分からないと言っている連中にたいして、フランス語から正確に翻訳した言葉で示せば、つぎのように評価しておられる。「ヴィーコ氏の著作は深遠な主題、きわめて多種多彩な考察に満ちあふれており、それがとても引き締まった簡潔な文体で書かれている」。そこに登場する無数の章節はもっと長々と抜き書きするに値するだろう。著作は「数学的方法」によって秩序づけられており、「わずかの原理から無限の帰結が抽出されている」。著作は注意を払って、初めから終わりまで中断することなく読まれなければならず、またヴィーコ氏の考え方と文体に慣れる必要がある。このようにして著作について省察をめぐらせてみたなら、読者は「読み進めていくにつれて、ますます多くの思いもかけなかった発見や興味深い観察を見いだすであろう」。例の開講講演の第三部があれほど大きな反響を引き起こしたことについては、まず哲学にかんしてつぎのように述べておられる。「神と人間にかんする知識の原理についてこれまで言われてきたことで、前の巻で書かれていることと一致する見解は、必然的に真である」。また文献学にかかわる部分については、つぎのように評価しておられる。「ヴィーコ氏は、「ノアの」大洪水以来ハンニバルがイタリアに戦火をもたらした時代にいたるまでの主要な時期を要約してわれわれに呈示している。というのも、ヴィーコ氏はその著作全体のなかで、この期間につぎつぎと生じたさまざまなことがらについて論じており、大量の資料について多くの文献学的観察をおこなって、このうえなく事情に通じた学者たちでさえまったく注意してこなかった多くの通俗的な謬見を訂正しているからである」。そして最後に、読者全員に向けて、つぎのように締めくくっておられる。「ここでは哲学的主題と法学的主題と文献学的主題とがたえず入り混じりながら論じられているが、それはヴィーコ氏がとりわけこれら三つの学問に打ち込み、深く省察をめぐらせてこられたからである。この点にかんしては同氏の著作を読まれる方々が一様に認められることであろう。これら三つの学問のあいだに存在する結びつきにはじつに強靭なものがあるので、そのうちの一つについて全範囲にわたって深く立ち入り理解を獲得したと誇りうるためには他の二つについてもきわめて大いなる知識を具えていないわけにはいかないほどなのである。だからこそ、全巻の巻末に収められているイタリアの見識ある方々がこの著作に寄せた頌辞からもうかがえるように、だれもが著者を形而上学、法学、文献学のいずれにも精通した人物と認め、その著作をかずかずの重要な発見に満ちた独創的なものであると評価していることが理解されるのである」。

しかしながら、ヴィーコは故国〔ナポリ〕の、ひいてはイタリアの栄光のためにこそ生まれたのだった。なぜなら、ヴィーコはモロッコではなくここで生まれて文人となったからである。このことは、ほかでもなくつぎの事実からはっきりと見てとれる。すなわち、このさかしまな運命の一撃――それは他の者なら学問を修めたことを後悔はしないまでも学問なぞもう沢山だと放り出しかねないほどの一撃であったが、そうした一撃にもめげず、他の著作の執筆に励んだという事実がそれである。じっさいにもヴィーコは、全体で二巻に分かれた、四折判で二冊本になるほどの著作を一本、すでに書きあげていた。[*206] そのうち第一巻では、万民の自然法の原理を、それについてこれまで他の者たちが論証するというよりは想像してきたことのすべてがおよそ真実らしからぬものであり、整合性に欠けており、現実に存在しえないものであることを示すという方法をとりながら、諸国民の文明の起源のうちに見いだしに出かけた。そして、その当然の帰結として、第二巻では、人間的な習俗の発生をギリシア人の暗闇時代と神話伝説時代についてのあるひとつの悟性的推理にもとづいた確かな年代学によって説明した。わたしたちは異教の古代についてわたしたちがもっている知識のすべてをギリシア人から得ているのである。そして著作はすでにナポリ教会のいとも学識ゆたかな神学者、ドン・ジュリオ・トルノ氏[*207]の校閲まで経ていたのだったが、ヴィーコは、このような否定的な論証のやり方では、人々の想像力を騒々しく掻き立てるそのぶんだけ、理解力にとっては心地よくないことを反省した。というのも、そのような否定的やり方によっては人間の知性はなにひとつ増進されることがないからである。また、その一方では、これまた同じくさかしまな運命の一撃[*208]によって、その著作を印刷に回すことができなくなってしまい、しかしまた、公刊を約束していたこともあって、名誉にかけてもぜひとも出版せざるをえない状況に追いこまれてしまった。そこで、なんとかして、もっと簡潔で、ひいてはもっと効果的でもあるような、ひとつの積極的な方法を見つけ出せないものか、と全精神を集中して厳しく思索に思索を重ねた。

そして一七二五年の暮れ、ナポリでフェリーチェ・モスカ書店から、十二折判でわずか十二葉〔二八八頁〕、それも小さな活字で印刷された、『諸国民の共通の自然本性についての新しい学の諸原理、これをつうじて万民の自然法のいまひとつ別の体系の諸原理が見いだされる』という標題の本を、巻頭にヨーロッパの諸大学に宛てた一篇の題辞を添えて出版した[*209]。この著作において、ヴィーコは先行する著作のなかではなおも混濁していて十分な判明さを欠いたまま理解していたにすぎないその原理を、ついに完全に展開されたかたちで見いだすにいたったのである。それゆえ、ヴィーコはそのような〈新しい学〉の最初の起源を聖史の諸原理から採ってくることの、人間的なものでもある不可避的な必然性を承認する。そして、その歴史の歩みを異教諸国民の創建者たちのうちに発見することは絶望的であるということが哲学者によっても文献学者によっても証明されている点については、——ジャン・ルクレール氏が先行する著作〔『普遍法』〕についてあたえてくださった評価のひとつ、すなわち、同著作でヴィーコは「〔ノアの〕大洪水から第二次ポエニ戦争にいたるまでの主要な時期を要約してわれわれに呈示している。そして、この期間につぎつぎと生じたさまざまなことがらについて論じて、大量の資料について多くの文献学的観察をおこない、このうえなく事情に通じた学者たちでさえまったく注意してこなかった多数の通俗的な誤謬を訂正している」という評価をさらに委曲をつくしたものにし、それどころか広範囲にわたって利用して——諸国民の創建者たちにかんする真実を彼らが創建した諸国民の民間伝承の内部において判定するための新しい批判術を活用することによって、この〈新しい学〉を発見する。批判が通常適用されている著作家たちが登場するのは、それら諸国民の創建者たちの出現後何千年も経過してからのことであったのだ。そして、この新しい批判術を松明《たいまつ》にして、科学であれ技芸であれ、諸国民の自然法について明晰な観念と的確な言葉をもって推理するために必要とされるほとんどすべての学科の起源が、これまで想像されてきたのとはまったく異なるものであることを発見する。

ついでヴィーコは〈新しい学〉の諸原理を二部に分かつ。ひとつは観念にかんする部分であり、いまひとつは言語にかんする部分である。そして観念にかんする部分では、歴史の二つの眼である年代学と地理学のいまひとつ別の〔新しい〕歴史的原理を発見し、ひいては、これまで欠けていた世界史〔普遍史〕の原理を発見する。また、哲学のいまひとつ別の〔新しい〕歴史的原理を発見し、まずもっては人類の形而上学、すなわち、諸国民すべてが抱懐する自然神学を発見する。この自然神学によって、それぞれの民は自分たちの神々を人間が神性についてもっているある種の自然的な本能をつうじて自らつくり出してみせるのであり、そうした神々への怖れによって、諸国民の創建者たちは特定の女性と結びつき、生涯変わることのない伴侶となすのである。これこそが婚姻という最初の人間的な交わりであったのだ。こうしてまたヴィーコは、これが異教徒たちの神学の大いなる原理であり、かつまた神学詩人たちの詩の原理であったことを発見する。神学詩人たちこそは世界で最初の詩人であり、異教文明全体の詩人なのであった。さらには、そのような人類の形而上学から、諸国民に共通の道徳と政治を発見し、これらの道徳と政治にもとづいて、時代の気風によって変化する人類の法学[*210]を建設する。人類の法学がこのように変化するのは、諸国民は今日にいたるまで彼らの自然本性についての観念をたえずいっそう展開してきており、これにしたがって統治の形態も変化してきているからであって、その最終的な形態が君主制であり、諸国民はその自然本性からして最後には君主制に落ち着くことが証明されるのである。こうしてヴィーコは世界史がその起源において残していた大きな空白を埋め合わせるのであって、世界史はニヌスとともにアッシリア人の王国から始まるのである。

つぎに言語にかんする部分では、詩と歌と韻文のいまひとつ別の〔新しい〕原理を発見し、いずれもが最初の諸国民すべてのなかで自然本性上の一様な必然性によって生まれたものであることを証明する。また、このような詩歌の原理につづいて、英雄たちが楯などに用いていたインプレーサ〔象徴的図案〕のいまひとつ別の〔新しい〕起源を発見する。これらのインプレーサは分節された言葉がまだ形成されていなかった時代に最初の諸国民すべてのあいだでおこなわれていた沈黙の語りだったのだ。ついではまた、紋章の学のいまひとつ別の〔新しい〕原理を発見する。そして、それがメダル〔鋳貨〕の学の原理と同じものであることを見いだし、四千年にわたって絶えることなく主権を維持してきたオーストリアとフランス両家の起源が英雄たちの時代にまでさかのぼるものであることを観察する。さらに、言語の起源の発見の成果のなかからすべての言語に共通のいくつかの原理を見いだして、ひとつの試論によってラテン語の真の起源を発見してみせるとともに、これを手本として他の諸言語についても同じことをおこなうよう学者たちに託す。また、すべての土着語に共通の語源学の観念と外来語の語源学の観念を提供し、最終的には万民の自然法について的確な推理をおこなうのに必要な言語の知識のための普遍的な語源学[*211]の観念を展開しようとするのだった。

観念と言語のこのような原理によって、言い換えるなら、人類のこのような哲学と文献学によって、ヴィーコは摂理の観念にもとづいた永遠の理念的な歴史を説明するとともに、著作全体をつうじて、万民の自然法はこの歴史によって秩序づけられていることを証明する。この永遠の理念的な歴史にもとづいて諸国民の個別的な歴史はすべてその発生、前進、絶頂点での停止、衰退、終焉の各段階を時間のなかで経過していくのである。こうしてヴィーコは、古代についてなにも知らないでいたギリシア人を嘲って「やつらはいつまで経っても子どもだ」と言っていたエジプト人から、古代の二つの大いなる断片を採ってきて利用する。ひとつは、彼らは自分たちより前に過ぎ去った時代を三つの時期に区分していたことである。すなわち、第一には神々の時代、第二には英雄たちの時代、第三には人間たちの時代の三つである。いまひとつは、これと同じ順序と数、そして同じだけの世紀の拡がりのなかで、彼らのもとではこれまで三つの言語が話されてきたということである。すなわち、第一には、音声を発することなく、象形文字ないし神聖な記号によって話される、神的な言語、第二には、英雄たちの言葉にほかならない、象徴的な言語、ないし喩を用いた言語、第三には、日用のために人々のあいだで約定された言い回しによる使徒書簡的な言語[*212]の三つである。

ついでヴィーコは、第一の時期と言語はもろもろの家族が並存していた時代と合致することを証明する。たしかに家族はどの国民のもとにおいても都市よりも先に存在したのだった。そして、だれもが認めているように、家族を土台にして都市は興ったのであって、それらの家族を父親たちは神々の支配のもとで主権をもつ第一人者として統治していたのであり、人間にかんすることどものすべてを神占にのっとって差配していたのである。この時代の歴史について、ヴィーコは、ギリシア人の神話を参照しながら、このうえなく自然かつ簡潔な仕方でもって説明する。そして、のちにカルデア人によって星辰にまで高められ、フェニキア人によってギリシアにもたらされた（これはホメロスの時代のあとに起こったことをヴィーコは証明する）東方の神々が、ギリシアの神々の名称が自分たちを受けいれるのに都合よくできているのを見いだしたこと、またさらにその後、ラティウム〔ローマ地方〕にもたらされたさいにも、同じくラティウムの人々の神々の名称が自分たちを受けいれるのに都合よくできているのを見いだしたことを観察する。ひいては、同様の事態がラティウムの人々とギリシア人とアジア人のあいだで、一方から他方へと継起的にはあるにせよ、等しい経過をたどって生起したことを証明する。

それから、象徴的言語が用いられていた第二の時期は最初の国家的な統治が登場した時代と合致することを証明する。そして、それはいくつかの英雄的王国ないし太古のギリシア人が「ヘラクレスの種族」と呼んでいた貴族からなる統治階級による統治がなされていた統治体制であったことを証明する。太古のギリシア人は彼ら「ヘラクレスの種族」を神々の血筋を引くものと考え、野獣の血筋を引くと見なされた最初の平民の上に立つというようにとらえていたのだった。ヴィーコはこの歴史がギリシア人によってまるごと彼らのテーバイのヘラクレスの性格のうちに描写されているのをいとも容易に説明してみせる。テーバイのヘラクレスこそはたしかにギリシアの英雄たちのうちでも最大の英雄だったのであり、その血筋をたしかにヘラクレダイ［ヘラクレスの種族］は引いていたのであって、反論の余地なく貴族政体をとっていたスパルタの王国はこの種族の二人の王によって統治されていたのだった。またヴィーコは、エジプト人もギリシア人も等しく、どの国民にもそれぞれのヘラクレスがいることを認めていたこと、そしてラティウムの人々についてはウァッロが優に四十人におよぶヘラクレスを枚挙していることと*213からして、すべての異教諸国民において神々のあとには英雄たちが支配していたことを証明する。そしてギリシア古代のひとつの大いなる断片によって、クーレーテース［クレタ島に住んでいたと伝えられる祭司たち］はギリシアから出てクレタ島へ、ついではサトゥルニアあるいはイタリアへ、さらにはアジアへと渡っていったことを証明するとともに、これらがラテン語でクイリーテースと呼ばれる者たちだったのであり、その一派がローマのクイリーテース、すなわち、集会に槍で武装して出席する者たちであったことを発見する。このことからして、クイリーテースの法はすべての英雄的氏族の法であったことが判明するのである。またヴィーコは十二表法がアテナイからやってきたという伝説が根拠のないものであることを証明する。ヴィーコの発見によると、十二表法というのは、ラティウムの英雄的諸氏族のあいだで生まれた三つの土着の法がローマに導入され遵守され、その後銅版に刻まれたものであって、これにもとづいてローマ的な統治と徳と正義の根拠をなすものが平時においては法によって、戦時においては征服によって支配していたのだった。そして、もしそうでなかったとしたなら、古代ローマの歴史は、現在流通しているものの考え方でもって読まれた場合、ギリシア人の神話伝説的な歴史以上に信じられないことになってしまうのだった。このような光に照らして、ヴィーコはローマ法学の真の原理を説明するのである。

最後にヴィーコは、人間たちの時代であり通俗的な言語の時代である第三の時期は人間の自然本性が全面的に展開され、ひいては万人において一様であることが確認されるにいたった時代と合致することを証明する。このことからして、そのような人間の自然本性は人間的な統治の形態をたずさえているのであって、それが人民政体と君主政体であること、そして、皇帝のもとで仕事をしていたローマの法学者たちはこういった時代の気風のなかで仕事をしていたことをヴィーコは立証する。このようにしてヴィーコは、君主政体こそが諸国民がついにそこに到達して歩みを停止する最終的な統治形態であることを証明するにいたる。また、最初の王たちが現在の君主と同じような君主であったかのように空想したのでは、国家はその緒につくこともできなかっただろうし、それどころか、これまでそうではなかったのかと想像されてきたように詐術を用いたり暴力を揮《ふる》うことによっては、国民は生まれることすらできなかったことを証明するにいたるのである。

これらの発見やほかにも数多くなされた小さな発見によって、ヴィーコは万民の自然法についての推理をおこない、どの時代にどのような様式でその法の全領域を構成している習俗、すなわち、宗教、言語、所有権、交易、階級、支配権、法律、軍隊、裁判、刑罰、戦争、和平、同盟が初めて生じたのかを証明するとともに、それらが生まれた時代と様式からその法の永遠の特性を明らかにする。その法の永遠の特性こそが、それらの習俗の自然本性もしくはそれらの習俗が生じた時代と様式がそのようなものであってそれ以外のものではないことを立証するのである。そのさい、ヴィーコはヘブライ人と異教徒のあいだには本質的相違が存在すること、すなわち、ヘブライ人は最初から永遠の正義の実現を託されて生起し、その仕事をしかと遂行しつづけたのにたいして、異教の諸国民の場合には神の摂理が絶対的な仕方で彼らを導いており、エジプト人のいう三つの時代と言語に相当する三種類の法を一貫した一様性のもとに経由してきたことをつねに見落とさない。第一の法は、ヘブライ人のもとでは真の神、異教徒のもとでは偽りの神々の統治下にあっての神的な法である。第二の法は、英雄的な法、あるいは神々と人間たちの中間に置かれた英雄たちに特有の法である。第三の法は、人間的な法、あるいは全面的に展開され、万人において平等であることが承認された人間の自然本性に特有の法であって、この最後の法からのみ、諸国民のうちに永遠の正義の格率にかんする悟性的な推理をつうじてその法を遂行するすべをわきまえた哲学者たちがやってくることが可能となるのである。

　この最後の点にかんしては、グロティウスもセルデンもプーフェンドルフも、三人とも誤りを犯してしまった。*214 三人とも、諸国民の創建者たちについての批判術を欠いていたため、それらの創建者たちも深遠な知恵の持ち主であると思いこんで、異教徒たちにとっては摂理こそが通俗的な知恵の神的な教師だったのであり、その通俗的な知恵のなかから異教徒たちのあいだで何世紀も経て深遠な知恵が出てきたのだという事情を見てとらなかったのだった。この事情を見てとらなかったことからして三人は、諸国民の習俗とともに出現した諸国民の自然法を、それを悟性的な推理によって理解してきた哲学者たちの自然法と混同してしまったのであり、しかもそのさい、他の諸国民すべてのあいだでは失われてしまった神への真の信仰を保持しているということで神から選ばれたひとつの民を別格扱いにすることもしなかったのである。ちなみに、同じ批判術の欠如は、それ以前にも、ローマ法の博学な解釈者たちを惑わせて、十二表法はアテナイからやってきたという物語を受けいれさせ、ローマ法の精神に反して、ローマ法学のなかに哲学者たちの学派、とりわけ、ストア派とエピクロス派を闖入《ちんにゅう》させるという結果を生んだ。しかし、この二つの学派の原理ほど、法学だけでなく、文明全体の原理に背反するものはないのである。こうしてまた三人は、法学をそれ本来の学風、すなわち、ローマの法学者たちがそのように取り扱ったと明言しているように、時代の気風によって取り扱うすべを知らなかったのである。

この著作によってヴィーコは、カトリック教の栄光とともに、わがイタリアにおいて、プロテスタントのオランダ、イギリス、ドイツがこの〔万民法についての〕学の三人の大御所を擁していることを羨望しないですむという利点、かつまた、このわたしたちの時代において真の教会の懐で神と人間にかんする異教的知識すべての原理が発見されたという利点をもたらす。これらすべてのことからして、同書は同書を献呈申しあげたロレンツォ・コルシーニ枢機卿猊下[*215]からつぎのような少なからぬ讃辞とともにご嘉納の光栄に浴したのだった。「本書は、たしかに、古風な言語と堅固な学説とによって、今日なおイタリア人の精神のうちには、トスカーナ的雄弁への生得の性向とともに、もっともむずかしい学問分野でのもろもろの新たな生産へのたくましい意欲が幸いにも生きていることを知らせるに足るものであります。したがいまして、わたくしは、本書によってこのうえなく光輝をあたえられた祖国とともに、その刊行を慶賀するものであります[*216]」。

第二部　『自伝』へのヴィーコによる追加（一七三一年）

『新しい学』が世に出ると、著者はさまざまな人のあいだでもまずもってはジャン・ルクレール氏に同書を送る算段をした。そしてリヴォルノ経由で送るのがいちばん間違いのない方法であると考え、同氏に宛てた手紙を添えて、ジュゼッペ・アティアス氏[*1]に小包便で発送した。アティアス氏とはヴィーコはここナポリで友誼を結んだことがあった。聖なる言語〔ヘブライ語〕の学問では当代のユダヤ人のあいだでも随一の博学で知られる人物である。このことは彼の釈義を添えてアムステルダムで刊行された『旧約聖書』が証明しているとおりであって、この作品は文芸共和国〔ヨーロッパ知識人の世界〕において高い評判を獲得するところとなったのだった。[*2] 氏は以下の返信とともにヴィーコの依頼をご親切にも引き受けてくださった。

十一月三日付の貴下のご懇情あふれる手紙を拝受し、どれほど喜ばしく思ったことか、筆舌に尽くしえません。おかげをもちまして、あの快適きわまる都市〔ナポリ〕での楽しい滞在の思い出がよみがえってまいりました。あの地では著名な文芸人諸氏、なかんずく、卓抜な著書のかずかずをご恵与くださった貴下から賜りましたご厚意とご温情に終始満たされていたと申しあげれば、十分でございましょう。このことは、わたしが常日頃会話を交わしている友人やあのあとイタリアとフランスを旅して接する機会を得た文人たちにも、得意げに話しております。小包とルクレール氏宛てのお手紙はアムステルダムにいるわたしの友人に送付して、友人から直接ルクレール氏の手許に届けてもらえるよう取り計らいます。これでわたしの義務を果たし、高名な貴下のご依頼を遂行したことになれば、幸いでございます。また、ご高著を一部わたしにもご恵投くださり、衷心より御礼申しあげます。ご本はわたしたちの交友仲間のあいだですでに読まれており、その素材の卓抜さとそこに表明されている新しい思想の豊かさに感嘆いたしております。貴下のご著作からはどれをとっても注意深く読まれた場合には悦びと利益がもたらされるのでありますが、このたびのご高著は、ルクレール氏も述べておられるように「アティアス氏はルクレール氏の論評を先述の『古代・現代文庫』誌上で読まれたのにちがいない」、それに加えて、稀少性と崇高性さからして貴重で偉大ないくつものことがらについて思索するきっかけをあたえてくださいます。末尾ながら、ソステーニ神父[*3]によろしくお伝えいただけますよう。

しかし、今回の手紙にかんしても、ヴィーコはなんの返答も受けとらなかった。おそらく、ルクレール氏は死去してしまったか、老齢のため、学芸の研究や文人たちとの手紙のやりとりをやめてしまわれたか、そのいずれかだったのだろう。

こうした厳しい学問研究の合間にも、ヴィーコにはもっと楽しい仕事も引き受ける機会が欠けていたわけではなかった。たとえば、スペイン国王フェリーペ五世がナポリに行幸されたさいには[*4]、当時ナポリ王国を副王として統治しておられたエスカローナ公爵様[*5]から、かつての卓越した弁護士で当時は王国尚書部首席であられたセラフィーノ・ビスカルディ氏[*6]を介して、王立大学雄弁術教授として国王の行幸を祝賀し奉る演説を起草せよ、との命令を受けたことがあった。しかも、命令を受けたのは国王がご出発なさるわずか八日前であったので、演説は印刷所で書かねばならないありさまであった。演説は『スペイン王フェリーペ五世に献呈し奉る讃辞』と題して十二折判で刊行された[*7]。

その後〔一七〇七年〕、この王国がオーストリア家の支配下に入ると、当時この王国の皇帝軍総司令官であられたヴィーリヒ・フォン・ダウン伯爵[*8]から、ヴィーコは以下に掲げるようなこのうえなく名誉ある書簡をもって、御下命を受けた。

王立ナポリ大学教授、ジョヴァン・バッティスタ・ディ・ヴィーコ殿。——畏れ多きカトリック的君主であらせられる（神のご加護あらんことを）皇帝陛下の御下命により、ドン・ジュゼッペ・カペーチェ氏およびドン・カルロ・ディ・サングロ氏[*9]の葬儀を陛下の御尊厳と亡くなられた両勲功士の絶大なる武勲にふさわしい壮麗さをもって執り行うべく、ベネディクト会総長、ドン・ベネデット・ラウダーティ神父[*10]に追悼演説の作成が委託されましたが、これに加えて、ほかにも墓碑銘のための文章の作成も必要とされております。そこで、貴下の令名高い文体に信頼して、この件を万人周知の貴下の才能に委託しようと考えた次第であります。かくも価値ある仕事の遂行にともなうであろう名誉のほかにも、貴下の尊き御労苦の記憶は今後も生き生きと本官の心に留まるであろうことを貴下に確言いたします。なんらかの折に貴下のお役に立てることを希いつつ、天から貴下にあらゆる福が恵まれますよう祈願いたしております。

ナポリの宮殿より。一七〇七年十月十一日

（自筆で）貴下の親愛なる僕
伯爵フォン・ダウン

このような次第で、ヴィーコは、この葬儀の墓碑銘、エンブレムとそれに付す格言的標語、そして式次第を記した文章を作成した。そして、一点の欠点もないすばらしい礼儀作法を身につけておられ、神学と教会法に造詣の深いベネディクト会総長ラウダーティ神父が追悼演説を読まれた。これらの文章はいずれも二つ折判の図版付き一巻本として王室務金負担で豪華に印刷され、『カルロ・サングロならびにジュゼッペ・カペーチェの葬儀記録』[*11]という標題で出版された。

それからほどなくして、ナポリ副王カルロ・ボッロメーオ伯爵閣下[*12]の名誉ある御下命を受けて、ヴィーコは神聖ローマ帝国皇帝ヨーゼフの崩御にさいして王宮礼拝堂で挙行された大葬用の墓碑銘を作成した。[*13]

次いでさかしまな運命がヴィーコの学芸人としての評価を傷つけようとした。[*14] しかし、これはヴィーコの力の及ぶ範囲で起こったことではなかったために、その逆境はおよそ君主制下における臣下には期待することがけっして許されていない名誉をヴィーコにもたらすこととなった。ナポリ副王ヴォルフガング・フォン・シュラッテンバッハ枢機卿猊下[*15]から、皇后レオノーレ妃殿下の葬儀[*16]にさいして、墓碑銘の作成を命ぜられたのである。そこでヴィーコはその碑文を、別々に読むとそれぞれが独立しているが、全部を合体すれば一つの弔辞をなす、といった具合に作ってみた。王宮礼拝堂の入り口の外側に掲げられる予定の碑文は、つぎのような序文を内容としている。

ノイブルク公爵家に生を享け／レオポルト皇帝陛下の最愛の伴侶であった／レオノーレ皇后陛下に／〔神聖〕ローマ皇帝にしてスペインおよびナポリの国王、オーストリアのカール六世は／最良の母堂への／〔子としての〕務めを果たされる。／国家の歓喜たる君主は／涙しておられる。／市民たちよ／ここに来たりて／公の喪の義務を果たせ。

礼拝堂の四つのアーチの上に据えられる予定の四つの銘文のうち、最初の銘文は故人の讃辞を内容としている。

汝、眼にてこの空しき墓を眺める者よ、／心にて空しきものを思え。／〔皇后は〕王侯の身分に生まれた幸運の歓びのうちにあっても／移ろいやすい快楽を避け、／女性として最高位の地位にありながらも／最下層の状態にまで身を低くし、／人類の死すべき定めにある行いのうちにあっても、永遠のことがらに配慮なさってこられた。／これらのことどもは／レオノーレ皇后陛下が逝去された今／地上のいたるところに横たわっているものの／ここに／至高の栄誉とともに累積されているのである。

第二の銘文は損失がどれほど大きなものであるかを説明している。

もし地上の尊敬すべき国王たちが／法律によるよりも範例によって／諸民族および諸国民の堕落せる習俗を矯正し、／国家の公共的な幸福を保持するとするならば、／レオノーレは、／王家に嫁したる命運によってのみならず、おのれの美徳によって、／世界中で真に第一位の女性であった。／皇帝たちの妻ならびに母として／生涯その貞淑を貫いて、キリスト教帝国の幸福に／女性としてなしうる最大限の貢献をなしたのだった。／おお、この損失は善良な人々すべてを衷心より嘆かしむるかな！

第三の銘文は悲しみを喚起している。

市民たちよ、／最良の君主、カール皇帝から／最大の喜びを／得ている汝らは、／皇帝の逝去したまいし御母堂のレオノーレからは／同じく最大の悲しみを得ているのである。／この王妃は恵まれた豊饒の御身によって、／待ち望まれていた／オーストリア王家の君主を汝らに与えたもうた。／かつまた、王家の美徳の稀少にして光輝ある範をお示しになって、／最も待ち望まれていた／最善のものを汝らに与えたもうたのだった。

第四にして最後の銘文は慰めを提供している。

市民たちよ、／涙をもって／最も心のこもった祈願を宣《の》べよ。／それは／天に迎えられたレオノーレの霊が／かつて生前レオポルトに皇嗣を与えたように／エリザベート妃もまたカール皇帝に／至高の神意によって／皇嗣を与えてくださるよう／懇願せんがためである。／また、そのこのうえなく苦い願望を／キリスト教世界に／いつまでも成就しないまま残しておくことのないためである。

この碑文も礼拝堂に掲げられる運びとはならなかった。しかしながら、葬儀の第一日目がまだ過ぎもしないうちに、ナポリ出身のきわめて高貴な騎士で、以前は雄弁な弁護士として知られ、当時は軍の陪席判事をなさるとともに、枢機卿猊下のもとで側近として活躍なさっておられたドン・ニッコロ・ダッフリット氏[*17]が、今晩訪問したいので、なにはさておき自宅で待機しておいてほしい、との伝言をヴィーコに寄越された。そして来着するや、こう切り出された。「わたしは副王閣下ときわめて重要な用件について話しあっていたのを中断して、ここに参った次第じゃ。そしてすぐにまた宮殿に戻ってその用件と再度取り組むことになっておる」。こんなわけで、ほんの短時間の話し合いであったが、そのなかで氏はヴィーコに言われた。「枢機卿猊下がわたしにおっしゃられたところでは、理不尽にも貴君に降りかかったこの災厄については猊下ご自身もとても残念に思うとのことだった」と。そこで、これにヴィーコは答えて、「高貴なお方にまことにふさわしく、そのような気高いお心尽くしを一介の臣下にお示しくださったことにたいして、枢機卿猊下にはいくら感謝申しあげても尽きません。臣下たるもの、君公にたいしては恭順を旨とすることこそ、最大の名誉と心得ておりまする」と言上したのだった。（なお、枢機卿猊下から寄せられた大きな信頼が大きな労苦と重なって、その後ダッフリット氏に死をもたらした。そして、この死はすべての立派な人士から哀惜されるところとなった。）

こうした悲しい喪のかずかずに混じって、ヴィーコには楽しい機会もやってきた。敬神の心厚くて度量寛大、挙措重厚にして思慮深い騎士として知られたドン・ジャンバッティスタ・フィロマリーノ氏[*18]と、サンテーラモ侯爵家のマリーア・ヴィットリア・カラッチョーロ嬢との婚儀がそれである。この婚儀を祝して作られ、四つ折判で印刷された『作品集』[*19]のなかで、ヴィーコは新しい観念にもとづく祝婚歌を作成した。「踊るユノー」と題する単旋律の劇詩で、そこでは、婚礼の女神であるユノーだけが語り、他の有力なオリュンポスの神々に舞踏の列に加わるよう奨《すす》めるという仕儀になっている。また、この主題に関連して、『新しい学』において余すところなく展開されている歴史神話学の原理についても論じている。

この同じ原理にもとづいて、ヴィーコはまた、「詩の歴史」と題するピンダロス風の、ただし無韻詩のかたちで、詩の誕生からわれわれの時代にいたるまでの展開を物語ったカンツォーネを、ジェノヴァの高貴な家柄の出でカリニャーノ侯爵夫人である有能にして賢明なドンナ・マリーナ・デッラ・トッレに宛てて綴った。[*20]

そしてここにおいて、ヴィーコが若いころにおこなった俗語の優れた著作家たちについての研究が、長い年月にわたって中断していたにもかかわらず、老齢となった今もそうした俗語でこれらの詩を作る能力をあたえるとともに、同じく俗語で二篇の演説を綴る能力をもあたえた。さらには同じく光彩陸離たるイタリア語で『新しい学』を書く能力をもあたえたのだった。それらの演説のうち第一の演説は、当時副王であらせられたフォン・アルタン枢機卿猊下の御母堂でアルタン伯爵夫人、アンナ・フォン・アスペルモントの逝去[*21]にさいしてのものであった。ヴィーコがこの追悼演説を書いたのは、当時ナポリ王国の書記官をしておられたドン・フランチェスコ・サントーロ氏[*22]がヴィーコにかけてくださった恩顧に謝意を表するためであった。サントーロ氏は副王管轄民事裁判所の判事で、ヴィーコの女婿[*23]にたいするある訴訟の担当者であったが、その訴訟は民事と刑事の合同法廷で処理されることとなった。そして審理は水曜日に二回、それも連続二週の水曜日におこなわれたのだったが（この間に副王管轄刑事裁判所は〔副王の主宰する〕枢密会議に出向いて訴訟の報告を聴くのである）、当時副王管轄裁判所大法廷の裁判長代理〔事実上の裁判長〕をしておられたアモローザ侯爵のドン・アントニオ・カラッチョーロ閣下[*24]（閣下は廉直かつ思慮深くナポリ市の治安にあたられたので、じつに四代にわたって副王に好意をもって迎えられることとなったのだった）は、ヴィーコを支援するために、わざわざ二回とも足をお運びくださった。そして、閣下にサントーロ氏は訴訟の一部始終を遺漏なく明快かつ正確にご報告なさったので、事実関係を立証する手間が省けることとなった。事実関係の立証がなされていたならば、訴訟は相手によってずっと長引かせられ紛糾させられていたかもしれないのだった。この訴訟の弁護人を引き受けたヴィーコは現在も存命中のある公証人が作成した証書を徹底的に調べあげ、じつに三十七件におよぶ虚偽推定を見つけ出した。それらの虚偽推定の多さたるや、秩序立てて弁論を展開するためには、また秩序立てることによってすべてをしっかり記憶にとどめておけるようにするためには、いくつかの項目にまとめる必要があるほどであった。そこでヴィーコはそうした措置を講じた。そして大いなる情熱をこめて弁論を展開した。そのため、判事の方々はご親切にも、ヴィーコが弁論を展開しているあいだ、だれひとりとして口を開かなかったばかりか、互いに顔を見合わすことすらなさらなかった。そして最後に裁判長代理閣下はいたく心を動かされたとみえて、感情をその高いご身分にふさわしい荘重さでもって抑制なさりながらも、被告にたいする同情と告訴人にたいする侮蔑とが混じり合った身ぶりをお示しになった。そしてこれを見て、もともと判決を下すことにどちらかと言えば慎重な副王管轄裁判所は、訴訟の虚偽性を犯罪として立証することなく、被告を無罪放免したのだった。

このような理由から、ヴィーコは上述の追悼演説を書いたのだった。この演説はサントーロ氏が編んで四つ折判で印刷された『作品集』に収められている。[*25] この演説のなかで、スペイン王国の王位継承戦争に従軍された、かくも尊い伯爵夫人の二人のご子息に言及したさいに、ヴィーコは散文体と韻文体の中間体を用いて本筋から外れた余談を展開した。(このような文体は、歴史を書くにあたってキケロがあたえている簡潔にして含蓄に富んだ理念によれば、まさにこれこそが歴史叙述の文体でなければならないとのことである。すなわち、歴史は「詩人たちに近い言葉」[*26] を採用すべきであるというのだが、これはおそらく歴史家たちを彼らの太古の遺産のなかに引き留めておくためではないかと思われる。『新しい学』において十分に証明しておいたように、諸国民の最初の歴史家たちは詩人であったのだ。)そして、その余談のなかで、問題の戦争をその原因、計画、機会、事実経過、帰結のすべてにわたって包括的に論じるとともに、これらすべての点について、およそ歴史にその名をとどめている戦争のうちで最大の戦争である第二次ポエニ戦争と正確に比較してみた。そしてスペイン王位継承戦争のほうがさらに大きかったことを証明したのである。この余談の部分について、挙措重厚にして思慮深く、かつ優れた文芸趣味の騎士であられた、サンテーラモ侯爵家のドン・ジュゼッペ・カラッチョーロ大公[*27]は、とてもありがたいことにも、『スペイン王国のためになされた戦争の歴史』と銘打った、真っ白な上質紙を使った一巻本のなかにこれを収録したいものだ、とおっしゃってくださった。

もうひとつの演説は、ペトレッラ侯爵夫人、ドンナ・アンジェラ・チンミーノ[*28]の逝去にさいして書かれた。夫人は有能にして賢明な女性で、参会者の大部分が学識ある男性たちからなるペトレッラ家でのこのうえなく誠実な会話の席において、振る舞い方の面でも言葉遣いの面でも、いたって重厚な道徳的かつ社会的な美徳を知らず知らずのうちに発散し、参会者たちの心のうちに吹きこんでおられた。そこで同家の集いで会話をしていた者たちは、それと気づかぬうちに、おのずと夫人を敬愛するようになってしまうのだった。このような次第であったことから、ヴィーコは「夫人はその生き方をとおして徳のもつ甘美さと厳格さを教えられた」といったような私的な論題を真実と威厳とを併せもったかたちであつかうために、どの程度までギリシア的感覚の繊細さがローマ的表現の偉大さを取りこむことができるものか、また両者をイタリア語がどの程度まで受けいれうるものかを実験してみようとした。演説は技巧を凝らした豪華な四つ折判の追悼文集[*29]のなかに収められているが、そこではそれぞれの作者の最初の文字が銅版彫りで象られ、主題にちなんでヴィーコが発案した寓意画が添えられている。序文はフィレンツェ人のラテラーノ地区聖堂参事会員、ドン・ロベルト・ソステーニ神父[30]が執筆してくださった。同神父は、最良の学芸を修めておられるとともに品行にこのうえなく愛すべきものがあるということで、ナポリ市民の鍾愛の的であった。胆汁の体液があまりにもしばしば過ちを犯すということで（じっさいにもこの体液はしばしば神父に生死にかかわる疾病をもたらし、最後は右の脇腹にできた膿瘍が原因で亡くなられて、生前神父を知っていた人々全員に痛惜されることとなった）、知恵を絞って矯正に矯正を重ねられた結果、ついには生まれつきいたって温和な人柄であるかにみえたほどであった。神父は、かつて教わったことのある令名高きアントン・マリーア・サルヴィーニ師[31]からオリエント諸語とギリシア語を学んで知っておられ、ラテン語、なかでも韻文にとても秀でておられた。またトスカーナ語でジョヴァンニ・デッラ・カーサ[32]風のきわめて雄勁な文体の詩をお作りになり、現代語では、いまや共通語となった感のあるフランス語に加えて、英語とドイツ語、そしていくばくかはトルコ語もお分かりになった。また散文においても理路整然としてかつ優雅な文章をものされた。ナポリへは、ご親切にも公言してくださっておられるように、ヴィーコがサルヴィーニ師に贈呈した『普遍法』を読んだのがきっかけとなって来られた。そして、同書を読んで、ナポリでは深遠で厳格な学芸がおこなわれているのをお知りになった。そして、ヴィーコこそ神父が面識を得たいと思われた最初の人物であったことから、ヴィーコとのあいだで緊密な交信関係を結ばれることとなった。このような経緯もあって、ヴィーコはいまここで神父への讃辞を献上している次第である。

ほぼこの時期、レアンドロ・ディ・ポルチーア枢機卿猊下[*33]のご令弟で、文芸の方面でも生まれの高貴さからしても誉れ高いジャン・アルティコ・ディ・ポルチーア伯爵[*34]が、いまだ勉学の途上にある青年たちを博識と学説とによって名を知られた人々の学問的生涯にかんする伝記にもとづいていっそう確実に指導していこうという方法を構想なさって、ナポリ在住の学者のうちでこの計画にふさわしい人物として八名を指名され（その方々の名前をここで示すのは差し控えさせていただく。というのも、それ以外の選に洩れた博学このうえない方々を傷つけないようにするためである。これらの方々のことをおそらく伯爵はご存じなかったのだろう）、ヴィーコをその八人のうちの一人に算入してくださった。そして、ヴェネツィアから発信され、ジュゼッペ・ルイージ・エスペルティ師[*35]を介してローマ経由で届いた、たいへん丁重な手紙でもって、ロレンツォ・チッカレッリ氏[*36]に、ヴィーコから伝記を入手する任務を委託なさった。ヴィーコは、半ばは謙遜の念から、半ばはこれまで何度も不運な目に遭ってきたこともあって、自分には書く意志がないと、一再ならず申し出を断った。しかし、チッカレッリ氏の度重なる親切な要請に、ついに筆を執ることにした。そして、ここに見られるとおり、それを哲学者として書いた。だからこそ、もろもろの自然的ならびに道徳的な原因とさまざまな運命の機会について省察したのだった。幼少のころから、ある種の研究にたいして他の種の研究にたいしてよりも強く抱いていた好悪について省察したのだった。自分の進歩を促したり妨げたりした好機や逆境について省察したのだった。そして最後に、自分なりになんらかの正しい方向を求めておこなってきたいくつかの努力について省察したのだった。この努力がやがてヴィーコに『新しい学』という彼の最新の著作を書きあげるさいの基礎をなしているもろもろの反省を実らせることとなったのであって、この著作こそはヴィーコの学者としての生涯がこのようでなければならずこれ以外であってはならなかったことを立証してくれているはずなのである。

その間にも『新しい学』はイタリア全土をつうじて、そしてとりわけヴェネツィアにおいて有名になっていた。そこで当時ナポリに駐在していたヴェネツィア弁務官閣下は同書を印刷したフェリーチェ・モスカのところに残っていた部数をすべて買い取ってしまっていた。そしてそのさい、ヴェネツィアから沢山の注文を受けているので、なお入手できる部数があったら全部自分のところへ届けてくれるよう、モスカに要請していた。このような次第で、同書は三年間のうちにたいへんな稀覯本になってしまい、十二折判のたった十二葉の小冊子が、なんと二スクードかそれ以上の値段で多くの人々から購入されることとなっていた。ちょうどそんな折、ヴィーコは普段あまり行きつけることのなかった郵便局に自分宛ての手紙が何通か届いていることを聞き知った。そのうちの一通は、ヴェネツィア共和国の神学者でフランチェスコ会厳修派のカルロ・ロドリ神父[*37]からのものであった。神父は一七二八年一月十五日付けでヴィーコに宛てて書いておられるから、手紙は普通便七便分〔二ヶ月ほど〕のあいだ郵便局に留め置かれていたことになる。この手紙で神父はヴィーコに『新しい学』のヴェネツィアでの再版を勧めておられた。趣旨は以下のようである。

当地ヴェネツィアでは、深遠きわまる貴書『諸国民の自然本性についての新しい学の諸原理』が言葉に尽くせないほどの拍手喝采とともに有識者たちの手から手へと回読されております。そして貴著を読めば読むほど、かかる著作を執筆された貴下の才能にたいする一同の感嘆と尊敬の念は増すばかりであります。讃辞とともに、また議論とともに、評判はいよいよ高まっていって、貴著はますます探し求められるようになり、当市のどこにも見あたりませんので、ナポリから何部か取り寄せているありさまです。しかし、これも両市が遠く隔たっているため不便だということになって、何人かの者がヴェネツィアで貴著を再版させてはどうかと考えるにいたりました。小生もこの意見に賛成ですので、著者であられる貴下の御意向をまえもってうかがっておくのがしかるべきであろうと考えた次第であります。そこでまず、この考えが貴意に副《そ》うものであるかどうか、ついで、なお追加したり変更したりする箇所がおありかどうか、そしてその場合には小生にそれらの箇所をお知らせいただけますかどうか、お尋ね申しあげるものでございます。

神父はこのような要求を、そこにヴェネツィアの貴族アントニオ・コンティ師[*38]の手紙を添付することによっていっそう強力なものになさった。師は秘教的な知識に通暁した偉大な形而上学者にして数学者であり、その学芸旅行によってニュートン、ライプニッツをはじめとする当代一流の学者たちのもとで高い評価を得ておられるとともに、『カエサル』という悲劇作品によってイタリア、フランス、イギリスで有名な御仁である。そのコンティ師は、かくも高貴な身分、学説、博識にふさわしい礼儀正しさをもって、一七二八年一月三日付けで、ヴィーコにつぎのように書いてよこされた。

高名なる貴下におかせられても、貴下に御高著『新しい学の諸原理』を出版させたいと申し出ておられるロドリ神父にも増して、あらゆる学問の領域に通じ、かつ出版業者たちにたいして権威をもった人物を見いだすことはおできにならなかったでしょう。小生も貴著を最初に拝読し、素晴らしいと思って、友人たちにも読ませた一人でありますが、彼らはみな一様に、イタリア語で書かれた書物で、これほど該博かつ哲学的、しかもそのどれもがおのおのの分野で独創的な内容をもったものはいまだなかったと認めております。小生は貴著の簡単な抜粋を作成してフランスに送ってやりました。フランス人に、年代学と神話学の観念にかんしても、すでにあれほど彼らが研究してきた道徳学や法律学の観念に劣らず、まだまだ知見を加えたり、訂正しなければならぬことが多々あるということを知らせてやるためです。イギリス人も、貴著を読んだときには同じことを認めざるをえなくなると思います。が、いずれにしても、貴著をもっと読みやすい活字にして出版することによってさらに普及させることが肝要であります。貴下が知識や学説をさらに敷衍されたり、圧縮して触れられているにすぎないいくつかの観念を発展させたりなさるのに適当とお考えになることを増補する好い機会でもあります。小生といたしましては、貴著の冒頭に序文を付されて、貴著があつかっておられる多種多様な素材の多種多様な原理と、そこから出てくる調和のとれた体系を陳述なさり、その体系を未来のさまざまなことがらにまで拡大なさることをお勧めしたく存じます。それら未来のことがらも永遠の歴史の諸法則に依存しているのでありまして、この永遠の歴史にお託しになった理念はかくも崇高にしてかくも豊饒なのであります。

同じく郵便局に留め置かれたままになっていたもう一通の手紙は、さきに讃辞を呈したジャン・アルティコ・ディ・ポルチーア伯爵からのもので、一七二七年十二月十四日付けでヴィーコにつぎのように書いてよこしていた。

ロドリ神父(神父は、コンティ師ともども、貴下に敬意を表しておられます。そしてお二人とも、貴下のご才能をたいへん高く評価していると確言しておられます)が小生に請け合ってくださったところによりますと、貴下の驚嘆すべき御高著『新しい学の諸原理』を出版してくれる者が見つかるだろうとのことです。もし貴下がなにか付け加えるおつもりでしたら、お気の済むまで付け加えていただいて結構です。要するに、学者たちは御著書のなかからはそこで表明されている以上に多くのことがわかるということで、御著書を傑作と見なしているわけでありますが、貴下はいまやその御著書のなかで十分に羽根を伸ばしてご執筆なさることができるわけでございます。これはまことに御同慶のいたりでありまして、貴下の御高著のように強靭かつ盤石の精神の所産がついにいつの日か人々に知られるところとなり、識別力と知性をそなえた読者が欠けていないかぎり、それらの所産にはかならずや好運がおとずれるのを目のあたりにしまして、無上の喜びを味わっていることを確言申しあげる次第であります。

このような多くの御仁からの親切なお誘いと権威ある励ましを受けたヴィーコは、こうなった以上、再版に同意し本文への追加と註解を書かねばと相済まないという気持ちにさせられた。しかも、ヴィーコの最初の返事がヴェネツィアに届く前に、というのは前述の理由から返事を差しあげるのがあまりにも遅すぎたこともあったのだが、アントニオ・コンティ師は、ヴィーコとその著作物に格別の親愛の情を寄せていらっしゃったことから、わざわざ一七二八年三月十日付けでもう一通の手紙をヴィーコに送ることまでしてくださったのである。

小生は二ヶ月前、ロドリ神父殿の手紙に添えて、貴下に宛てて手紙を差しあげた者であります。すでにお手許に届いているものと拝察いたしますが、なんらのご返答もいただいておりませんので、失礼ながら再度お心を煩わさせていただきます。と申しますのも、小生が貴著『新しい学の諸原理』にどれほど感嘆していて、貴下がそのなかでふんだんに撒き散らしておられる知識の光明を利用したいと願っているか、そのことを貴下に知っていただきたいとただひとえに念じているからにほかなりません。小生はフランスから帰ってきてすぐ貴著を至上の喜びとともに拝読し、そこで提示されているもろもろの批判的、歴史的、道徳的な発見はいずれも新鮮であるとともに教示されるところ大であることがわかりました。そこで当地では何人かの者が貴著の再版を企画し、もっと読みやすい活字と手頃な形態の大きさで印刷したいと考えております。ロドリ神父もかねてよりこの計画をお持ちでした。そして、すでに貴下に書面を差しあげ、同じ論題について他に付け加えるべき論考なり、貴著の各章に付ける挿絵などで、すでにできあがっているものがおありなら、補充していただきたいとお願いしたと言っておられます。またポルチーア伯爵はロドリ神父に、貴下がご自身についてお書きになり、他の御著作のなかで確立なさった歴史的かつ批判的体系の発展にかんするさまざまな知識をふくんでいる『生涯』〔『自伝』〕を送付なさっています。貴著〔『新しい学の諸原理』〕の再版はたいへんに待ち望まれております。また貴著について概略を提供してやったフランス人も新版の刊行を切望いたしております。

このようなわけで、ヴィーコはその著作に注記と註解を書こうという気持ちがますます高まるのを感じた。そして、二年間ほども続けてこの仕事に骨身を削っていたところ、ポルチーア伯爵が、ここであえて語るまでもないある機会に、例の計画書をいよいよ印刷にかけようと思っているとヴィーコに書いてよこされた。その計画というのは、これまで印刷されて世に出た著作によって名を知られるようになったか、学識と学説が評判になって名を上げたイタリアの文芸人諸氏に、さきにも述べたように、青年たちが勉学の途上で利用することのできるようないっそう確実でいっそう効果的な新たな方法を推進するのに役立てたいという伯爵の考えにもとづいて、それぞれの文芸的生涯について書いてもらおうというものであって、ヴィーコがすでに送っておいたものを手本としてそれに添えたいというのであった。すでに伯爵の許に届いている伝記はいくつもあるが、そのなかでもヴィーコのものが伯爵の構想している形態にぴったり合うように思われるというのが、理由であった。ところが、ヴィーコは、伯爵がヴィーコの書いた「生涯」を出版なさるのは他の方々のお書きになる「生涯」といっしょにであるとばかり思いこんでいた。そして、それを伯爵に送付したさいにも、かくも輝かしい作品集の驥尾《きび》に付すだけで最高の名誉と心得ると宣言していた。そこでヴィーコは、なんとしてもそれだけは止めていただきたい、と力の限りを尽くして懇願した。そんなことをすれば伯爵は目的を達成できなくなるだろうし、ヴィーコも自分になんの落ち度もないのに妬みを買って迫害を受けかねないからであった。しかし、これだけ懇願しても伯爵の意思は固くて変わらなかったので、ヴィーコはローマからジュゼッペ・ルイージ・エスペルティ師をつうじて抗議してもらった以外にも、ヴェネツィアからもロドリ神父をつうじて抗議してもらった。ロドリ神父も、伯爵から、伯爵自身の「計画」とヴィーコの「生涯」の出版を推進していると伝えられていたのだった。また同じく、カロジェラ神父[*39]も、ヴィーコの「生涯」を彼の『学芸論集』の第一巻に収録したさい[*40]、序文の役割を果たしているヴァッリスニエーリ氏[*41]宛ての書簡のなかで、この〔『新しい学』再版の〕ことを世間に公表してしまわれた。ちなみに、この一件でカロジェラ神父はヴィーコに大いに好意を寄せてくださったわけだが、そのぶん印刷屋からは不愉快な目に遭わされることとなった。印刷屋は肝腎の箇所においても多くの誤植をしでかして出版物をめちゃくちゃにしてしまったのだ。それはさておき、〔『学芸論集』に収録された〕ヴィーコの「生涯」の末尾に記載されているヴィーコの著作一覧の最後では、印刷されたかたちでつぎのように告知されている。「『諸国民の自然本性についての新しい学の諸原理』、著者の「註解」を加えて、ヴェネツィアにて再版される」。

さらには、同じころ、『新しい学』をめぐって卑劣な虚言が流され、これが『ライプツィヒ学者紀要』一七二七年八月号の「学芸情報」欄に採用されるということが起こった。*42 この記事はまずもって、学術情報記者の主要な義務である著書の表題を黙殺してしまっている(『新しい学』とのみ記していて、どのような主題についてのものであるかを説明していないのだ)。また、書物の判型も偽っていて、八つ折判であるとしている(事実は十二折判である)。著者についても嘘を伝えていて、さるイタリア人の友人が記者たちに、著者はヴィーコ家出身の「修道士」である、と知らせてくれたと述べている(ヴィーコは〔非妻帯者の修道士ではなく〕子どもをもつ父親であり、それればかりか、息子にも娘にも子どもができて彼らのお爺さんになってしまったのだ)。さらに、そこでは自然法についての一体系、というよりはむしろ「寓話」が扱われていると語っている(そこで論じられている諸民族の自然法と現代の道徳神学者たちが論じている哲学者たちの自然法とを区別することをしておらず、あたかも後者が『新しい学』の主題であるかのように言っているが、哲学者たちの自然法は諸民族の自然法のあくまでもひとつの付随的な系にすぎないのである）。また記事は、同書ではこれまで哲学者たちがこの問題を解明するのに基点にしてきた諸原理とは別の諸原理からの演繹がなされていると詳説している（この点にかんするかぎり、記事は図らずも真実を言いあてている。なぜなら、そこから従前の諸原理が演繹されるような学は「新しい学」ではないだろうからである）。さらに記事は同書をローマ・カトリック教会の嗜好に適合した著作であると注記している（これはまるで神の摂理にもとづいていることがいっさいのキリスト教の、それどころかあらゆる宗教のものではないかのような言いぶりである。だが、こう注記することによって、記者は自分がエピクロス派かスピノザ主義者であることを曝露してしまっているのである。そして著者には、非難を浴びせるつもりが、かえって敬虔な者であるというもっともすばらしい讃辞を呈することとなっているのである）。記事はまた、同書ではグロティウスとプーフェンドルフの学説を攻撃するのにたいへんな労力が費やされていると述べている（その一方でこの学説の第三番目の大家であるセルデンについては口を噤《つぐ》んでいる。おそらくセルデンがヘブライ語に精通していたからであろう）。また同書は真理を愛する者よりはインゲニウム〔機知・創意工夫の能力〕に富む者を喜ばせると判断している（この点にかんしては、ヴィーコは「この紹介記事へのすぐあとに記す反論のなかで」本筋から横道に逸れ、インゲニウム、笑い、鋭くて機知に富む言い回しのもっとも深遠な原理、すなわち、インゲニウムはつねに真なるものの周りを経《へ》めぐっているのであって、寸鉄人を刺すような鋭い言い回しの父であり、その一方で脆弱な想像力は機知に富む言い回しの母であるという原理について論じている。そして嘲笑家の本性は人間の本性というより野獣のそれに近いことを立証している）。さらには、同書の著者は自分の繰り出す推測の長大さに押しつぶされて息切れしてしまっており（だが、同時に、著者の繰り出す推測が長大なものであることを告白もしているわけである）、自分の新しい批判術を用いて諸国民の創建者たちにかんする研究を進めていると語っている（しかし、諸国民のあいだに著作家たちが登場したのは〔諸国民が創建されてから〕一千年も経ったあとのことであったので、この批判術は彼ら著作家たちの権威を利用することができないのである）。そして最後に、この著作はイタリア人から拍手喝采をもって迎えられているというよりは倦怠感をもって受けとめられていると結論している（ところが、実際には、同書は出版されてから三年も経たないうちにイタリア中どこを探しても容易には見つからない稀覯本となり、もし見つかろうものなら、さきにも述べたように、とても高い値段で購入されるにいたっていたのだった。それをさるイタリア人が不敬虔にも虚言を弄して、ライプツィヒのプロテスタントの学者先生方に、カトリック教の学説を含んでいるような書物は自分のところでも国民の受けが悪いのだ、と報告したのだった！）。

そこでヴィーコは、折も折、咽喉に壊疽的潰瘍ができたため（このことを知らされたのがちょうどこの時期だった）、すでに六十歳の老齢であったにもかかわらず、きわめて博学できわめて熟練した医師ドメニコ・ヴィトーロ氏[*43]から強制されて、若い者の場合でさえ、もしまかり間違って神経に触れたならば脳溢血を誘発しかねない、辰砂の燻蒸という危険な療法を受ける羽目に追いこまれていた時期に、『ライプツィヒの「学者紀要」への注記[*44]』と題する十二折判の小冊子でもって応答せざるをえなくなったのだった。応答のなかで、ヴィーコは多くの目立った点を種々勘案して、この虚言の画策者を「だれだか分からない放浪者[*45]」と呼んでいる。そしてこのような下劣な中傷の根底にまで立ちいり、それが以下のように五つの目的のためにヴィーコにたいしてくわだてられたことを立証している。第一は著者に嫌がらせをするため。第二はライプツィヒの学芸人たちに無名の著者の内容空疎で、虚偽に満ち、カトリック的な本など探し求めたりしないようにさせること。第三は、万一彼らにこの本を読んでみようという気持ちが起こった場合でも、表題を隠し、判型や著者の身分を偽ることによって、容易には探し出せないようにしてしまうこと。第四は、それでも見つかった場合でも、他のいくつかのまことしやかな事情からしてそれが別の著者の作品であると思わせること。第五はそれらのドイツ人諸氏から自分が良き友人であると信じつづけられるためである。またヴィーコはライプツィヒの学芸記者諸氏を有名な一国民の学芸人階級にたいしてはそうあってしかるべきであるように礼儀正しくあつかったうえで、このような友人には今後十分気を付けたほうがよいと警告申しあげている。というのも、この手合いは自分が友情を結んでいる人々を破滅させかねないからであり、実際にも彼らを二つの最悪の状況に陥れたのだった。ひとつは、読んでもいない書物にかんする報告と評価を自分たちの『紀要』に掲載したといって非難される羽目に陥ったことであり、いまひとつは、同一の作品についてまったく相矛盾する判断を下してしまっていることである。さらにヴィーコはこの「だれだか分からない放浪者」にたいして、敵よりも友のほうをあしざまにあつかっていて、自国民を偽って中傷するとともに他の諸国民に卑劣な裏切りを働いている以上、人間たちの世界から脱出して、アフリカの砂漠に出かけ、野獣どものあいだで暮らすがよい、と厳しく諫めている。

ヴィーコは、この小冊子〔『ライプツィヒの「学者紀要」への注記』〕を一部、ライプツィヒ学者協会会長で現ポーランド国王陛下の宰相であられるブルクハルト・メンケ氏[*46]に宛ててしたためた以下のような書簡を添えて、ライプツィヒに送ろうと決心していた。

高名なるライプツィヒ学者協会ならびに同協会会長ブルクハルト・メンケ氏にジョヴァン・バッティスタ・ヴィーコ謹んで挨拶申しあげます。

小生に降りかかった災難が皆様方、高名の士をも同じさかしまな運命へと引きずりこみ、皆様方の偽りのイタリアの友人に欺かれて、小生ならびに『諸国民の自然本性についての新しい学の諸原理』と題する小生の著書にかんして、まったく根拠がなく、偽りに満ちていて、不当な記事を皆様方の『紀要』に掲載なさったことは、まことに哀痛の極みであります。しかしながら、この苦痛も以下のごとき慰めが軽減してくれました。すなわち、この一件はことがらの本性上、皆様方ご自身の無実と度量と信頼とを介して、かの人物の悪意と妬みと不誠実とを罰するようになるというふうにして、おのずから生じたことを知るにいたったのであります。また、皆様方にお送り申しあげるこの小冊子は、かの者のしでかした違反行為とそれにたいする処罰と、皆様方のお示しになられた公共的な徳とそれにたいする称賛とを、二つながらに包括しております。したがいまして、この『注記』はとりわけ皆様方の学者としての名誉をお守りするために公刊したのでありますから、けっしてどなたをも憤激させることなく、かえって皆様方のご厚意を獲得する機会となることを希望しております。なかんずく、卓絶した学識によってかの名高い学者協会の長の座を占めておられるブルクハルト・メンケ殿のご厚情を希うものであります。ご機嫌うるわしく。ナポリにて、一七二九年十一月十四日〔十月十九日〕。

この書簡は、見られるように、礼儀の限りを尽くして書かれているとはいえ、それでもライプツィヒの学芸人たちにたいして面と向かって彼らの職務怠慢を叱責したかのごとくであることや、彼らはヨーロッパで日々出版される書物を洗いざらい買い占めることに配慮しているものの、やはりなんといっても自分たちの国のものが主体にならざるをえないことを省みて、発送することは差し控えたほうが礼節に適っているだろうとヴィーコは判断したのだった。

さて、以上のような論議の発端に戻るとして、ヴィーコはライプツィヒの学芸記者の方々に応答しなければならなくなったのだったが、その応答文〔『注記』〕のなかで、ヴェネツィアで進行中の自分の著書〔『新しい学の諸原理』〕の再版計画について言及する必要が出てきたため、ロドリ神父に手紙を書いて許可を求めた（そして許可をいただいた）。こうして、応答文のなかで、『新しい学の諸原理』が著者の注釈を付してヴェネツィアで再版される旨があらためて印刷されたかたちで公表されることとなった。

またこのころ、ヴェネツィアの出版業者たちが、学芸人の仮面のもとに、ナポリの一人は書店主のジェッサーリ[*47]ともう一人は印刷屋のモスカ[*48]を介して、ヴィーコの全作品、出版されたものも未刊のものもふくめて例の一覧表に記載されている作品をすべて、送ってくれるよう要請してきた。自分たちの博物館に陳列したいからと言うのだったが、事実はそれらをひとまとめにして出版するのが目論見であった。そして『新しい学』がこの全集の販売を容易にしてくれるだろうと期待していたのだった。そこでヴィーコは、連中にたいして、おまえたちが何者であるかちゃんと心得ているぞということを知らせてやるために、自分のいまや消耗してしまった才能の貧弱な所産のうち、ただひとつ『新しい学』だけが世に残ってもらいたいと願っているが、『新しい学』が目下ヴェネツィアで再版されようとしていることは彼らも知っているはずであるということをわからせてやった。

それのみか、ヴィーコは持ち前の気前の良さから、自分の死後までも出版者にこの再版権を保証してやりたいと願って、ロドリ神父に宛てて、約五百葉にのぼる自筆原稿を送付した。この自筆原稿では、ヴィーコは新しい学の諸原理を否定的なやり方でもって探究しようとしていた。そして、このやり方を採用した場合には、『新しい学』という書物は頁数がはるかに増える可能性があった。[*49] そして、ここナポリ教会の司教座聖堂参事会員で博識な神学者であるドン・ジュリオ・トルノ氏[*50]はつねづねヴィーコのことを高潔な心でもって思いやってくださっている方であるが、その版〔否定的なやり方による『新しい学』〕をこのナポリで何人かの協力者を糾合して出版しようと思っているとおっしゃってくださった。しかし、ヴィーコ自身はすでにこれらの諸原理を積極的なやり方でもって見いだしていたため、氏にお願いして、この計画を取りやめにしてもらった。

一七二九年十月、ついにヴェネツィアに、ロドリ神父に宛てて、すでに出版された書物〔一七二五年に出版された『新しい学』〕への訂正と、注記ならびに註解の、手書きでほぼ三百葉にもなる完成原稿が到着した。

さて、『新しい学』が増補のうえヴェネツィアで再版されつつあるということが二度にわたって印刷物のかたちで公表され、かつ原稿がすべて届けられた段になって、この再版を請け負っていた人物[*51]がヴィーコにたいして、まるでおまえさんは同書をどうしてもヴェネツィアで出版してもらわなければならなくなっているのだろうといった顔をして交渉してくるということが起こった。そのためヴィーコは事態を自分自身の名誉にかかわる問題ととらえ、ヴェネツィアに送っておいた原稿類すべての返還を要求した。返却は六ヶ月後になってようやくなされたが、そのときにはすでにその著作〔一七三〇年にナポリで出版された『新しい学』改訂版〕の半分以上が印刷しあがっているありさまであった。*52

また、いま語ったような理由によって、その著作はナポリでも他の場所でも自分が費用を負担して出版してやろうという出版者が見つからなかったため、ヴィーコは別の処理法を考え出すことにした。それはおそらくその著作が本来とっていてしかるべき処理法であったのだが、こういう必要に迫られることがなかったならば、ヴィーコにしても到底考えつかなかったであろうもので、さきに出版された書物〔一七二五年の『新しい学』〕と比較対照してみれば、そこで採用されていたやり方とは、雲泥の差があることが明らかに見てとられるのである。また、この新しい処理法のもとでは、以前の著作では著作の筋立てを維持するために「註解」のなかで切り離されて雑然と羅列されていたことがらが、いまや、新しく追加されたかなりの量の事項とともに、ひとつの精神によって組み立てられ、ひとつの精神によって統率されているのが見られる。そして、このような秩序の力が働いた結果（この秩序の力こそは、論の展開にとって本来的な性質であることにくわえて、簡潔さの主要な原因のひとつである）、すでに出版された書物〔一七二五年の『新しい学』〕と今度の草稿とでは、わずか三葉分の増加があったのみである。この点にかんしては、実例として、諸民族の自然法の特性についての記述をご覧になるがよい。最初の方法では第一章第七節においてほぼ六葉を費やして論じたのにたいして、今回の版ではわずか数行しか当てていないのだ。

しかし、最初に出版された書物のなかで三箇所[*53]だけはヴィーコによってそっくりそのまま残された。これにはヴィーコも十分満足していたからであって、この三箇所があるからこそ、最初に出版された『新しい学』という本は主としていまもなお必要とされるのである。また、ヴィーコが「『新しい学』」ないし「注記を付した著作」からの引用と言うときには、この最初に出版された『新しい学』のことを指しているのであって、「彼のもうひとつの著作」を引用すると言うときとは相違している。こちらのほうは『普遍法』の三巻のことを指しているのである。このような事情からして、『新しい学・第一版』は、『第二版』が別に印刷された場合でも、それと並んで印刷されるべきである。あるいは、少なくともいま述べた三箇所だけはいっしょに印刷して、読者がこれらの箇所を参照できなくて困ることのないようにしておかないといけない。

さらに、『普遍法』の三巻が願望されるようなことにならないように願いたい。『普遍法』の三巻については、『新しい学・第一版』のための素描として書かれたということもあって、ヴィーコは『新しい学・第一版』にも増して、ほんのわずかしか満足していなかった。そして、ただの二箇所についてのみ必要と認めていた。ひとつは十二表法がアテナイからやってきたという作り話にかんして論じてある箇所であり、いまひとつはトリボニアノスの「王法」にまつわる作り話にかんして論じてある箇所である。[*54] しかも、これらの箇所についても、ヴィーコは〔『新しい学』一七三〇年版に補遺として付された〕二つの「論考」[*55]において、さらに大きな統一性と強靭な活力とをもって論じているのだ。なお、これら二つの作り話こそは、ジャン・ルクレール氏が『古代・近代文庫』で『普遍法』の諸巻について書評くださったさい、「多数の主題にかんして、このうえなく事情に通じた学者たちでさえまったく注意してこなかった多くの通俗的な謬見が訂正されている」と述べておられる謬見にほかならない。[*56]

またこのこと、すなわち、ヴィーコが自分の著作にたいしてこれらの人々からあたえられた有利な評価に満足せず、さらにはそれらの評価を否認し拒否していることが、だれかに増上慢と受けとられるようなこともけっしてあってはならない。というのも、これこそ彼がそれらの人々にたいして最高の尊崇と敬意の念をいだいていることの証拠にほかならないからである。礼儀をわきまえない高慢な著作家は、他人からあたえられる正当な非難や筋のとおった修正に抗してまでも自分の作品を維持しぬこうとする。また、その著作家がたまたま小心である場合には、自分の作品にたいしてあたえられた好意的な評価に満足しきってしまい、この評価そのものが災いして、もはや自分の作品をもっと完全なものにしていこうとはしない。しかし、ヴィーコにとっては、偉大な方々からの讃辞は自分のこの著作を修正し、補完し、より優れた形態に変えていこうという意欲を燃え立たせるものであったのだ。

かくしてヴィーコは「註解」を宜しくないとみなす。「註解」は否定的なやり方で〔『新しい学』の〕諸原理を見つけ出しに出かけているが、このやり方はある説が首尾一貫せず不条理であっておよそありそうにないことを示すことによって証明をおこなう。ところが、そのような証明はどうしても醜悪な様相を呈するので、読者の理解力に滋養をあたえるというより、どちらかといえば苦い思いをさせることになりかねない。これにたいして、積極的なやり方は甘美に感じさせる。というのも、それが理解力に呈示するのは適切なもの、好都合なもの、一様なものであるからである。そして、これらこそは真なるものの美を形づくっているのであって、人間の知性はもっぱら真なるものによってのみ喜びを感じるのであり、身を養っていくのである。

また『普遍法』の諸巻がヴィーコの気に入らなかったのは、それらの巻でヴィーコは、本来ならまったく正反対の道をとるべきであったにもかかわらず、プラトンをはじめ高名な哲学者たちの知性から出発して異教世界の創始者たちの愚昧で単純な知性へと降り立っていこうと試みていたからである。このため、そこではいくつかの主題で誤謬を犯すこととなってしまったのだった。

『新しい学・第一版』では、主題においてではなかったにしても、順序においてたしかに誤った。というのも、観念の原理と言語の原理とは本性上互いに結合しているにもかかわらず、両者を切り離してあつかってしまったからである。また、そのどちらの原理とも別個にこの学があつかうもろもろの主題を展開していくさいの〔否定的な〕方法について論じたが、これらの主題は、もうひとつの〔積極的な〕方法によれば、観念と言語双方の原理から順次出てくるはずなのであった。このようなわけで、そこでは順序において多くの誤謬が生じることとなったのだった。[*57]

これらすべてのことは『新しい学・第二版』[*58]では訂正された。ただし、ヴィーコはこの著作をきわめて短い期間に、ほとんど運命的といってよい霊感とともに、ほとんど印刷機のもとで構想し執筆することを余儀なくされた。そして、この霊感は彼を駆り立てて、降誕祭の朝に着手して復活祭の日曜日の二十一時には終えてしまったほど迅速に構想させ執筆させる始末であった。[*59]しかも、この著作のすでに半分以上が刷り上がったところで、またもやヴェネツィアから最後の不測の事態[*60]が生じたことを知らされ、すでに印刷された分のうち、「学芸情報[*61]」を含む四十三葉分を変更すること（その「学芸情報」には、同書のヴェネツィアでの出版の一件をめぐってロドリ神父とヴィーコのあいだで交わされた手紙がすべて、しかるべき省察とともに、そっくりそのまま順を追って報告されていた）、そして、それに代えて、扉頁の前に口絵を置き、その口絵についての「説明」を書くこと、それもその小さな本にできた空白部分をきっちり埋めるだけの頁数で書くことを余儀なくされた。――くわえては、

『新しい学』1730年版の口絵。図案はヴィーコ自身の指示にもとづいて友人の画家ドメニコ・アントニオ・ヴァッカーロが描き、版刻はアントニオ・バルディが引き受けている（東京外国語大学図書館所蔵本）。

長期にわたる重い病気。これは当時イタリア全土に蔓延していたカタル性感冒が感染したものであった。――そして最後に、孤独のなかにあってヴィーコが生活していたこと。――これらすべてが原因となって、ヴィーコは勤勉さをもって執筆にあたることを得なかったのだった。勤勉さは、偉大な主題について仕事をするさいには、失われてしまわざるをえないのである。というのも、勤勉さは細かな点に怠りなく注意を行き届かせる徳力であり、それゆえに時間を要する徳力でもあるからである。

こういうすべての事情から、ヴィーコは、いくつかの表現が乱れていて正す必要があったり、粗削りで磨きあげる必要があったり、短すぎてもっと引き延ばす必要があったりした場合でも、十分に注意を行き届かせることができなかった。また、散文では避けなければならない大量の詩的韻律が用いられていることにも気づかなかった。そして最後に、若干の記憶違いをしでかしていることにも注意を払えなかった。もっとも、これらはあくまで語彙の取り間違いでしかなく、文意の理解にはなんら害を及ぼすものではなかった。

そこでヴィーコは著書の巻末に「第一註解」を添え、正誤表（これはいま述べた理由からきわめて多数に上らざるをえなかった）といっしょに、MとAという文字を振って、改善（miglioramenti）と追加（aggiunte）を付すことにした。[*62] そして、続けて同じ仕事を「第二註解」についてもおこなった。「第二註解」のほうは著作〔『新しい学』第二版〕が公刊されたほんの数日後に書いたものであって、崇高な哲学者であるとともにわけてもギリシアについての教養豊かな学識で飾られておられるスカレーア大公ドン・フランチェスコ・スピネッリ氏[*63]が著作全体をわずか三日間で通読して気づかれた三つの誤りをヴィーコに指摘してくださったことがきっかけであった。この優しいご指摘に感謝の意を表明するにあたって、ヴィーコは以下のような書簡を印刷して「第二註解」に追加した。そして、これをもって、暗々裡に他の学者たちにも同様の指摘をしてくれるよう要請した。彼らから寄せられた訂正指示は喜んで受けいれるつもりでいたのである。[*64]

閣下には筆舌に尽くすことのできないほどの感謝を申しあげなければなりません。と申しますのも、このほど刊行の運びとなりました『新しい学』を一部、愚息[*65]を介して閣下に贈呈させていただきましたところ、わずか三日を経ぬうちに閣下は、崇高なる哲学的思索に耽ったり、わけてもギリシアのいとも荘厳な著作家たちのものを読んだりなさる貴重な時間を割いて、拙著に全巻くまなく目を通してくださったからであります。しかも、驚嘆すべき鋭敏さと高い理解力を発揮なさって、拙著をほとんど一息で読破なさるとともに、精髄にまで分け入り、全範囲にわたって完全に把握なさいました。しかし、高貴なご身分におのずと具わる気高いお心から拙著に賜りましたご好意あふれる評価にかんしましては謹んで沈黙させていただくとしまして、小生がこのうえなく光栄に存じますのは、閣下がわざわざ以下の箇所をご指示くださり、そこに若干の誤りがあるのをご指摘のうえ、それらはたんなる記憶違いによるものであったのだろうとお慰めくださり、たとえ誤りが生じていたとしても論じられている主題の意図をなんら損ねるものではないとおっしゃってくださったことであります。

第一番目の誤りは三一三頁一九行目にあります。その箇所で小生はブリセイスをアガメムノンのものであり、クリュセイスをアキレウスのものであるとしています。そして、アガメムノンが〔アキレウスに〕クリュセイスをアポロンの神官をしている彼女の父親クリュセスに返還してやるよう命じたが——というのも、クリュセスは〔娘が奪われたことに憤激して〕ギリシア軍を疾病で壊滅させつつあったからです——、アキレウスは命令に従おうとしなかった、と述べていますが、この間の事情はホメロスによってはまったく正反対のかたちで語られていたのです[*66]。しかし、小生が犯したこの誤りは、小生自身も気づかなかったのですが、じつは〔古代ギリシアの〕習俗のきわめて重要な部分にかんしてホメロスの記述に改善をほどこすものであったのです。すなわち、アキレウスはだれがなんと言おうと命令に従おうとはしなかっただろうし、アガメムノンのほうではなにがなんでも軍を救わんがためにアキレウスに命令をくだそうとしただろうと考えたわけであります。ところが、この件にかんしてホメロスは疑いようもなく物語の適正さ decoro を保持していたのでした。そして、総大将〔アガメムノン〕を賢明な人物に仕立てあげたのと同程度に勇猛な人物としても設定したのでした。アガメムノンは、クリュセイスを返還したのはアキレウスから圧力をかけられたせいであるかのように思いなし、ことは自分の体面にかかわると思いこんだ結果、失われた名誉を回復しようとして、不当にもアキレウスから彼のブリセイスを奪い、この所業によってギリシア軍の大多数を破滅に追いやった、というわけです。このような次第で、ホメロスは『イリアス』でひとりのこのうえなく愚かな総大将を歌うこととなるのです。そこからして、小生の犯したそのような誤りは以下の点においてまさしく小生を不利な立場に追いやることとなったのでした。すなわち、これまで〔深遠な〕知恵をもっていると信じられてきた人物〔ホメロス〕についての、真のホメロスの発見を確証してくれたはずの一大証拠を見落とさせてしまったのです。したがって、アキレウスをホメロスはいつも「非の打ちどころのない」という形容詞をつけて英雄的な徳の範例としてギリシアの民衆に歌っていますが、そのアキレウスも学者たちが定義する英雄の観念には当てはまらないのです。なぜなら、アキレウスの悲しみがどれほど正当なものであったにしても、しかしながら――麾下の手勢を率いて戦場をあとにし、全軍の艦隊から自分の指揮する船団を引き揚げさせ、疾病を免れたギリシア人たちはヘクトルが殲滅するがよい、といった不敬虔な祈願を立て、その願いがかなえられるのを見て溜飲を下げているのですから（また、これらのことについて議論しあったさいに閣下が付け加えてくださったくだりでは、アキレウスはパトロクロスに、ギリシア軍もトロイア軍も一人残らず死んでしまって、われわれ二人だけがこの戦争から生き残ればよい、と語っています）――アキレウスが腹いせにやらかしたことは破廉恥きわまる復讐以外のなにものでもないのでした。

第二番目の誤りは三一四頁三八行目と三一五頁一行目にあります。その箇所にかんして閣下は小生につぎのようなご注意をあたえてくださっています。すなわち、ガリア人の攻撃からカピトリウムの城塞を防御したマンリウスはカピトリヌス家出身のマンリウスであり、そのあとにトルクワトゥスの家名を名乗る別のマンリウスが出現し、この者が自分の息子を斬首に処したのだということ、[*67] また、この二人のマンリウスのうち後者ではなくて前者こそが、貧しい平民のために新しい支出項目を国家予算のなかに導入しようとしたために、貴族たちから、民衆の支持をえてローマの僭主になりたいと狙っているのではないかという疑いをかけられ、有罪の判決を受けて、タルペウス山の岩の上から投げ落とされたということがそれであります。この記憶違いは、小生をつぎのような不利な立場に追いやることとなりました。古代ローマとスパルタの貴族政体には一様性が存在したことを示す強力な証拠をわたしたちから奪い去ってしまったのです。スパルタでも、ラケダイモン〔スパルタ〕のマンリウス・カピトリヌスとも言うべき勇敢で度量の広いアギス王が、なんらかの農地法のためではなく、同様の新しい支出項目を国家予算に導入する法律を制定したために、また別の遺言法を制定したために、民選執政官たちによって絞首刑に処せられたのです[*69]。第三番目の誤りは第五巻の末尾、四四五頁三七行目にあります。そこでは「ヌマンティア人」と言うべきでありました（なぜなら、この箇所で取りあげられているのはこの人たちだからです[*70]）。以上のような閣下のありがたいご注意のおかげをもちまして、小生は拙著を再読する機会を得て、第二の訂正、改善、追加を書きあげた次第であります。

これらの第一および第二註解は、著者がこの著作について友人たちと議論する機会があったさいにとぎれとぎれに書いていった、それ以外のわずかではあるがきわめて重要な註解とともに、第三回目の版が印刷されるとき、それぞれしかるべき箇所に組みいれられることとなるだろう。

ヴィーコが『新しい学・第二版』を執筆し印刷していたあいだに、コルシーニ枢機卿猊下がローマ教皇に昇進なさった。[*71] 猊下には、まだ猊下が枢機卿であられたときに『新しい学』の初版の巻頭に献詞をさせてもらっていた。そこで第二版もまた教皇聖下に献詞をさせていただくこととなった。すると教皇聖下は、同書をご受納になって、同書が教皇聖下に献詞されているのをお知りになったものだから、甥御でいらっしゃるネーリ・コルシーニ枢機卿猊下[*72]が著者から書状を添えずに一部が送られてきたのにたいして礼状を出されるさい、教皇聖下の御名において以下のように返事するよう、思し召しになられた。

謹啓

ご高著『新しい学の諸原理』は、すでにその初版において、当時は枢機卿であられた教皇聖下から最大級の讃辞を受けておられました。そのご高著がいまふたたび印刷されるにいたり、貴下の明敏な才知によってさらにいっそうの光明と学殖をくわえたかたちで刊行されたことは、教皇聖下の慈愛に満ち満ちたお心のなかで、このうえない喜びをもって迎えられることとなりました。わたしはわたしに贈呈いただきましたご高著にお礼を申しあげる機会に、このことを貴下にお知らせして、どうか心安んじていただきたいと願った次第であります。ご高著にかんしましては、わたしはご高著が払われてしかるべきあらゆる考慮を払っているつもりでございます。そして機会があればいつでも貴下のお役に立ちたいと願いつつ、貴下のご多幸を神に祈り奉ります。

敬白

枢機卿ネーリ・コルシーニ

ローマにて、一七三一年一月六日

このような名誉に満たされて、ヴィーコはこれ以上この世で望むべきことをもたなかった。そこで、老齢に達して、さまざまな労苦に疲れ果て、家庭内で生じた多くの心配事に悩まされ、大腿から脚部にかけて起こる痙攣性の苦痛、頭の下方の骨と口蓋のあいだの内部にあるものをほとんどすべて喰い荒らしてしまっていた異様な悪疾に苦しめられていたため、学問研究を完全に放棄した。[*73] そして、比類ない哀歌調ラテン語詩人で一点の非の打ちどころもない品行の御方でいらっしゃるドメニコ・ロドヴィーコ神父に[*74]、『新しい学・第一版』について書いていた註解の草稿を[*75]、以下のような献辞を添えて贈与したのだった。

キリスト教徒のティブッルス[*76]／ドメニコ・ロドヴィーコ神父に／この／不運な『新しい学』の／陸と海のあちらこちらへと投げ捨てられた／惨めな／残骸を／絶え間なく荒れ狂う運命の嵐に／揺さぶられ悩まされてきた／ジャンバッティスタ・ヴィーコ／ずたずたに切り裂かれ疲れ果てて／あたかも最後の安全な港のごとく／ついに引き渡させていただきます

ヴィーコは専門の講義をおこなうさい、青年たちの利益のことになによりも関心があった。そして、彼らに自分たちが誤りおちいっていることを気づかせたり、あるいは偽りの教師たちによって欺かれないようにするためならば、専門学者たちの敵意をかうことをなんら気にかけなかった。雄弁にかんすることがらについて知恵と関係させることなしにはけっして議論しなかった。そしてつぎのように語るのを常としていた。すなわち、雄弁とは語る知恵以外のなにものでもないのであって、それゆえ、自分の講座は青年たちが生まれつき天から授かっている才能を導き、もって普遍的なものにすることを任務としている、と。また、他のさまざまな講座が人知の個別的部分に関心を寄せているのにたいして、自分の講座では知識の全体を教えて、知識の各部分が相互にうまく対応しあうとともに全体のなかで理解しあえるようにしなければならないのだ、と。こうしてまたヴィーコは、良く話すこと〔雄弁〕にかんするあらゆる個別的主題について、その主題があたかも単一の精神によって生気をあたえられているかのようにして、その主題と関係のあるすべての諸科学によって生気をあたえられるようなふうに語った。これはヴィーコが『われらの時代の学問方法について』のなかで書いていたこと、すなわち、プラトンという一人の人物が、そのこのうえなく輝かしい模範によって、古代人のもとで、全体がひとつの体系のなかにあって調和させられている当代の大学全体に匹敵するものであった、と述べたことにほかならない。[*77] このようなわけで、ヴィーコは毎日、あたかも自分の学校に外国の著名な学芸人たちが聴講に来ているかのように思いなして、さまざまな学識や学説について絢爛にして深遠な講義を展開したのだった。

ヴィーコには怒りっぽいという欠点があったので、文章を書くさいには力の限りを尽くしてこの欠点から身を守るように努めた。また、この点で自分には欠ける面があることを公けに告白してもいた。すなわち、彼は彼の競争相手である学芸人たちの才能なり学説なりの誤りや邪悪な品行をあまりにも憤慨したやり方で罵っていたのだったが、これはむしろ、キリスト教的な慈悲の心でもって真の哲学者らしく怒りを包み隠すか相手に同情してやるべきだったのである。しかしながら、彼と彼の著作に難癖をつけようと躍起になっている者たちにたいしては辛辣であったぶん、自分と自分の著作を正しく評価してくれる方々には丁重であった。そしてそのような方々こそは、ナポリ市でもっとも優れた人士であり、もっとも学殖豊かな方々であった。中途半端な学者や偽りの学者、そして連中がそうなってしまったのはいずれも学者としては大したことのない者だったからなのだが、そうした者たちのうちもっとも堕落した部分は、ヴィーコのことを「気違い」と呼んでいた。あるいは若干丁寧な言い方をして、奇矯な考え方をする変人であるとか、分かりづらいと言っていた。もっとも意地の悪い連中は、つぎのような褒め言葉でもってヴィーコを痛めつけた。ヴィーコは青年たちが勉学の課程を一通り終えたのちに、つまりは青年たちの知識欲がすでに満たされてしまったあとで、青年たちに教えるのに適しているというのだった。まるでクインティリアヌスの祈願[*78]が偽りであったとでも言うかのようにである。クインティリアヌスは、王侯貴族の子弟が、アレクサンドロス大王のように、幼少のころからアリストテレスのような人物の膝下に託されることを願望していたのである。またある連中は大げさであるだけにいっそう破滅的な讃辞を吹聴するに及んだ。ヴィーコ先生はすでに教師である自分たちを教導するにふさわしい方であられる、というのだった。

だが、ヴィーコはこれらすべての逆境を好機として祝福し、あたかも難攻不落の城塞に立てこもるかのようにして、書斎机へと閉じこもって、他の諸著作の構想と執筆に取りかかった。これらの著作をヴィーコは「誹謗者たちへの気高き復讐」と呼んでいた。そして、これらの著作がついにヴィーコをして『新しい学』の発見へと導いていったのであった。それ以降、ヴィーコは生活と自由と名誉を享受しつつ、卓越したパイドロスがその名を挙げて、

この人のような死をも、もし名声を獲得できるなら、厭わないだろうし、
また灰となって無実が露わとなるならば、誹謗をも甘受するだろう。*79

と、高潔な誓いを立てていた、あのソクラテスよりも恵まれていると自認していたのである。

第三部　ヴィッラローザ侯爵による補記（一八一八年）

ジョヴァンバッティスタ・ヴィーコは、彼自身がわたしたちに知らせているように、少なからぬ子どもたちの父親になり、その子どもたちもすでに成人してしまったいま、幸運な父親でも甘受を余儀なくされることがまれではないかずかずの不和や心配事に悩まされ始めた。彼は家族の窮状が日々増大していくのを見ることとなった。それというのも、彼自身が告白したように、生まれてすぐのころから摂理が彼を安楽な状態に据えることを欲さず、彼が自分の状態を改善しようとして誠実にこころみてきたいっさいの手立てをへし折ってきたからであった。

じじつ、彼は『新しい学』第一版を印刷に回すために彼の庇護者ロレンツォ・コルシーニ枢機卿の援助を懇請したものの応諾してもらえなかったとき[*1]、同枢機卿から届いた返事の背面につぎのように書いている。「コルシーニ猊下のご書簡。これによれば、猊下は『新しい学』に先立つ著作の出版費用をご援助くださるご余裕なしとのこと。このため、わたしは自分が貧乏であることを考慮してこの『新しい学』を考える必要に迫られた次第である。貧乏がわたしの精神を制約して、このようなちっぽけな本しか出版することを許さなかったのだった。しかも、出版にさいしては、わたしは自分の所持していたきわめて純度の高い五グレイン〔一・二五カラット〕のダイヤモンドの付いた指輪を手放し、この代金で書物の全部数の印刷費と製本費を支払うことができたというありさまであった。書物は広く普及させるとす

ナポリ美術振興会の企画のもと、画家のビアジオ・モリナーロによって描かれ、1863年に展示された絵にもとづいて、1866年、彫版師フランチェスコ・ディ・バルトロによって作成された銅版画の写真。ヴィーコが『新しい学』第1版の出版費用を工面するため、原稿を小脇に抱えて、指輪を左手の薬指からはずしながら質屋に入ろうとしているところが描かれている。出典：*Autobiografia di Giambattista Vico (1725–1728)*, a cura di Fausto Nicolini (Milano-Firenze-Roma, Bompiani, 1947)

でに約束していたため、枢機卿猊下にも献呈させていただいた」。

ヴィーコは生計の維持をすべて雄弁術講座のわずかな俸給から得ることを余儀なくされていた。そして、給与だけでは全然足りなかったので、自宅で雄弁術やラテン文学の個人教授をおこなわざるをえなかった。すると、わが首都〔ナポリ〕の選り抜きの紳士諸氏が喜んで自分たちの子息を彼の許に送ってくれた。彼らは、ヴィーコからならば、これらの主題にかんする他のどんな教授からよりも、彼らの息子たちがもっとも厳格な道徳をともなった真の知恵を学ぶことができるものと確信していたのである。ヴィーコから彼の自宅での講義を受けた者たち以外に、ヴィーコのほうからそれぞれの邸宅に出向いていって教えた、この王国〔ナポリ王国〕の主要な貴顕たちの多くの子息をも列挙すべきであろう。それというのも、ここでは簡略のためにトラエットのカラファ家、スカレーア大公のスピネッリ家、ラウレンツァーナ公爵のガエターノ家のみを挙げるに留めておくが、当時のわが都市〔ナポリ〕の貴族たちは、自分たちの子息や相続人が賢明で学識ある人間になるためであれば、どんな手立てをも見逃さなかったからである。彼らの意見によれば、高貴な身分に生まれて裕福な生活に恵まれている人間にとって、愚かで無知な連中の無限の群れのなかに入り混じっていることほどまずいことはない、というのであった。

しかし、この種の援助もヴィーコが日々責め立てられ苛まれていた緊急の必要を軽減するのには足りなかった。致命的なまでに不運であったことにも、彼が妻としていた女性は、純粋無垢な性格の持ち主ではあったが、どんな平凡な妻にして母たる者にも要求される能力をことごとく欠いていた。文字を書くことすらできず、もろもろの家事についてほとんど無頓着であったため、学者の夫が幼い子どもたちの衣服だけでなく彼らが必要とするものいっさいについて心遣いをし、用意してやらなければならないほどだった。*2

ヴィーコは子どもたちにたいしてとても優しかった。なかでも、二人の娘を偏愛していた。そして、ルイーザという名の長女が女性に必要とされる以上の才能に恵まれていて、自由学芸、とりわけ詩に向いているらしいことに気づくと、彼みずから最大の配慮と注意をもって娘の教育に取り組んだ。彼の努力は水泡に帰すことなく、十分に報われた。それというのも、娘は成人するとイタリア語による詩の分野で頭角をあらわすこととなったからである。このことは公刊されたさまざまな詩文選集に収められている彼女の何篇かの優美な作品が証明しているとおりである。*3

また、わたしたちの賢人が日常の中断されることのない煩瑣な仕事から自由になった合間に、彼のいとおしい娘たちと楽しげに遊んでいるのを眺めるのは、素晴らしいことであった。

この情景の目撃者はモンテ・カッシーノ会の修道士ドン・ベネデット・ラウダーティ神父であった。この神父は尊敬すべき性格と知識によってきわめて有名な御仁であったが、ヴィーコ家を足繁く訪れていて、ある日のことヴィーコが娘たちと戯れているのに出会い、タッソのつぎの詩句をヴィーコに復唱して見せないわけにはいかなくなった。

ここに見られるのはマイオニアの娘たちのあいだで
アルケイデースが糸巻き棒を手に昔話をして聞かせている姿なり＊4

この冷やかしを聞いて優しい父親は破顔一笑したのだった。

しかしながら、娘たちがヴィーコにもたらした慰めも、名前はここでは伏せておきたいが、彼のもうひとりの息子＊5が幼少のころから見せていた良からぬ素質によってこっぴどく損なわれることとなった。この息子は成長してからも、勉学や真面目な仕事に励むどころか、柔弱で怠惰な生活にすっかり身を任せ、時を経るにつれてあらゆる種類の悪事に走り、そのせいで家族全体が不名誉を被るにいたった。賢明な父親は、息子が誤った道を捨てて正道に戻るためならば、いかなる手段も見逃すことはなかった。だが、繰り返しての慈愛のこもった勧告も、賢明で有名な人たちからの権威ある叱責も、この道を踏み外した若者を改造するのにはすべてが空しいこころみでしかなかった。このため、懊悩した父親は、心ならずも、司直に訴えて息子を投獄してもらうという厳しい必要に迫られるにいたった。しかし、事が実行に移されることとなり、警吏たちがヴィーコの家の階段を登りはじめたのを認めると、父性愛に駆られて、不運な息子の許に駆けより、震えながら言ったのだった。「息子よ、逃げろ！」。しかし、父親らしい優しさのこのような措置も司直が所定の手続きをとるのを阻止するところとはならなかった。息子は監獄に引き連れていかれ、素行が本当に改まったという明確な証しを立てるまで、長期間そこで住まうこととなったのだった。

ヴィーコの家族に降りかかったこのような容易ではない災難に、これに劣らないもうひとつの災難が追い打ちをかけた。もうひとりの娘[*6]の虚弱な健康がそれである。この娘は苦しい疾病に激しく虐げられはじめたのだった。娘の病気は悲しみにうちひしがれた父親に最大の苦痛をもたらすとともに、医者や医薬品のための不断の出費を強要することとなった。そして出費は苦しいながらも出し惜しみすることなく、おそらくはなんの役にも立つことがないままになされたのだった。

これほどまでに多くの深刻な心痛も、ヴィーコが大学に講義に出かけることをけっしてさまたげなかった。名誉心と義務感が彼を講義へと呼び寄せていたのである。ヴィーコはこれらいっさいに英雄的忍耐をもって耐えた。そしてほんの時たま、親しい友人に寂しげに「不運は死後まで自分を迫害するのではあるまいか……」と洩らすのが聞かれたにすぎない。この不吉な予感は、あとで述べるように、不幸にも的中することとなった。

この王国〔ナポリ王国〕へのブルボン家の不滅のカルロスの幸先のよい到着とともに、ヴィーコのうちにも彼が置かれていた状態を改善するための希望の光が輝きはじめた。この度量が大きくて慈善心に富む君主は、彼によって短期間で実行された壮大な事業（その事業は王座の後継者であられるこの君主の立派なご子息によって完遂されることとなった）にこの王国はかくも多くの恩恵を負っているのだが、前国王アルフォンソにならって、学者や教養人の最高の庇護者でありたいとのご意向を示された。こうして陛下は、わたしたちのヴィーコの稀なる特性が奏上されるやいなや、以下のような名誉きわまりない親任状をもって、ヴィーコを年俸一〇〇ドゥカート付きの勅任歴史編纂官に任ぜられたのだった。

貴殿が精通しておられる学問および長年にわたって王立大学において青年の教育に尽力なさってきたご功労に鑑み、国王陛下におかれましてはかたじけなくも貴殿を勅任歴史編纂官にご指名になり、関連する資格と任務を託されました。これは、貴殿の周知のご能力からして、貴殿がすでに公刊なさった学識豊かな諸著作によって獲得なさってきた信用をもってこの任務を遂行されるであろう、と信頼召されてのことであります。そして貴殿にはまた、貴殿が大学から受けとっておられる金額にくわえて、さしあたり一〇〇ドゥカートを給与として交付するものであります。以上を勅命により貴殿に通告申しあげ、陛下より貴殿が獲得された恩恵についてご承知願いたい次第であります。

貴殿のご長寿を祈願して、謹言。

ナポリ、一七三五年七月二十一日

ヨーゼフ・ヨアヒム・デ・モンテアレグレ

ファン・バプティスタ・ヴィーコ殿

わたしたちのヴィーコは、もし彼がはるかに若々しかったころからでさえ彼を激しく脅かしてきた病苦が年齢を加えるとともに増大していなかったなら、国王陛下の恩恵がどんなにありがたいものであったか、そのさらなる証拠を体験していたことであろう。しかし、彼の神経系統は目に見えて衰弱しはじめており、歩行にも困難を覚えるほどになっていた。そそして、それ以上に彼を悩ませたのは、日々記憶が衰えていくのを自覚するようになったことであった。このため、彼は自宅で教えることも王立大学で講義を続けることも差し控えるよう強いられた。そこで彼は国王に請願書を奏上し、せめて息子のジェンナーロを自分の講座のさしあたっての後任にしてくださることを願い出た。この息子はこれまで数回父親の面前で弁論術教程を説明してみせて聴講者に満足をあたえたので、講座を維持していくのに十分な証拠を示している、というのが請願の理由だった。この要請はポッツオーリの司教兼礼拝堂付大司祭、ドン・ニコーラ・デ・ローザ猊下の所見を聴取するため移送された。その当時、猊下は王立大学の学長もしておられたのである。ジェンナーロ・ヴィーコ青年の価値と誠実さは司教の耳にも十分届いていたので、賢明な司教はまったく躊躇することなく、王立大学におけるジョヴァン・バッティスタ・ヴィーコの長期間にわたる奉公と、息子のうちに流れこんで一体となっていたもろもろの優れた資質に鑑みて、陛下は同人に修辞学講座を託されてよいでありましょう、と国王に答申した。この所見が寛容きわまりない国王によって是認され、修辞学の講座は老齢で病身の父親の言葉に尽くしがたいほどの満足とともにジェンナーロ・ヴィーコに託されることとなった。[*7]

老学者の消耗した身体はひきつづき日に日に衰弱していった。記憶はほぼ完全に失われてしまい、ついには最も身近にある物も忘れ、最も見慣れた物の名前も取り違えるにいたった。もはや彼は、病の初期のように、ラテン作家のだれかのものを息子のジェンナーロが愛情をこめて読んでくれるのを楽しむこともなくなってしまった。一日中家の片隅に座って静かにしているばかりか、口も利かずに過ごしていた。そしてわずかな軽い食物もほとんど摂《と》らなかった。足繁く訪ねてきてくれる友人たちにも挨拶するのがやっとで、以前はいつもおこなっていたように、率直で快活な会話を交わすことはもはやなかった。これほど執拗な病はもはやどんな治療法によっても根治することも軽減することも不可能であった。王立大学で彼の同僚であるきわめて有能な医師たちが有効ではないかと指示した薬ですら、なんの効き目もなかった。それどころか、絶望的な病はますます重態化していき、ついに不幸なヴィーコは優しく愛していた自分の子どもたちさえ、それと認めることができないまでになっていった。

このようなとてつもなく辛い状態が一年と二ヶ月ほど続いた。そのときまでは、あらゆる種類の食物にたいしていだいていた極度の嫌悪のため、生命力が欠如し、常時ベッドに横たわったまま、死をゆっくりと苦しみながら一口一口飲みこんでいくほかなくなっていた。最後の息を引きとる数日前、彼は五官の使用を取り戻し、あたかも長い眠りから目覚めたかのように、子どもたちや周りにいた人たちを認めた。この出来事に彼らがどれほど喜んだか、尋ねるまでもないだろう。しかし、このような意識の回復も、彼にとっては自分の差し迫った最期を覚らせる以外になんの役にも立たなかった。そこで、彼は人間の力による治療のすべてが自分には無駄で効果がなく、肺機能が停止してしまうと体力が極度に衰弱しているなかでは手のほどこしようがないことが自分でもわかったので、学識あるカプチン修道会士で親しい友人でもあるアントニオ・マリーア・ダ・パラッツオーロ神父[*8]をみずから招かせた。神父に友人としての最後の職務を果たしてもらい、あの世への恐ろしい旅立ちに力を貸してもらいたい、というのだった。神の意志にすべてを委ね、自分の犯したもろもろの罪過の天国での贖宥《しょくゆう》を祈りつつ、教会が彼の愛する子どもたちにあたえる力強い援助、彼自身も渇望していたその援助に慰められて、ダヴィデの詩篇をたえず朗誦しながら、彼は一七四四年一月二十日、静かに息を引きとった。[*9]享年七十六であった。

ヴィーコの死後、彼が何年も前、予言的な光明によって霊感を受けたかのように述べていたこと、すなわち、死んでからも不幸は自分に付きまとうだろうということが現実のものとなった。それまでついぞ聞いたこともなかったあるひとつの偶発的出来事、この世紀が誇りとしているもろもろの開化にもかかわらず、わたしたちが恥ずかしい思いとともにわたしたちの時代において繰り返されるのを目撃することとなった偶発的出来事が、そうした予言を現実のものにしたのだった。

　王立大学の教授たちは亡くなった同僚の遺骸を墓所まで付き添っていって見送るのが、それまでのしきたりだった。そして、これは多くの慣習がすでに廃《すた》れてしまったなかにあってなおも存続している称賛すべき慣習であった。亡くなったヴィーコの葬儀の時刻が確定すると、教授のほぼ全員が亡き同僚の自宅に赴いて遺骸の供をし、彼に最後の感謝の意を表明することが求められた。一方、ヴィーコが所属していたサンタ・ソフィア信心会が、他のすべての信心会員にたいして実施してきたのと同じように、彼の棺を埋葬のために運んでいく手筈になっていた。ところが、この信心会は故人の家に到着するやいなや、大学の教授たちが棺布の飾り房を担うのは許したくない、とぶつくさ文句を言い始めた。これにたいして教授たちは、この名誉ある権利は自分たちのものだと主張し、多くの事例を引き合いに出した。その間、遺骸は故人の家の中庭に下ろされ、王立大学の紋章で飾られた棺の上に安置された。ここで信心会の会員たちと教授たちのあいだで大騒ぎが始まって、どちらも相手に一歩も譲ろうとせず、死者の面前で人間の弱さと傲慢さがどこまで達しうるものかをはしなくも証明することとなった。なにをもってしても事を友好的にとりまとめることはできなかったので、信心会のほうではまことに非人道的なことにも遺骸を放置したまま立ち去る決断を下してしまった。教授たちも彼らだけで葬儀をおこなうことはできないものだから帰ってしまい、遺骸はふたたびその元の住まいに運びこまれざるをえなくなった。あんなにもいとおしい父親を喪ったあげく、その父親がふたたび家に運びこまれるのを目撃せざるをえなかった傷心の息子の心がこの偶発的出来事でどれほど衝撃を受けたかは、だれもが容易に推測することができるだろう。正当にも嘆き悲しんだのち、息子は翌日、司教座聖堂参事会総会に亡父の遺骸を墓所まで運んでくれるよう依頼する決心をし、このような葬儀のさいにはどうしても付き物の追加的な出費を負う羽目となった。教授たちは彼らの亡き同僚を墓地まで見送るのにやぶさかでなかった。そして、彼の遺骸はジェローラモ〔ヒエロニュムス〕会士と呼ばれるオラトリオ会の神父たちの教会に埋葬された。この教会にはその著名な人物〔ヴィーコ〕も生前足繁く通っており、彼みずから、死んだときには遺灰を受納してもらうよう、前もって選んでいたのだった。

ヴィーコの遺骸はわたしたちの都市〔ナポリ〕のすべての学者に決まって起きるように、一七八九年までだれからもなおざりにされ知られることなく眠っていた。この年になって、偉大な父の当時なお生存中の息子であった、これまでもしばしば触れてきたジェンナーロによって、上述の教会の離れた一角に短い碑銘が父親のために彫られた。これは、取るに足らない人間には壮大な墓石が建立されているのに、という詩人の古くからの哀訴をいまあらためて提起するためのひとつの機会を提供していると言ってよいのかもしれない。

リキヌスは大理石の墓に眠っているが、カトーは貧しき墓に眠っている、
ポンペイウスには眠る墓すらない……[*10]

教会の一隅に置かれた碑銘は以下のようである。

ジャンバッティスタ・ヴィーコ
勅任
雄弁術教授
兼歴史編纂官
この者が

生前いかなる才能、学問、性格の持ち主であったかは
その著作によって十分に明らかにされている
この者の名声はこれらの著作によっているからである

死して
その愛妻であった
カテリーナ・デスティートとともに眠っている場所は
この碑石が示している

一七四四年
二月十三日〔旧暦〕没
享年七十四

悲嘆に暮れる息子ジェンナーロ
これを建立する

ヴィーコがラウピロス・テリオスという名で会員になっていたローマのアルカディア[*11]は、彼のためにパラッシオの森に以下のような記念碑を建立した。

アルカディア総会の命により
文献学者にして
普遍法の学説によって
知られる
アルカディア牧者ラウピロス・テリオスのために
アルカディア牧者ドラルボス・トゥリアリオス
その功績を称えてこれを建立する
オリンピア紀六百三十二年第四年
本会創立以後オリンピア紀十六年第三年

付録1　望みを絶たれた者の想い

ああ、お願いだから、激烈なわたしの苦痛どもよ、
あい合して晦《くら》い記憶となれ、
責めさいなむにも礼儀をわきまえているのなら。
際限のないおまえらの攻撃の波また波を
かくも数多くわたしの心は耐えているのだから。
おまえらをわたしはよく認識こそしていないが、気配は感じている。
だから想い起こさないかと気懸かりなのだ、
わたしの不幸の数々を。さて、おまえら、かっかと火照った溜息よ、
分泌液をいっぱい溜めた睫《まつげ》毛の

通路の真ん中に出向いていって、わたしの涙を乾かすがよい。
そしておまえら、わたしの溜息に攻略されたわたしの涙よ、
下へと戻っていって、やつらに復讐するがよい、
やつらをうちひしがれた心の中に沈めこめ、
悔恨の念が生で苦いまま噴き出すのを
おまえらの受けた侮辱をつうじて取り去ることによって。
わたしの悔恨をおまえらとともに外に掃き出して
わたしどものあらゆる想念の宿を空っぽにするほど
おまえらにとって容易いことはないのだから。
なぜなら、わたしは、それがわたしを死にいたらしめるまで、胸の中に
しまっておきたいのだ、仮にもわたしを生かしているものが
岸辺までのわたしの航海を案内してくれるのなら。

いまや鉄のごとき世界は滅びつつあり、
すでに運命どもがわたしどもを虐げるよう教えこまれている。

そして罪とともにわたしどもの病もまた、
いにしえの時代のそれらをはるかにしのいで増大してしまった。
というのも、つぎつぎに襲ってくる
新たな疾病の重荷に耐えかねて、重たく脆い肉体は
血の気を失って呻《うめ》いており、墓をめざして
わたしどもの生命はいとも疾《はや》く飛んでいくからである。
こうして不運につぐ不運がつねにふんだんに産み出されている。
かくも悲惨で

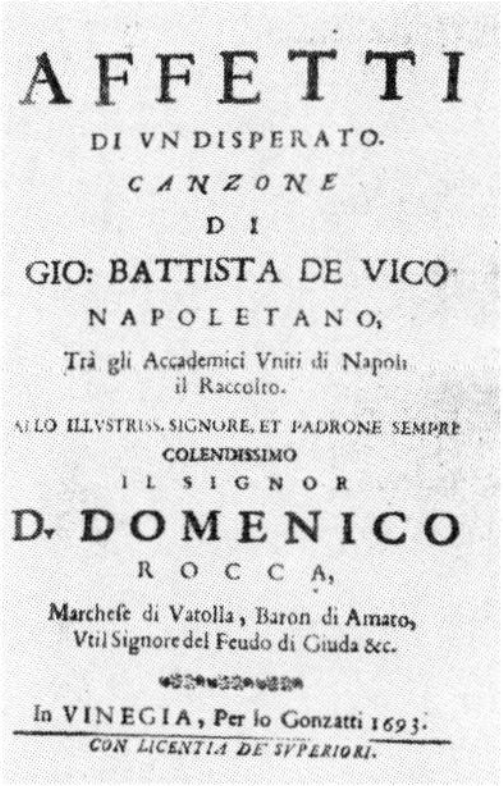
AFFETTI
DI VN DISPERATO.
CANZONE
DI
GIO: BATTISTA DE VICO
NAPOLETANO,
Trà gli Accademici Vniti di Napoli
il Raccolto.
ALLO ILLVSTRISS. SIGNORE, ET PADRONE SEMPRE
COLENDISSIMO
IL SIGNOR
D. DOMENICO
ROCCA,
Marchese di Vatolla, Baron di Amato,
Vtil Signore del Feudo di Giuda &c.
In VINEGIA, Per lo Gonzatti 1693.
CON LICENTIA DE' SVPERIORI.

『望みを絶たれた者の想い』（1693年）の表紙（ベネデット・クローチェ所蔵本）。出典：*Autobiografia di Giambattista Vico (1725-1728)*, a cura di Fausto Nicolini (Milano-Firenze-Roma, Bompiani, 1947)

古今未曾有の不運が、
そして人間の考え及ぶところからあまりにも遠くかけ離れていて
体験すればするほど信じられなくなるような不運が。
だから天はもはや発してはくれないようなのだ、
そこから愉快な魂が降りてくる
恵みの光を。さて、こんなにも異様な病のありさまを
体験によって知っている者は、
獰猛で無慈悲なわたしの運命がどんなにわたしを
破壊しつくしてしまっているかを凝視することができるなら、
あるときは「苛酷な」と呼び、あるときは「無情な」と呼ぶ、おのれの運命に
不平を鳴らすのではなく、ただただ感謝するがよい。

どんな動物でも、
原始なるその生の奥深い発端にまでいたれば、
生命の源である熱した活気が

優しく親しく
その身体に結びついている。ところが、ある逆しまな猛々しい偶然が、
わたしに救いをあたえようとしない吝嗇な星なのか、
それとも道を踏み外した自然なのか、
ああ！　相敵対する二者でもってわたしを形づくった。
病弱で、痛めつけられ、疲れ果てて、
いまや消え尽きようとしているかにみえるわたしの死すべき部分は、
とげとげしく煩わしい痛みでもって魂を引き裂く。
そしてか弱い心労でいっぱいのわたしの最良の部分は、
酷たらしい毒でもって身体を痛めつける。
しかも、ああ、なんたることか！　たびたびの深い内省によって
分裂した自己を感じながら、
魂にふさわしい四肢をわたしはもたないのだ。
なぜなら、わたしには五感を呼び覚ます力がないのだから。
やつらの蔑みと怒りの激烈な効果が

わたしに感覚させるとき以外には。
かくも哀れでかくも無残な状態のうちに、
もしもおまえができるものなら、しばし安らいでいてくれないだろうか。

だが、つねに悔やんでいることの猛々しい喜びは
わたしの嘆きをいくぶんか和らげてくれるようでもある、
もしもそれがわたしの状態を嘆くようわたしを導いてくれるのなら。
そこでわたしは、ますますの悔恨へとわたしを追いこんでいって、
優しい調べで歌いながら、
わたしの心痛がそれの反対側に進路をとるよう仕向けることにしよう。
死すべき身体の流れの上にたたずむ清澄な生よ、
節度ある快楽、誠実な歓喜、
真の価値ゆえに獲得された宝物、
受けてしかるべき栄誉、
天衣をまとった静謐な知性よ。

わたしの悔恨がますます進行して、
それの愛は報酬を求めての愛でしかない信仰と信仰との対比と
気高い入れ替わり以外の何ものでもなくなるようなかたちで、
わたしの哀れな思考の前にやってくるがよい。
それはわたしの心には苦悩と心配事であるように思わせるだろう。
なぜなら、わたしの心は懊悩でいっぱいになっているのだから。
こうして、目の前にときどき置かれた赤い宝石のように、
乳が血を、氷が炎を
想わせることとなるのだ。

さて、無情な星どもよ、できるものなら、
おまえらのなにがしかの恩をわたしに着せてみるがよい！
お願いだから、それをいまや見つけに出かけてくれ、
こちらにさほど愉快でもない喜びを注ぎこんでいる
恵み深い天の運動のうちに。

わたしだけがよく知っているのだ、わたしは一度として
息を吸いこんでは悲しみを吐き出さなかったことがなかったのを。
ああ！　どうしてまた、あの至福の生活から、
かくも多くの不幸に見舞われて疲れ果て打ち負かされ、
みじめにも引き連れてこられたのか、
現在の苦くていっさいの望みを絶たれた生活に。
なぜなら、わたしが悔恨のなかで過ごしてきた
日々、月々、年々を振り返ってみたなら、
わたしにはわかるからだ、わたしはわたしの無情な運命のゆえに
炎と溜息と涙と死のためにのみ生まれてきたことを。
そしてかくも残酷な破壊と辛酸な心労は
わたしがかつてそこに融け込んでいたもののうちには存在しないのだ。
ああ、それらが意地の悪い運命に時間をあたえて
わたしの零落ぶりをもっとよく研究させてくれんことを！
ひょっとして吝嗇な死が怖れていないのであれば、

わたしが死ぬとともにもっと苦いものになるのを。

ここにただひとつ、天上の光り輝く部分から
魂を明澄にしてくれる明るい光を
ブナの木の根元に、そしてつぎには月桂樹の木陰に
呼び起こしたいという願望がわたしのところにやってくる。
この光は哀れなわたしのところでは消えてしまっていたのだ、
日除けの面衣をまとっていたときには。
かくて、いままで阻止されていた激しい驚きでもって
自問するほどだ、「ああ！　わたしは何者なのか」と。
ああ悲しいかな！　わたしは苦悶する、そうした願望に
どう名称をあたえるべきなのか。
だが、わたしはそれをつねに痛みと呼んで恵みとは呼ばないだろう、
不幸を認識すればするほど、その者をそれが痛めつけるのであってみれば。
おお、おまえら本当に至福なニンフや牧童どもよ、

おまえらにあっては無知が満足をもたらしえているのだ。
汗も労苦も骨折りも忘れさり、
果実か乳か花の贈り物でもって
癒すすべをおまえらはわきまえているのだから。
そして暑いときと寒いときには涼しい木陰と聖なる火が
喜びと楽しみをおまえらにもたらす。
また粗野な愛か骨の折れる狩り以外の喜びは
おまえらにはどうやら気にいらないようなのだ！

だが、かずかずの責め苦のなかにただひとり放り出され、
痛めつけられて悲嘆に暮れているわたしは、
わたしが過ごしている哀れな人生のなかにあって
どのような快楽を追い求めるのか。
わたしは土にとってなんと煩わしい負荷であることか、
それも不毛の土にとって。そこでは、幹と石とが、

さながらその真ん中にあって、静止を保っているのだ。せめて
気を失ってしまうことができたなら、うれしいのだが。
けれども、運命はわたしにそのことを許さない。さて、もしもわたしに
新たな溜息と新たな涙への準備がつねにできているのだとしたなら、
無慈悲で辛辣な運命よ、悲惨を降り注ぐがよい、
わたしの頭上に降り注ぐがよい。
そしてもっと有害でもっと敵対的な他の大破壊を
わたしに出し渋ろうとする素振りを見せないでくれ。それをわたしは
おまえが無慈悲ではなくて吝嗇である証しだと評価するのだから。
わたしが望みを絶たれた者たちのうちでも
第一の者であるというのが、そして不幸な者たちへの悔恨の見本を
わたしに明らかにしてくれるというのが、羨望のゆえでないとしたなら。
だが、わたしはわたしの心の痛みにかけて、これらの
恐ろしげで寂しい、人里離れた、峻厳な森また森に誓う、
わたしの溜息を吐き出しながらも、

彼らの崇高な沈黙をけっして乱すことはしないだろう、と。

カンツォーネよ、悔恨の念を蓄えている
わたしとだけ涙しつづけていてくれ。そして人々のあいだに
同情を求めに行こうなどとは思わないでくれ。
わたしの崇高な苦痛は慰めなど求めてはいないのだから。
だが、もしも同情の涙を誘う悔恨の念がさほど感じられなくなるなら、
いまなおおまえが涙しつづけているのを
痛めつけられた心は蔑む。その心は望みを絶たれて
おのれの厳しい痛みのみが感じられるのを欲しているのだ。

付録2　英雄的知性について――一七三二年十月十八日王立ナポリ大学においてなされた講演

万事に油断怠りない完全無欠で最善の／統治者として／高貴な四人のご子息に／ことのほか重要な戦争と平和の術を／ご先祖となによりもご自身の／英雄的な手本によって教育なさった／われらがナポリ王国の副王／ハラッハ伯アーロイス・トーマス閣下[*1]に／王立ナポリ大学は／閣下から受けとった／かずかずの大いなる恩恵にたいして／忠誠と感謝の証しとして／学問する青年たちを／もろもろの規則にしたがって／英雄的な知恵の達成に向けて／導いていく／この講演を／捧げる。

青年は栄光によって、大人は権力によって、
老人は利益によって導かれる。
――『習俗論』より

講演

英雄的学問方法が提示される——詩人たちによる英雄の定義——哲学者たちによる英雄の定義——英雄の目標としての栄光——キリスト教的知者としての英雄——英雄的知恵の基礎としての敬虔——学生ならびに教師の卓越性——学院における学生ならびに教師の大いなる責務——「ストゥディオールム・ウーニウェルシタース」という語は大学が学生たちに知識をすべてくまなく習得させる場であるということを意味している——学問研究への英雄的熱意——「サピエンティア」という語は学問研究の固有の目的がなんであるかを認識させるのが大学の責務であるということを意味している——「プーブリクム・ギュムナシウム」という語は大学が学芸にたずさわる者たちのさまざまな欠点を打ちのめすための場であるということを意味している——諸大学で実施されている学問方法のうちでわたしたちのものがどれよりも優れている——知恵はいっさいが欠けるところなく獲得されることを欲する——学問研究の人間的目的——学問研究の英雄的目的——その言に耳を傾けるべき著作家たちの選択——註釈の至上の方法——講義と朗読の大切さ——人間をあらゆる面にわたって完成させる方法——至上の学説の選択——家に帰ってからの勉強の大切さ——書物のたえざる検証——このうえなく偉大で卓越した

新しい発明・発見をなすことへの奨励――この学問方法は生涯にわたって大いなる効用を発揮すること――死後も確実に永遠の果実を生むこと

わたしたちの大いなる希望の星である青年諸君、この王立大学では、学則の定めるところにしたがって、学年を始めるにあたっては厳粛な講演をおこなうのが慣例になっていたが、このきわめて有益な慣例は長らく中断されてきた。[*2] しかしながら、幸いなことに、最近任命された学長[*3]は知識のあらゆる分野にわたってきわめてゆたかな学識を積んでおられ、諸君の教養を深めることをなによりも気に懸けておられて、学則の定めるところにしたがって、そのために特別に設けられたこの日に、慣例を復活する決心をなさった。[*4]

そこで、三十三年間ずっとこの大学で雄弁術の講座を担当してきて、そのための厳しい省察を積み重ねることに精魂を使い果たしてきたわたしとしては、なにかまったく新しい主題、それも、若いころにはありがちなことであるが、美辞麗句によって飾り立てられたものではなくて、できるかぎり、主題そのものからして重みを具えており、諸君にとってこのうえなく実り多い主題について論じるのがふさわしいのではないかと思う。だが、わたしが選んだ主題はことがらの性質からして壮大さと輝きと崇高さに満ちあふれている。このために、わたしはその主題について論じるにあたって、

自分では切ることができないけれども鉄を鋭くすることができる砥石の役を果たしたい。*5

諸君はかくも多大な約束に励まされて、すでに諸君自身に密接に関係する問題にはみずから喜んで注意深く耳を傾けようとしている。だから、わたしはまずもって、この講演の序の部分で、その主題のことを述べておきたい。

高貴な身分に生まれた青年たちよ、諸君が最善を尽くして学芸の研究に打ちこむのは、たしかに富を得ようというような目的のためであってはならない。富を得ることが目的であれば、身分が卑しくて貪欲な庶民にいともたやすく凌駕されてしまうだろう。また、いつの日か名誉ある官職に就いて権勢を揮うためであってもならない。この点にかけては軍人や宮廷人のほうが諸君よりもはるかに有利な立場にいることだろう。はたまた、哲学者たちのめざしている目標のためであってもならない。哲学者たちといったら、なんとしてでも知恵を身

につけたいという願望に捕らわれて、無為のうちに心の平安を享受すべく、ほとんど全員が生涯のすべてにわたって隠遁生活を送っているのだ。

諸君から期待されているのは、これらよりもはるかに高いものである。「でも、それはいったいなんなのでしょう」と諸君のなかには驚き呆れて問う者がいるかもしれない。「あなたはわたしどもから人間のおかれた条件を超えたものを要求しておられるのではないでしょうか」と。そう、そのとおりである。わたしもそうだと思う。しかし、それはたしかに人間のおかれた条件を超えたものではあるけれども、それでもなお諸君の自然本性には合致したものなのだ。

言わせてもらおう。諸君から期待されているのは、学芸の研究に専念することによって諸君の知性を英雄的なものにし、人類に役立つ知恵へと向かうことなのである。そのようにしていさえすれば、たとえ諸君が軽蔑していようとも富が諸君のもとに流れこんでくるだけでなく、名誉ある官職と権勢も、そんなものには諸君はなんら意に介していなくとも、諸君のほうに言い寄ってくるだろう。

なお、わたしが学芸の研究によって諸君の知性を英雄的なものにするようにと言ったのは、よくよく考えて言葉を選んだうえでのことであった。なぜかといえば、英雄たちというのは

……至高のユピテルから生まれて*6

神の血筋を引いていることを自慢していた者たちのことである、と詩人たちは言ったり想像したりしている。だとすれば、そういった詩人たちの作り話や神話物語はすべてさておくとしても、人間の知性が神的な起源をもっており、ただそれには教養と博識とによって発展させられることだけが欠如しているというのは、たしかなことであるからである。だから、分かってほしい、わたしが人間のおかれた条件を超えたものをどれほど多く諸君から求めているのか、ということを。諸君の知性のほとんど神的な自然本性を顕彰することをこそ、わたしは諸君から要求しているのだ!

英雄とは崇高なものを求めてやまぬ者のことである、と哲学者たちは定義している。そして彼らによると、崇高なものとはつぎのような最善にしてもっとも偉大なもの、すなわち、自然を超えたところに存在している神と、自然のうちにあってわたしたちの眼前に拡がっている驚嘆すべきことどもの総体のことであるという。これらのうち、後者では、人類よりも偉大なものはなく、また人類の幸福よりも輝かしいものはない。英雄たちは、もっぱら、この人類の幸福のみを志向する。それも、ただひとり英雄たちだけが志向するのであって、人類のために善いことをしたというあまねく広まった評判、キケロが優雅にも「栄光」(gloria)と称している[*7]、諸民族や諸国民をつうじて大きくこだましながら響き渡っていくあの声によって、英雄たちは自分たちの名前の不滅性をみずから獲得するのである。

だから、諸君の研究は、なによりもまずもっては至善至大の神へと差し向けられるのでなくてはならない。そしてついでは、わたしたちに人類全体を愛するよう命じている神の栄光のために、人類の幸福へと差し向けられるのでなくてはならない。

これらの目的がこのようにして提示された以上、最善にしてもっとも偉大なことを遂行すべく生まれた青年たちよ、いざ、しかるべく振る舞いたまえ。英雄的な知性をもって、神に満たされた心、それゆえ地上的なものへのいっさいの執着を拭い去った心を、この大学に差し向けたまえ。そして「主を畏れることは知恵の始まり」という神的な真理[*8]を実験してみることによって、そこから大いなる利益を手に入れたまえ。

人間の知性はその自然本性そのものからして無限で永遠の神的なことどもに満足を見いだすのであって、崇高なことどもを論じないわけにはいかず、偉大なことどもを試みないわけにはいかず、卓越したことどもを遂行しないわけにはいかない。したがって、チェーザレ・

バローニオ枢機卿[*9]やほかにも多くの人たちがそうであったように、とりわけて敬虔なことで知られる人士たちが、神のたしかな援助もあって学芸に専念した場合には、分量においても才能と学識においても賛嘆のほかない著作を生み出すこととなったというのは、けっして根拠のないことではないのである。

だから、学芸の研究に着手するにあたってはまず、諸君のほうから、英雄的な知性でもって知恵に挨拶を送りたまえ。諸君の眼の前に拡がっている光景を大いなる心でもって眺めたまえ。

右側に座っておられる、名誉の勲章をつけた方々[*10]は、スペイン王でもあらせられる尊厳なる皇帝、オーストリアのカール六世[*11]が諸君の教育のためにここに整備なさった公共的な学問を代表する方々である。これまで皇帝は、神聖ローマ帝国と傘下の諸王国の防衛のために、戦場においてきわめて勇猛果敢な働きをする将軍たちを育成してこられたが、今度は帝国と傘下の諸王国の幸福のために、この学舎の薄暗がりのなかで、諸君のうちでも知恵に秀でた者たちを育成しようとしておられるのである。そして、国家の「軍人に次ぐ」いまひとつの希望の星であり、われらが最高統治者の「軍事に次ぐ」いまひとつの格別の関心事である若き学徒諸君、皇帝は、諸君にかずかずの法的特権を授与なさることをつうじて、あるいはまた、主として諸君のためをおもんぱかって、この場で諸君の前に列席しておられる宮中伯の一団に栄えある勲章を授与なさることをつうじて、諸君をこの〔知恵によって国家の幸福に貢献するという〕使命へと奨励なさっているのだ。

ついではまた、このうえなく大いなる力量と知恵とによって副王としてこの王国を巧みに管轄しておられる御方、ハラッハのアーロイス・トーマス伯爵閣下は、この大学を心の底から愛しておられて、これまでであれば優に一世紀はかかったであろうものを〔副王に任命されてから〕たった三年という短い期間で、じつにこの大学の五人もの教授を王室司教団の一員として授権するよう皇帝に推挙なさったのだった。

さらにはまた、これら教授の方々における学識の輝きたるや、どれほど大いなるものであるか、とくと考えてみたまえ。この方々はいずれもが、それぞれに生来具わっている能力が容れうるところにしたがって、あらゆる時代とあらゆる文明諸国民の著作家たちのうちでもそれぞれの専攻する学問領域におけるもっとも偉大な著作家たちを頭にたたきこんでおられる。こうしてこの方々は、それらの著作家たちをいつでも諸君のために提供する用意ができているだけでなく、適当と判断なさった場合には、説明をくわえたり修正と改善をほどこしたりなさる。この方々は、それぞれに生来具わっているこのような能力をことのほか難しい競争試験を受けることによってお試しになった。ごく限られた準備期間しかあたえられないままに模擬講義をやってみせなければならなかったのだ。そして、この試験によって篩にかけられたあとでようやく、本学の教授陣に選抜されなさったのである。どれほどの敬意を諸君がこの方々に払うべきか、このことはこの方々の左側に神聖評議会評議員〔最高裁判所裁判官〕のお歴々が座っておられることからも分かろうというものである。評議員の方々は、この席にお座りになることによって、各自が国家におけるかくも高い地位にまで登りつめるにあたって力となった知恵をこの大学において習得なさったことを表明なさろうとされているのである。

かくも尊厳に満ちあふれたこれらの証拠によって、諸君のうちに宿っている高邁な心を奮い立たせようではないか。そして、その心の高邁さのもっとも美しい特性を示してみせようではないか。青年諸君よ、これらいとも学識ゆたかな先導者たちから教えを乞おうではないか。おとなしく従順に感謝しながら叱ってもらい、導いてもらい、正してもらおうではないか。というのも、この方々が願っておられるのは、イタリアだけではなく、ほとんどヨーロッパ全域の都市のうちでももっとも光り輝くこの都市において、諸君をこのうえなく名誉ある地位にまで高めあげることなのである。そしていま、この方々は、父性愛を発揮して、諸君の教育に専念し、一般教養的な学科も専門的な学科も含めて、これまでいたるところで実践されてきたありとあらゆる学科へと諸君を導いていこうとなさっているのだ。これこそが「ストゥディオールム・ウーニウェルシタース」Studiorum Universitas〔総合大学〕という言葉が諸君に約束していることにほかならない。

そしてたしかにまちがいもなく、これら諸君の先導者たちからは、ありとあらゆる知識が諸君に伝授されるべきなのである。たった一つの個別的で専門的な学科だけを習得することに全重量を懸けている者たちの教育は、不完全で脆弱なものでしかない。じっさいにも、知識は徳と自然本性を同じくしている。徳とは知識以外のなにものでもないということを格率としていたソクラテス[*12]は、他のすべての徳が合流しないかぎり、いかなる場所においてもそれらのうち一つとして真実であることはありえない、と断言していたのだった[*13]。

なに、どうしたの？　どうしてそんなにむずかしい顔をするのかい？　わたしの言ったことが諸君の才能を怖《お》じけさせたのかな？　もしそうであるなら、諸君は諸君の知性の神的な起源にまちがいもなく不正をはたらいていることになるのだよ。眠っているあいだに知恵が天から胸のなかに舞い降りてきてくれますように、などと、両手を天に向けて祈るようなこと[*14]をしていてはならない。知恵への実効ある願望にこそ駆り立てられるのでなくてはならない。骨の折れる不屈の労苦を重ねつつ、できるかぎりのことを試みてみよう。できるかぎりの努力をしてみよう。諸君のエネルギーをあらゆる部門に差し向けよう。諸君の知性を奮い立たせ、諸君のうちに充満している神の火によって暖めよう。[*15] そうすれば、驚くべきことにも、諸君にも、詩人たちに彼らの自然本性からして起こること、すなわち、天賦の才能の神的な奇蹟がもたらされることだろう。ここでわたしが述べていることは、わたしたちが議論していることがらを指示するのにぴったりのあるひとつの重厚な言葉を用いて、どの大学のことをも「サピエンティア」Sapientia〔知恵の府〕と呼んでいるイタリアの学者たちによって、力強くも余すところなく確認されている。

知恵とは内なる人間を浄化し治療し完成させるもののことである、とプラトンは定義している。[*16] しかしながら、内なる人間はまさしく知性 mens〔頭〕と意志 animus〔心〕とでできていて、そのいずれもが原罪によって堕落しきっている。知性は、真理へと向かうべく作られていながら、偽りの意見と誤謬とによって動揺させられている。同様に、意志も、徳へと向かうべく生まれていながら、よこしまな情念と悪徳とによって悩まされている。

ところでまた、この大学での公教育はまさしくつぎのことをめざしている。すなわち、知性と意志を病んでいる諸君が諸君の自然本性の最良の部分を治療し健康になってそれらを完成させることをこそめざしているのであって、このために諸君はここに結集しているのである。諸君は諸君の眼をこの一点に集中する必要がある。

そして、わたしが述べていることについては、だれか愚かな嘲笑家がいても、それをあざ笑うようなことはできないにちがいないのだ。なぜなら、わたしが述べていることを支持してくれるものとして、賢明なことにも肉体から精神へと移し換えられた語彙でもって大学のことを「プーブリクム・ギュムナシウム」publicum gymnasium〔公的な鍛錬場〕と称しているすべての博識者たちを保証人に立てることができるからである。古代の人々は病院を知らなかった。そこで公衆浴場で体操をして肉体の力を回復し強化し増進させようとしていた。これと同じように、わたしたちの大学では精神の力の回復と強化と増進が図られるのである。

これらのことを思慮勘考してみたなら、諸君は学芸の研究からつぎのような莫大な利益を受けとることが分かるだろう。すなわち、諸君が学芸の研究に打ちこむのは、たんに外見上そう見えるだけではなくてほんとうに学識ある人物になりたいからであり、そして学識ある人物になりたいのは知恵によって治療され健康になって完成されることを熱望しているからであるというのが、それである。他の財産については、それが自然の恵みであれ幸運によるものであれ、人間は見かけだけでも満足することができる。しかし、こと健康にかんしては、実際に健康であることを切望しない者はだれもいないのである。

　知恵に本来的なものであるこの目的を諸君がひとたび諸君の前に提示したならば、富とか名誉といった、はるかに劣る他のもろもろの目的は、必然的に諸君の心のなかでいかなる重みも占めることをやめてしまわざるをえなくなるだろう。そしてたとえ富を得、名誉に浴することになっても、もっともっと学識ある人物になるための努力を放棄することはけっしてないだろう。そのときには、ありとあらゆる欺瞞、ありとあらゆる虚栄と虚言が諸君の頭から姿を消してしまうだろう。というのも、学識があるように見えることではなくて、実際にこのうえなくゆたかな学識を具えていることをこそ、諸君は希求しているはずだからである。また、貪欲に富を追い求める者たちや名誉欲に燃える者たちの悩みや苦しみの原因である嫉妬を諸君は他の者たちにたいして感じることもなければ、他の者たちのほうから諸君にたいして投げかけられることもないだろう。彼らのあいだで嫉妬であるものは、諸君のあいだでは高貴な競争に転化するだろう。なぜなら、そのときには、諸君はもはや他人のしていることを嫉んだりはしないだろう。そして、およそ神的なものはすべて無限であるところから万人に共通の善であるように、その万人に共通の善、すなわち、あらゆる肉体的なものによる汚染から免れた諸君の知性とひいてはまた意志が神に似ていることをこそ、願望しているはずだからである。

切り縮められた学芸量で満足している者たちは、もろもろの総合大学で採用されていることのような教授方法を不適切であるばかりか道を逸脱していると言って非難することだろう。というのも、〔総合大学では〕一人一人の教師が互いに異なるさまざまな主題について、あるいは同一の主題についてではあっても異なった基準や方法によって教えているだけでなく、しばしば互いに相反することがらを教えているからである。これはたしかに不都合なことである、とわたしたちも告白しないわけにはいかない。じっさいにも、できることならすべての学科にわたってつねに一様な教授法が採用されるのが最善であろう。しかし、このような教授法は、ことがらの本性そのものからして、三つのこのうえなく美しい必要によって現実には絶対に不可能とされている。新しい発明、新しい真理の発見、教材に使用するさまざまなテクストのさらに厳密な新しい校訂版の出現がそれである。そしてこのことを考慮するなら、くだんの連中によって非難を浴びせられているわたしたちの教授法こそは、それがたずさえている、けっして無視することのできない三つの利点からみても、最善のものであることが明らかとなるだろう。

最初に、スコラ学派の者たちによって教えられる学科の場合にはしばしば起きているが、ここでは諸君のだれひとりとしてどの教師の言葉にも忠誠を誓う必要はない。

つぎに、わたしたちの教授法は、種々の私学校で起きているように、学芸のいかなる流行にも引きずられることはない。私学校でおこなわれている学問研究は突然生起しては突然没落してしまう。一瞬のうちに成熟しては一瞬のうちに老化してしまう。これにたいして、不滅の著作を生み出すような学芸の仕事は、永遠へと託されてしかるべき性質のものなのである。

最後に――そしてこの点こそはわたしたちの主題ととりわけ深く関係していることがらなのであるが――、それぞれの学科が互いにどのような良い点を貸し与えあうことができるのか(というのも、どの学科にもなにか良い点があるからである)、またそれらのすべてが完全無欠な知恵の総体になにを提供することができるのか、を諸君は識別するようになるだろう。自由学芸を学ぶ青年たちよ、そのような知恵をしかと自分のものとするよう、わたしとしては諸君に真剣かつ執拗に勧告し督励させてもらいたい。

したがって、とりわけてもこのような理由から、あらゆる学科の教師たちの講義に、しかしまた、――さきに述べたように――知恵に似つかわしい意図、すなわち、彼らの講義のうちに諸君の知性と意志のあらゆる能力を治療し健全なものにし完成させるのに必要とされるものを見てとろうという意図をたずさえて出席したまえ。そうすれば、形而上学は諸君の理解力を感覚の牢獄から、論理学は諸君の推論力を偽りの意見から、倫理学は諸君の意志をよこしまな情念から解き放ってくれるだろう。弁論術を学べば、言葉が諸君の知性を裏切ったり見捨てたりすることもなくなるし、知性が諸君のあつかっている主題を裏切ったり見捨てたりすることもなくなるだろう。詩作法を学べば、諸君の想像力の手のつけようもなく燃えさかる熱を鎮めることができるだろう。幾何学を学べば、諸君の創意工夫の能力が無秩序に拡散していくのを抑えることができるだろう。そして自然学は、自然がその驚異によってわたしたちを釘付けにするさいにわたしたちが味わうのと同じ驚きを諸君のうちに呼び起こすだろう。

しかしながら、知恵がわたしたちを幸福にしてくれるさい、その元手となる財産の究極の境界はこれらのうちに尽きているわけではない。これらよりもはるかに光り輝くものがほかにもある。それらを諸君はめざすがよい。そして、そこから得られる成果に期待するがよい。

わたしどものキリスト教が自分のものであるということで涵養に努めてきた言語を研究することによって、世界史のうちでももっとも有名な諸国民と会話を交わすがよい。すべてのうちでもっとも古い言語を研究することによってヘブライ人と、もっとも優雅な言語を研究することによってギリシア人と、もっとも荘厳さに満ちあふれた言語を研究することによってローマ人と会話を交わすがよい。さらには、言語は人々の習俗を運搬する自然の道具である。だから、聖なる言葉を理解するために必要不可欠なオリエントの言語、とりわけカルデア人の言語を習得することによって、諸君はアッシリア人がすべての都市のうちで最大の都市バビロニアに壮大さを、ギリシア人がアテナイにアッティカ的な生活の洗練さを、ローマ人がローマに心の高邁さをもたらしたことを教えられるだろう。

歴史書を読むことによって、かつてこの地上で栄えたかくも多くの帝国のことを記憶にとどめておくがよい。そして、もろもろの手本によって国家的制度にかんする諸君の見識を強化するために、さまざまな国民や民族がどのようにして誕生し、成長していって、権勢の頂点にまで到達し、それからやがて衰退していって、ついには没落するにいたったか、をよく思量してみるとよい。どのようにしてよこしまな運命が厚かましくも人間のことどもを支配しているか、しかしまたどのようにして知恵が運命にたいする堅固かつ安定した支配権を保持しているか、を考えてみるとよい。

しかしまた神かけて誓うが、詩人たちの作品を読めば、諸君は言葉に表わしようのない悦びを味わうことだろう。というのも、そのような悦びを味わうというのは、自然本性からして一様なものへと向かわされる人間にとってとりわけ本来的なことであるからである。〔詩人たちの作品のなかでは〕道徳の領域においてであれ、家族の領域においてであれ、政治の領域においてであれ、あらゆるジャンルの生活における人物たちの性格が、最良の、そして最良であるがゆえにこのうえなく真実ありのままの理念《イデア》にしたがって、写実的に描き出されているのを観察するがよい。この理念化された存在と比較するなら、日々の生活をいとなんでいる、ごくありきたりの人間たちは——首尾一貫して自分自身と合致していないところでは生命を保持していることにならないので[*17]——むしろ偽りの存在であるように映る。だから、偉大な詩人たちの作りあげる物語〔神話伝説〕のなかで描き出されている人間の自然本性をいわば神にも似た知性でもって観照したまえ。そこで描き出されている人間の自然本性は、たとえそれがどれほど醜悪な外観を呈していようとも、このうえなく美しいものなのだ。というのも、それはつねに自分自身と合致しており、つねに自分自身に等しく、そのあらゆる部分において適正さを保持しているからである。至善至大の神は、自然界のさまよえる怪物や悪性の疾病のうちにも、みずからの設けた摂理の永遠の秩序のなかにあっては善良にして美しいものを見てとる。これと同じようなふうに人間の自然本性を観照したまえ。

偉大な詩人たちの作品を読んで大いなる悦びに満たされたなら、つぎには崇高な弁論家たちの演説を読んで、同じく感動に打ち震えつつ称賛の声を上げるがよい。彼らが堕落した人間の自然本性に適応した驚嘆すべき技を駆使して、身体によって作動させられた情念に訴えつつ、もっとも強情な人間たちの心をも、意図していたのとは正反対のことを意志するよう向け変えさせていくさまを観察するがよい。そのうえ、このようなことはただひとり至善至大の神のみが実現しうることなのだ。しかしまた、それを神は〔弁論家たちによるものとは〕無限に異なった、神の勝ち誇れる援助という神的な道をたどりつつ実現するのであって、この援助によって、神はどれほど地上的な情念に呪縛された人間たちの知性をも天上の悦びでもって自分のほうに惹きつけるのである。

人間のことどもにかんするこれらの学科には、自然にかんする崇高な学科が付け加わる。長い旅の道案内役をつとめてくれる地理学によって、太陽とともに大地と海洋をくまなく巡回するがよい。天文学のさまざまな観察をつうじて、惑星たちの軌道をたどり、彗星のくねくねと曲がりくねった盲目的な径路を探査するがよい。宇宙誌は諸君を

……この世界の炎に包まれた防壁*18

の前に立たせるだろう。

そして最後には形而上学によって、諸君を、自然の境域を超えて、永遠の祝福された無限の領域にまで導いていかせるがよい。そして、そこで、わたしたちの有限な知性に許されているかぎりにおいてであるとはいえ、もろもろの神的なイデアのうちに、これまでに創造されてきた無数の形象や、実際には永遠ではないのだが、もし世界が永遠であったなら、これからも創造されることがありうるかもしれない多くの形象を見いだすがよい。

このようにして、人間のことども、自然のことども、永遠のことどもからなる、三つの世界をすべて通過するがよい。そして、これらの学問と博識とによって、諸君の知性のほとんど神的な自然本性を顕彰するがよい。じっさいにも、たしかにこれらの崇高な省察は、あらゆる感覚的な快楽、あらゆる富と財産、あらゆる名誉と権勢をおよそ考えられうるかぎり最下位に位置するものとして軽蔑するにいたるほど高くて傑出した心を諸君がつくり出すのを希望することへと導いていくのである。

さてつぎに著作家たちの選択にかんしては、諸君が彼らの言に耳を傾けることによって完全無欠な知恵の獲得をめざすようになるようにと、この大学の賢明な運営者たちは、「教える場合には最適の著作家たちを選ばなければならない」というクインティリアヌスの有名な忠告[*19]にしたがって、教育プログラムのなかで諸君のために十分な準備を整えてきた。

まず神学にかんしては、旧約と新約の聖書。これについてはカトリック教会が正確かつ公正な解釈を提供しており、また、使徒たちの時代からこのかたずっと絶えることなく続いている伝統が教会史の揺るぎないモニュメントのうちに厳粛かつ忠実に保存している。つぎに法学にかんしては、ユスティニアヌス法典がある。これはローマの古事のもっとも信頼するに足る証言集であり、ラテン語の優雅な語法のもっとも美味な貯蔵庫であり、人間によって制定された法律のもっとも尊崇すべき宝庫である。医学にかんしては、なによりもまずヒッポクラテスがいる。彼は「だれをも欺かず、だれからも欺かれない」という不滅の讃辞[*20]を受けるに値する人物なのだ。哲学全般にかんしては、アリストテレス、あるいは彼では十分でない場合には他の名高い哲学者たちがいる。そしてそれ以外の学科にかんしても、同じく高い評価を受けている著作家たちを選択すべきである。

どの時代にあっても第一人者の位置を占めているこれらの著作家たちについての読解を促進するために、ここに列席しておられるこのうえなく学識ゆたかな教授の方々は、註釈をほどこすことをつうじて、なぜこれらの著作家たちがそれぞれの学問分野においてもっとも優れた者であるとされてきたのか、その理由をあたかも指で指し示すようにして〔懇切丁寧に〕

諸君に分からせてくださるだろう。

この種の註釈は、諸君が学芸の研究に着手した最初の瞬間から、これらもっとも優れた著作家たちのものを手にして夜も昼も繰り返し読む[*21]気持ちにさせるような性質の註釈であるばかりではない。これらの註釈は、なぜ彼らがもっとも優れた著作家になるにいたったのか、その原因を探索することによって、より完全なイデアを心に抱懐するよう、諸君を駆り立てていくだろう。このイデアに照らしてみた場合には、もろもろの学説の第一人者たちでさえ、見ならうべき手本からたんなる一事例に転化してしまう。こうして、そうした第一人者たち自身の最初の原型にまでさかのぼることによって、諸君は彼らと競り合い、さらには彼らを乗りこえることすらできるようになるのである。

もろもろの学芸が改善され発展させられて完成へと導いていかれるのは、このような方法によってであって、たしかにこれ以外の方法によってではない。したがって、この王立大学がその教育プログラムによって推奨したことのほとんどなかったような、最低のランクに属するとまではいわないにしても、凡庸な著作家たちの読書に学生生活のすべての時間を費やしてしまった者がいたとすれば、そのような者たちを大目に見てやることはいささかもないのである。

他方で、諸君が教えを受けているあいだはずっと、諸君が学んでいるすべてのことがらをたえず比較対照して相互のあいだに結びつきをつくり出し、それぞれの学問領域のうちにあってそれらすべてが調和のとれたものになるようにする以外のことに時間を割いてはならない。そのためには、人間の知性の自然本性そのものが諸君の案内役をつとめてくれるだろう。人間の知性は一様なもの、適宜なもの、時と場合に合致したものをなによりも好むのである。じっさいにも、明らかに古代ローマの人々は、「美しい」という意味でもある「スキートゥス」scitus という言葉と語源を同じくしていることから、知識のことを「スキエンティア」scientia と称したのだった。なぜなら、美とは四肢が相互に正しい比例関係にあるとともにそれらが全体としてこのうえなく美しい一個の身体を形づくっていることであるのと同じように、知識とは人間の知性の美としてしか考えられないからである。そして人々がひとたびこのような知性の美に捕らわれたときには、彼らはもはや身体の姿形には──たとえそれがどれほど光り輝くものであろうとも──眼を向けることがなくなる。それほどまでに彼らは身体の姿形に心動かされることからは遠く離れた場所にきてしまっているのだ。

このような比較対照の習性がひとたび確立されたなら、諸君はもろもろの知識そのものを互いに比較対照してみることが容易にできるようになるだろう。もろもろの知識はそれぞれが天上的な四肢のごときものであって、完全無欠な知恵のいわば神的な身体をつくりあげているのである。ピュタゴラスによると、人間の理性とはこの霊的なことどもの相互的な結びつきそのものにほかならないという。このことを彼は数を例として使うことによって説明した、あるいは隠蔽したのだった。

したがって、このような道をたどることによって、諸君は人間の理解力一般を完成にまで導いていくことができるだろう。それは、このうえなく純粋で明澄な光に似て、諸君が知性の眼を向けるどの場所にでもその光線を降りそそぐ。こうして諸君は、諸君のどのような思考のなかにも、人々が「人知」scibile と呼んでいるものの総体とそのすべての部分がこのうえなくみごとなかたちで合流し、互いに照合しあい、あたかもなんらかの一点において合致を見ているかのようであるのを見てとることとなるだろう。これこそは完全無欠な知恵をもつ人物のこのうえなく完全な手本にほかならない。

諸君はとりわけどのような学問領域に専心するつもりなのだろうか――なぜかといえば、国家にとって有益な者であろうとするなら、諸君はなんらか一つの学問領域を専攻すべきであるからである――。この点にかんしては、諸君に生まれつき具わっている才能そのものが、学習するなかでどの学問に残余の学問よりも悦びを感じるかということを目安にして、諸君に教えてくれる。じっさいにも、最高神によってこのための後見人として諸君にあたえられている自然本性は、ほかでもないこの〔諸君の味わう悦びという〕基準を利用して、諸君をみずから好んで自発的にその学問に専心することへと差し向けていくミネルウァ〔知恵の女神〕が諸君のうちに宿っていることを諸君に知らせるのである。

しかし、この方策は、自然本性によるものであるのでたしかにもっとも安全な方策ではあるが、最善にしてもっとも偉大なことがらに向かうよう諸君を督励しているわたしには、もっとも輝かしい方策であるようには思われない。しばしば人間のなかでは、これらの最善にしてもっとも偉大なことどもを達成する能力は隠されていて表にあらわれることはなく、眠りこんでしまっている。そのために、それらを所有している当人に感づかれることはほとんどない。いや、まったくないと言ってよい。

アテナイのキーモーン[*22]は、――巷間に広く普及している話であるが――もともとはどうしようもなく鈍重な男であったという。その彼が若いころ、ひとりの娘に到底かなえられそうもない恋をした。そんなある日のことである。娘は冗談のつもりで、自分が男の自然本性とはおよそ正反対のことをそそのかしているのを十分承知しつつ、もしあなたが軍の隊長になったなら愛してあげるわ、と言った。すると彼は軍隊に志願し、ついには戦場におけるもっとも輝かしい指揮者の一人になったのだった。[*23]
また、ソクラテスは生まれつき悪事に走りがちな性向の持ち主であったが、やがて、ほとんど神的な努力によって知恵の探究へと転じた。そしていまでは、最初に哲学を天から呼び降ろした人物と言われ、[*24]すべての哲学者の父と称されているのである。[*25]
これらの古代の例に、他人の知恵のおかげでそれまで自分では気づかずにいた驚嘆すべき資質を発見するにいたった傑出した人士にかんする近代の二、三の例を並べてみよう。
ジュール・マザラン枢機卿[*26]は、法廷事務にたずさわる下級弁護士、一介の兵卒、わずかの財産しかない宮廷人といったかたちでしか、長らくみずからの資質を示すことができないでいた。ところが、やがて国事に関係した機会がつぎからつぎへと生まれ、最高位にある方々が思いがけず辞退するなかで、このうえなく賢明な政治家となった。そしてフランス国王ルイ十四世のもとで〔宰相として〕国家の枢密事項にかんする評議に参与し、大いなる幸運のきわめて稀なる例であることにも、長期間にわたって政治の実権を握ったまま世を去ったのだった。
フランチェスコ・グイッチャルディーニ[*27]は、ローマの法廷で弁護士の訓練を積んでいた。ところが、ありがた迷惑なことにも、それどころかまったく意に反することにも、当時の教皇たちによって、教皇領内にあるいくつかの都市の長官に任命されてしまった。そしてシャルル八世がイタリア全域を混乱に陥れたフランス戦争は、彼に、教皇庁の命を受けて、フランス人と戦争から生じたいくつかの重要な案件について交渉する機会を提供することとなった。まさしくこのことが機縁となって、彼は同時代のイタリア史の執筆に心血を注いだのであり、うたがいもなく、イタリア語で書いてきたすべての歴史家のうちでの第一人者となるにいたったのだった。

このような次第であるから、諸君がおそらくはいまだ気づかないでいる、このうえなく輝かしい自然の才能を諸君のうちに見つけることができるように、知性の眼でもってあらゆる方向を見渡してみるがよい。諸君のうちに生まれつき具わっている素質をあらゆる方向に差し向けてみるがよい。諸君のうちに秘められている隠れた能力をくまなく調べてみるがよい。

このようにして学問の世界すべてを見てまわったのちには、諸君の選んだ学問を学者たち自身がその学問においてなしてきたのよりもさらに高い心意気をもって専攻したまえ。(ここでは学問の全体を二、三の例で説明させてもらうとして)もし諸君が医学を修めようと思うのであれば、たんに病気をうまく治療することだけで満足していてはならない。法学を修めようと思うのであれば、法律上の問題についての賢明な見解を提供することだけで満足していてはならない。神学を修めようと思うのであれば、神のことどもにかんする正しい学説を遵守することだけで満足していてはならない。そうではなくて、諸君が大学で講義を聴いたり本を読んだりする時間を過ごすときに示すのと同じだけの高い心意気と同じだけの無上の勤勉さをもって、家に帰ってからも勉強を続ける必要がある。

じっさいにも、講義を聴いたり本を読んだりすることによって偉大な著作家たちに親しく接するようになれば、諸君のうちには卓越した自然本性が惹起されて、それらの偉大な著作家たち自身を諸君の家に帰ってからの勉強のなかでもつねに眼の前にいる裁定者として念頭においていているように諸君を差し向けていくだろう。だから、諸君のもっとも奥深いところにいる自我に何度も繰り返し問うてみるがよいのだ。（さきに挙げた例にこだわらせていただくとして）諸君が医学の修業中であるとしたなら、「わたしが考えたり書いたりしていることをヒッポクラテスが聴いたらなんと言っただろうか」と。法学の修業中であるとしたなら、「ジャック・キュジャス[*28]が聴いたらなんと言っただろうか」と。神学の修業中であるとしたなら、「メルキオール・カヌス[*29]が聴いたらなんと言っただろうか」と。なぜなら、いまの場合には、なんといっても、何世紀にもわたって塵のように積もりに積もってきた時間の古さをものともせずにその名声が続いてきた著作家たちに諸君の批評家になってもらっているのだから、後世の人たちが称賛しないような仕事を諸君が生み出さないはずがないのである。知恵に向かっての大道を堂々と大股で歩んでいくがよい。そうすれば、諸君はさらに容易に前進をとげることができるだろう。そして、諸君のだれひとりとして、

何人もまだ足を踏みいれたことのないムーサの国を
旅するなかで、わたしは道を見失ってしまった[*30]

といったような言葉を口にすることはないだろう。才能と学識において抜きん出た人たちがこれまで試みてきたもののなし遂げることができなかった困難な仕事を完成にまで導いていくことができるだろう。あるいは、これまでだれひとりとして試みてこなかった仕事に挑戦することだってできるかもしれない。

(さきに挙げた例に訴えながら、わたしの言わんとしていることを述べさせてもらうとして)諸君は、医師になったあかつきには、あらゆるところから蒐集した実験や観察を利用することによって、病気についてこれまで二千年以上にわたってヒッポクラテス一人に栄光を独占されてきたのとは別のさまざまな定義づけをおこなうがよい。

法律家になったあかつきには、その知識にかけてはアエミリウス・パピニアヌス[*31]が法学者のうちの第一人者であると認められていた法律用語、そしてジャック・キュジャスが学識ある法解釈者たちに満ちあふれていた時代に他のだれよりも抜きん出ていた法律用語の定義に専念することによって、法学の全体を体系化してみせるがよい。ことのほか重要な意義をもつこの仕事には偉大なアントワーヌ・ファーヴル[*32]が彼の『パピニアヌス法学の知識』のなかで着手した。彼は、それを執筆した年齢から見ても、法についての知識から見ても、まことに偉大な人物であった。しかしながら、仕事を進めるなかでもろもろの困難に遭遇して挫けてしまったためか、それとも死によってさまたげられてしまったためかわからないが、ついに完成させるまでにはいたらなかったのである。

神学者になったあかつきには、キリスト教の教理に立脚した道徳哲学の体系を構築してみるがよい。この仕事にはスフォルツァ・パッラヴィチーノ枢機卿[*33]が果敢にも取り組もうと試みたことがあった。また、パスカルもまことに洞察に満ち満ちた思索〔『パンセー』〕を出版した。しかし、それらの思索はいずれも断片的なものでしかなかった。さらにマルブランシュは試みに乗り出したとたんに失敗してしまったのだった。

偉大なヴェルラム卿〔フランシス・ベイコン〕の黄金の書、『学問の尊厳と進歩について』

を読んでみるとよい。この本は、ごくわずかの箇所を除いては、いつも眼の前に置いて参照すべき本である。そして、学問の世界でどれほど多くの部分がいまだに訂正され補充されるべく、さらには発見されるべく残されているか、とくと考えてみることだ！

　さも羨ましげでもあれば無精めいてもいるつぎのような言い草に、不用意にもだまされてはならない。この無上に幸せな世紀には、学芸の分野で実現されえたことは、いまではもうすべてなし遂げられており、完結しており、完成してしまっていて、これ以上願望すべきものはなにひとつ残っていない、という言い草がそれである。こんなのはみみっちい心しか持ち合わせていない三文学者たちの吹聴している、嘘っぱちの言い草でしかない。

　世界はいまもなお若いのだ。じっさいにも、過去七世紀のあいだに、そのうちの四世紀はなおも野蛮の支配下にあったのだが、どれほど多くの新しい発明がなされたことか。どれほど多くの新しい技術、どれほど多くの新しい学問が開発されたことか。羅針盤、帆だけで進む船、望遠鏡、トッリチェッリの水銀気圧計、ボイルの空気ポンプ、血液循環、顕微鏡、アラブ人の蒸留器、アラビア数字による記数法、微積分法、火薬、大砲、教会のキューポラ〔丸屋根〕、印刷術、紙幣、時計。これらはどれもがすばらしいものばかりで、古代人がまったく知らなかったものである。これらから新しい造船法と航海術が生まれてきた——これによって新世界の発見はなされたのであって、地理の範囲がどんなにか拡大されたことか！――。天文学上の新しい観察、時間の新しい計測法、宇宙誌、機械学、自然学、医学の新しい体系化、新しい解剖学、ガレノスがあんなにも待ち望んでいた新しい薬学が誕生した。幾何学の分野において新しい方法が編み出され、算術の習得がはるかに容易になった。新しい戦争道具、新しい建築術が生み出された。本が値段を気にしないでよいほど容易に、しかもうんざりさせられるほど大量に製作されるようになった。はたしてどのようにすれば人間が生まれつき授けられている才能が突然尽きてしまって、これら以外にも同じだけ卓越した発明・発見を達成しうる希望を断念せざるをえなくなるというのだろうか。

だから高邁な学生諸君、落胆しないようにしよう。無数のことがらが、しかも、おそらくはここに列挙したのよりもさらに偉大で卓越したことがらが、なおも発見されるべく残されている。まこと、自然の広大な懐中には、そしてまた技芸の巨大な市場には、人類に役立つにちがいない無限の財宝がなおも発見されるべく待っているのである。それらがこれまでなおざりにされたままそこに横たわってきたのは、これまではなおも英雄的な知性がそれらに注意を向けることをしてこなかったからにすぎない。

アレクサンドロス大王はエジプトにやってきたとき、エリュトラー海〔紅海〕を地中海から分かっている地峡が存在していて、その地峡をとおってナイル川が地中海に流れこんでおり、またそこでアフリカとアジアが繋がっているのを、瞬時にして彼の鷲の目でもって発見した。そこで彼は、その場所に自分の名前にちなんだ都市アレクサンドリアを建設するのがふさわしいのではないか、と考えた。[*34] そしてこの都市がたちまちのうちに、アフリカとアジアとヨーロッパ、地中海全体とインド洋ならびにインド諸島とを結ぶもっとも有名な通商都市となったのだった。

崇高なガリレオは金星が〔最大に見えるときには〕角状《つの》をしているのを観察した[*35]のをきっかけにして、そこから世界体系の分野においていくつもの驚嘆すべき発見をなし遂げたのだった。

いとも巨大なデカルトは投石機から放たれた石の軌道を観察して、そこから新しい自然学体系を構想したのだった。[*36]

クリストフォルス・コロンブスは大西洋からやってきた風が顔に吹きつけるのを感じた。そこで、風は地から生まれるというアリストテレスの理論[*37]に立脚して、海の向こうには別の陸地が存在するのではないかと推測し、新世界を発見したのだった。

偉大なフーゴ・グロティウスは「平和に法があるのと同じように戦争にも法がある」とい

うリウィウスの言葉[*38]に真剣な注意を差し向けて、そこから『戦争と平和の法』という驚嘆すべき著作を世に問うにいたったのだった。[*39]この著作は、あちこちに削除すべき箇所はあるものの、他に比肩しうるもののない著作であると諸君が言ったとしてもけっして不当ではないだろう。

最善にしてもっとも偉大なことをなすべく生まれた青年たちよ、これらの輝かしい証拠、これらのただただ驚嘆のほかない範例を念頭におきながら、英雄的知性とひいてはまた高邁な心をもって学芸の研究に没頭したまえ。完全無欠な知恵を涵養したまえ。人間の理解力一般を完成にまで導いていきたまえ。諸君の知性のほとんど神的な自然本性を顕彰したまえ。諸君のうちに充満している神の火によって暖めたまえ。崇高な霊感を神から受けとりつつ講義に出席し、本を読み、家に帰ってからも灯火のもとで一心不乱に勉強したまえ。ヘラクレスの艱難に耐え抜きたまえ。それらに耐え抜いて、諸君が至善至大の神、真のユピテルからの神的な血筋を引く者であることをこのうえなき権利をもって立証したまえ。そして、このようにして人類をさらに巨大な便益でもって富ませることによって、自分たちが英雄であると宣言したまえ。

人類社会全体に向けて惜しげもなく提供されたこれらの功労からは、この諸君の国家における富と財産と名誉と権勢とが難なくやってくることだろう。しかし、たとえこれらの報酬がやってこなくなってしまうようなことがあっても、そこで仕事をやめてしまわないようにしよう。また、それらが突然やってくるようなことがあっても、セネカの教えにしたがって[*40]、それらを平静な心で受けいれよう。すなわち、有頂天にならないようにしよう。はたまた、それらが立ち去ってしまっても落胆することなく、それらを愚かで狂った運命に返却することにしよう。そして、――最初に述べたように――人類全体に配慮するようわたしたちに命じている至善至大の神がこの地上に神の栄光を広めるために諸君のうちのとくに優れた者たちを選んだという、この神聖かつ不滅の報酬でもって満足することにしよう。

訳注

この注の作成にあたっては、以下の文献の編者による注を参照した。

Giambattista Vico, *Opere*, vol. V: *L'autobiografia, il carteggio e le poesie varie*, a cura di Benedetto Croce e Fausto Nicolini (Seconda ed. riveduta e aumentata: Bari, Laterza, 1929)〔Nicolini 1 と略記〕

Giambattista Vico, *Autobiografia (1725–1728)*, a cura di Fausto Nicolini (Milano, Bompiani, 1947)〔Nicolini 2 と略記〕

Giambattista Vico, *Opere*, a cura di Fausto Nicolini (Milano-Napoli, Ricciardi, 1953)〔Nicolini 3 と略記〕

Giambattista Vico, *Opere*, a cura di Andrea Battistini (Milano, Mondadori, 1990)〔Battistini と略記〕

第Ⅰ部

＊1——聖ジェンナーロ・アロルモ教会に保存されている受洗証明書によると、ヴィーコの実際の

生年月日は「一六六八年六月二十三日」であるという。Cf. Battistini, p. 1242.

＊2——ヴィーコの両親の名はアントニオ・ヴィーコ Antonio Vico（一六三八ごろ—一七〇六）とカンディダ・マスッロ Candida Masullo（一六三三—一六九九）。アントニオはナポリと同じカンパーニャ地方のカゼルタ県マッダローニで零細小地主の家に生まれ、一六五六年ごろ働き口を求めてナポリにやってきて、サン・ビアジオ書店街にあった印刷業者か本屋のいずれかに見習い奉公として入る。ヴィーコが誕生した当時はそのサン・ビアジオ書店街で小さな本屋を経営していた。カンディダはナポリの馬車製造業者マスッロの娘で、アントニオの二度目の妻。ヴィーコはこの母から生まれた八人の子どもの六番目であった。Cf. Fausto Nicolini, *La giovinezza di Giambattista Vico (1668-1744)* (Bari, Laterza, 1932), pp. 25-27; Nicolini 1, p. 105.

＊3——ヴィーコが送られたイエズス会の学校は、コッレジオ・マッシモ・アル・ジェズー・ヴェッキオ（Collegio Massimo al Gesù Vecchio）といった。Cf. Nicolini 1, pp. 105-106.

＊4——イエズス会の学校は、文法、古典学、修辞学を教える「下級」コースと哲学、数学、神学を教える「上級」コースからなっていた。うち、文法コースは三つのクラスに分かれていた。そしてヴィーコが編入された第二クラスでは、「キケロの家族あて書簡とオウィディウスのもっとも簡単な詩」を読むのが義務づけられていた。Cf. *Ratio studiorum*, a cura di Mario Salomone (Milano, Feltrinelli, 1979), p. 116.

＊5――すぐあとに名前の出てくるアントニオ・デル・バルツォ Antonio del Balzo（一六五〇―一七二五）のことである。この人物については、Nicolini, *La giovinezza* cit., pp. 31 seqq. にも言及がある。

＊6――イエズス会の『教学綱要』（Ratio studiorum）では、文法コースではポルトガル人神父エマヌエレ・アルヴァリス Emanuele Alvares（一五四六―一五八二）の『文法教程』全三巻 *De institutione grammaticae libri tres*（一五七二年）を教材に採用するよう定められていた。Cf. *La "Ratio studiorum,"* a cura di Mario Barbera (Padova, Cedam, 1942), pp. 51 et 127.

＊7――注5を参照。

＊8――ペトルス・ヒスパヌス Petrus Hispanus（一二二六―一二七七）はリスボン生まれの哲学者・神学者。一二七六年に教皇ヨハネス二十一世となる。『論理学綱要』*Summulae logicales* 全十二巻を著わしたことで知られる。

＊9――パオロ・ヴェネト Paolo Veneto、別名パオロ・ニコレッティ Paolo Nicoletti（一三七二―一四二九）はウーディネ出身のアウグスティヌス会隠修士。『論理学綱要』*Summulae logicales*（没後の一四七二年刊）ほかの著作がある。

＊10――クリュシッポス（前三世紀）はストア派の哲学者。「クリュシッポスふうの論理学」という言い方は「煩瑣な論証」の常套句として使われる。

＊11――デカルトが『方法叙説』で述べているところによると、同書において提供されるのは著者がたどってきた学問の紆余曲折にみちた道程のありのままを逐次包み隠さずに物語った「一篇の歴史」以外のなにものでもなく、読者のだれもが著者の「率直さ」に満足してくれるだろうとのことであった（谷川多佳子訳『方法序説』岩波文庫、一九九七年、一一ページ）。ところが、ヴィーコによると、ここには「狡猾な装い」が見られるというのである。

＊12――「インフリアートたちのアカデミー」（Accademia degli Infuriati）は一六二〇年代にナポリのサン・ロレンツォ修道院で創設されたが、一六七二年に解散している。そして再開されたのは一六九〇年であった。一方、ヴィーコが研究を再開したのは一六八三年とのことであるから、七年のずれがあることになる。ニコリーニによると、ヴィーコの記憶違いではないかという（cf. Nicolini, *La giovinezza* cit., p. 35）。

＊13――王立神聖評議会（Sacro Reale Consiglio）はナポリ王国の最高諮問機関。最高裁判所としての機能も果たしていた。

＊14――ジュゼッペ・リッチ Giuseppe Ricci（一六五〇―一七一三）はヴィーコが送られたナポリのコッレジオでイエズス会の『教学綱要』に定められたすべての教科を教えていたが、なかでも専門は神学であった。主著に『道徳神学の基礎、あるいは蓋然的意識について』*Fundamentum theologiae moralis seu de conscientia probabili*（一七〇三年）がある。

＊15——当時のナポリでは、ドゥンス・スコトゥス Johannes Duns Scotus（一二六五—一三〇八）の流れを汲むスコトゥス主義が普及していたという。Cf. Diomede Scaramuzzi, *Il pensiero di Giovanni Duns Scoto nel Mezzogiorno d'Italia* (Roma, Collegio Sant'Antonio, 1927).

＊16——ヴィーコが一七一〇年の著作『ラテン語の起源から導き出されるイタリア人の太古の知恵』第一巻「形而上学篇」であたえている「形而上学的点」ないし「運動と延長を引き起こす分割されていない作用力」の存在についての説明から察するに、ヴィーコはどうやら「ゼノンの逆理」で知られるエレアのゼノン（前五世紀）とストア派を創設したキュプロス島キティオンのゼノン（前三三五—前二六三）とを混同していたようである（上村忠男訳『イタリア人の太古の知恵』法政大学出版局、一九八八年、注53を参照のこと）。この混同は『自伝』執筆時にも正されないままであったことがここでの続く叙述から明らかとなる。じじつ、「抽象的実体」についての言及はキティオンのゼノンを想起させるのにたいし、「形而上学篇」におけるゼノンの「点」うんぬんの箇所は明らかにエレアのゼノンを念頭において言われている。

＊17——「抽象的実体」と「様相」の原語はそれぞれ"sostanza astratta"と"modo"である。

＊18——注16でも指摘しておいたように、『形而上学』というのは『ラテン語の起源から導き出されるイタリア人の太古の知恵』第一巻「形而上学篇」のことである。ちなみに、第二巻「自然学篇」と第三巻「倫理学篇」は刊行されずにおわった。

*19——フランシスコ・スアレス Francisco Suarez（一五四八—一六一七）はスペインのイエズス会士。彼の『形而上学』というのは『形而上学論議』*Disputationes metaphysicae*（一五九七年）を指す。ただし、ニコリーニによると、ヴィーコが取り組んだのは、スアレスの原書ではなくて、オランダの神学者ヤコブス・レウィウス Jacobus Revius、オランダ名 Yakob Reefsen（一五八六—一六五八）の『スアレス精髄』*Suarez repurgatus*（一六四四年）ではなかったかという（cf. Nicolini, *La giovinezza* cit., p. 36 ——ちなみに、ニコリーニの本では Bevius となっているが、これは Revius の誤り。また出版年も「一六四六年」ではなくて「一六四四年」である）。

*20——フェリーチェ・アクアディエス Felice Aquadies（一六三五—一六九五）はカンパーニャ地方出身の法律学者で、当時ナポリ大学における教会法朝方講座の教授であった。のちには市民法夕方講座の教授も務めている。Cf. Fausto Nicolini, *Uomini di spada, di chiesa, di toga, di studio al tempo di Giambattista Vico* (Milano, Hoepli, 1942), pp. 28-29.

*21——ヘルマヌス・ウルテユス Hermanus Vultejus（一五六五—一六三四）はドイツの法学者。『ユスティニアヌス編「市民法学提要」註解』*In "Institutiones iuris civilis" a Iustiniano compositas commentarius*（一五九〇年）。

*22——フランチェスコ・ヴェルデ Francesco Verde（一六三一—一七〇六）は教会法の専門家で、一六八五年に司教座聖堂参事会代表に選出されるまで、ナポリで法律学の私塾を経営、多

くの学生を集めていた。

＊23——ニコロ・マリーア・ジャナッタージオ Nicolò Maria Ganattasio（一六四八—一七一五）はナポリ出身のイエズス会士。

＊24——ハインリヒ・カニジウス Heinrich Canisius（一五四八—一六一〇）はオランダの教会法学者。ヴィーコに贈与されたのは、『教会法大全の提要四巻本』*Summa juris canonici in quatuor institutionum libros ccontracta*（一六〇〇年）であったという（cf. Nicolini, *La giovinezza* cit., p. 40）。

＊25——ここで言われている「法律の要約を作成した明敏な解釈者たち」とは、具体的には、ボローニャ大学のローマ法学者アックルシウス Franciscus Accursius（一一八二—一二五八?）に始まる中世の注釈学派（glossatores）を指す。彼らは、ユスティニアヌス帝の三法典（『法学提要』、『勅法彙纂』、『学説彙纂』）に注釈をほどこすにあたって、まず法文のできるかぎり簡潔な要約（summae）を作成した。また、彼らはとりわけ古代ローマの元首政時代に優勢になった〈衡平〉aequitas すなわち利益原理重視の法律観に依拠しつつ、そこから〈正義〉justum の一般的な格率を抽出することに意を用いた。このアックルシウス派にかんする評価については、ヴィーコが一七〇八年にナポリ大学でおこなった開講講演をもとに翌一七〇九年に公刊された著作『われらの時代の学問方法について』の第一一章「法賢慮について」を参照されたい（上村忠男・佐々木力訳『学問の方法』岩波文庫、一

九八七年、一一八ページ)。

*26——「古き時代の解釈者たち」とは、注25で言及したアックルシウスに始まる中世の注釈学派のことを指している。

*27——「自然的衡平」の原語は"equità naturale"(ラテン語では"aequitas naturalis")である。「政治的衡平」(equità civile, aequitas civilis)と対をなして用いられる。同じ衡平でも、「政治的衡平」が政治的共同体(civitas)の維持存続のために認められるべき利益原理を指して言われるのにたいして、自然法的道理にもとづいて万人に認められる利益原理のことをいう。

*28——古代ローマでは、国民の名において統治をおこなう政務官(magistratus)が存在した。そして政務官は命令を国民に告知するために告示(edictum)を発する権限を有していた。なかでも法務官(praetor)によって発布される告示は訴訟方式にかんしての現実の要請に対応した新たな(つまりは実質上市民法=十二表法の規定の変更を意味する)一般的規定を含んでいる場合が多く、法の発達に重要な意義をもつものであった。

*29——「博識な解釈者たち」とは、『われらの時代の学問方法について』の第一一章「法賢慮について」の記述からうかがうに、アンドレーア・アルチャート Andrea Alciato(一四九二—一五五〇)とその追従者たちのことを指しているようである。アルチャートはミラーノ出身のイタリア人法学者であるが、フランスのアヴィニョン大学およびブールジュ大学でロ

ーマ法を講じた。ユスティニアヌス法典に集成されている法文を原状に復してそれらがもともと制定された時代の歴史的事情の解明に努め、いわゆる復古学派の歴史的研究法を開いたことで知られる。この方法は、同じくブールジュ大学でローマ法を講じることとなったジャック・キュジャス Jacques Cujas（一五二二―一五九〇）等に継承されて、とりわけフランスで隆盛を誇るにいたる。

＊30――カルロ・アントニオ・デ・ローザ Carlo Antonio de Rosa（一六三八―一七一七）は法学者として知られるヴィッラローザの侯爵。一六八四年に神聖評議会の評議員に任命されている。

＊31――ファブリツィオ・デル・ヴェッキオ Fabrizio del Vecchio については、ニコリーニも情報を得ることができなかったようである（cf. Nicolini, *La giovinezza* cit., p. 41）。

＊32――一六八六年六月、ヴィーコの父アントニオは、バルトロメーオ・モレスキという商売敵から民事訴訟を起こされたという（cf. Nicolini, *La giovinezza* cit., p. 41）。

＊33――ジェロニモ・アックアヴィーヴァ Geronimo Acquaviva（?―一六八八）。

＊34――実際には十八歳。この年齢計算のずれは、実際の生年が「一六六八年」であるところを『自伝』では「一六七〇年」としたことによるのだろう。

＊35――ピエル・アルド・チャヴァッリ Pier Aldo Ciavarri（一六五〇―?）はスペイン人でスペイン名は Pedro Ciavarri Eguya。『古代・中世・近世法学の複合的教育法』*Didascalia* multiplex veteris, mediae et infimae iurisprudentiae* の著者。

＊36――フランチェスコ・アントニオ・アクイランテ Francesco Antonio Aquilante（一六二九―？）。

＊37――「驚異こそは詩人のめざすものである」と宣言したイタリアの詩人マリーノ Giambattista Marino（一五六九―一六二五）とその追従者たちによって試みられた典型的にバロックふうの詩作法を指す。

＊38――ジャコモ・ルブラーノ Giacomo Lubrano（一六一九―一六九三）はイタリア南部において当時流行していたバロック趣味を代表する人物の一人であったという。Cf. Nicolini 1, p. 107.

＊39――ジェロニモ・ロッカ Geronimo Rocca（一六二三―一六九一）は、一六七二年にイスキアの司教に任命されている。また、まさにヴィーコに出会ったのと同時期の一六八六年と八七年に『法学論争選』*Disputationum iuris selectarum cum decisionibus super eis prolatis* 全二巻を上梓している。Cf. Nicolini 1, p. 107.

＊40――チレントはサレルノの南方にある風光明媚な山岳地帯。その地帯のヴァトッラという場所にロッカ家の城館があった。このヴァトッラの城館にかんする情報として、Nicolini 2, pp. 197–208 を参照されたい。

＊41――ドメニコ・ロッカ Domenico Rocca（一六四一？―一六九九）。

＊42――実際には、ロッカ家の家族はこの九年間（一六八六年から一六九五年の期間）にも何度か

ナポリに居を移していた。そして、それにともなって、家庭教師のヴィーコもしばしばナポリに戻っていたという。Cf. Battistini, p. 1252.

＊43――アントニウス・リカルドゥス Antonius Ricardus はフランスのイエズス会士エティエンヌ・デシャン Etienne Deschamps（一六一三―一七〇一）の筆名。『自由意志論議』*Disputatio de libero arbitrio*（一六四五年）や『ヤンセン主義的異端について』*De haeresi iansenianа ab apostolica sede proscripta*（一六五四年）などの著作がある。

＊44――ペラギウス（三六〇ごろ―四二〇ごろ）は神の恩寵がなくとも人間の自由意志による救済が可能であると主張して、アウグスティヌスたちから非難され、異端として断罪されたことが知られている。そしてアウグスティヌスは神による恩寵を重視した点でカルヴァン主義的な恩寵絶対論の源流に位置するともみられる。したがって、アウグスティヌスの教えがカルヴァン主義とペラギウス主義の中間に位置するというリカルドゥスの見立ては、それ自体がいささか強引にアウグスティヌスをイエズス会側の教理に引き寄せて解釈したものといえよう。

＊45――ロレンツォ・ヴァッラ Lorenzo Valla（一四〇七―一四五七）はルネサンス期イタリアの人文主義者。乱れた中世ラテン語を批判して純粋な古典ラテン語への復帰を提唱した『ラテン語の正雅さ・全六巻』*Elegantiarum linguae latinae libri sex*（一四七七年）の第六巻に古代ローマの法学者たちのラテン語にたいする厳しい批判が登場する。

＊46――ヴィーコが見つけた書物というのは、十六世紀イタリアの著作家トンマーゾ・ガルツォーニ Tommaso Garzoni（一五四九―一五八九）の『世界の全職業が集う普遍的広場』*Piazza universale di tutte le professioni del mondo*（一五八五年）の一五八九年版であるという。その本のなかで著者はマッサという人物のしゃれた地口に満ちたマニエリズムふうの寸鉄詩を擁護している。Cf. Paolo Chierchi, "Un episodio dell'«Autobiografia» del Vico e una polemica del tardo Cinquecento," *Convivium*, XXXVII (1969), n. 4, pp. 463-469.

＊47――ホラティウス『詩論』三〇九―三一一参照――「分別ある判断が正しく書くことの第一歩であり源泉である。題材はソクラテスの知恵を盛ったさまざまな書物が教えてくれるだろう。適切な題材があらかじめ用意されたなら、言葉はあとからおのずとついてくるだろう」。

＊48――「自然的正義」と「理念的正義」の原語は、それぞれ、"giusto naturale"と"giustizia ideale"である。一方、「交換的正義」と「配分的正義」の原語は、それぞれ、"giustizia commutativa"と"giustizia distributiva"である。直接的には、おそらく、トマス・アクィナスの"justitia commutativa"と"justitia distributiva"の区別が念頭にあったのではないかと思われる。しかし、「交換的正義」と「配分的正義」およびそれぞれと関連する「算術的比例」と「幾何学的比例」の区別そのものについては、すでにアリストテレスも『ニコマコス倫理学』第五巻三―四章（一一三一b―一一三二a）において立ちいった説明をあ

たえている。そこでのアリストテレスの説明によると、広い意味での正義、すなわち「共同体的な徳」を意味する「対他的な関係においての」正義以外に、「平等」を意味する狭い意味での正義があり、この狭い意味での正義には、加害にたいして弁償する場合のように、算術的比例にもとづいて、破壊された原初の状態の復元をめざす「交換的正義」と、幾何学的比例にもとづいて、各人にそれぞれの価値に応じた財貨を配分する「配分的正義」の二種類があるという。

＊49――アヴェロエス Averoes はイブン＝ルシュド Ibn Rushd（一一二六―一一九八）のラテン名。スペイン・アンダルシーア出身のイスラーム哲学者。アリストテレスの作品の註解や医学・哲学関係の著作がある。

＊50――「種子精気」の原語は“spirito seminale”である。男性ないし雄の働きをなすと仮定された精気を指す。プラトンの発生理論については、『ティマイオス』七三C、八六C、九一A―C参照。

＊51――エピクロス派は「アタラクシア」、すなわち、心に動揺がなく平静な状態でいることをもって道徳的格率としていた。ディオゲネス・ラエルティオス『ギリシア哲学者列伝』第一〇巻第一章「エピクロス」一四四を参照――「正しい人は動揺することの最も少ない人であるが、正しくない人は極度の動揺に満たされている」。ストア派も「アパテイア」、すなわち、情念（パトス）にとらわれない境地に立つことをもって、道徳的格率としていた。

ディオゲネス・ラエルティオス『ギリシア哲学者列伝』第七巻第一章「ゼノン」には、一一〇で「情念そのものは、ゼノンによれば、魂の非理性的で自然に反した動きであり、あるいは度を超した衝動である」とあったうえで、一一七に「賢者は情念に溺れることがないゆえに、動ずることのない者（アパテース）である」という規定が登場する。

＊52――プラトン『ティマイオス』五三A―B参照――「万有が秩序づけられはじめたとき、神ははじめて形と数を用いて、最初に火を、ついで水と土と空気を〔中略〕作りあげなさったのです」。

＊53――ストア派の自然学については、ディオゲネス・ラエルティオス『ギリシア哲学者列伝』第七巻第一章「ゼノン」一三五に「物体とは、アポロドロスが『自然学』のなかで述べているように、長さと幅と深さの三方向に拡がっているもののことである。そこで、これはまた立体とも呼ばれる。面は物体の極限、すなわち、長さと幅だけをもち、深さをもたないもののことである。〔中略〕線は面の極限であり、幅のない長さ、あるいは長さだけをもつものである。点は線の極限であり、最小を表示する印しである」という記述が見える。

＊54――『イタリア人の太古の知恵』第一巻「形而上学篇」第四章「本質あるいは作用力について」一「形而上学的点ならびにコーナートゥスについて」参照。そこにはつぎのようなくだりが登場する。「幾何学者が点をいかなる部分も存在しないもののことであると定義するとき、それは名目的な定義である。〔中略〕同様に、算術家のもとにおける一の定義もまた

名目的なものである。ところが、ゼノンの徒たちは、点とは人間の知性が延長と運動を可能にする作用力について思考しうるものをかたどったものであるととらえ、そのかぎりで、この点の定義を実在的なものであると見る。したがって、幾何学はそれの対象を質料から浄化する、あるいは一般に学校《スコラ》で言われているように〈抽象する〉と考えられているのは、まちがっている。なぜなら、ゼノンの徒たちは、どの学も幾何学ほど精密に質料をあつかっている学はないと見ていたからである。〔中略〕ピュタゴラスと彼の追従者たちが、彼らのうちではわれわれのところにプラトンをつうじてティマイオスの名が届いているが、自然の事物を数によって論究したときにも、自然がほんとうに数からなっていると考えていたわけではなかった。そうではなくて、自分たちがそれの外部に存在している世界を自分たちの内部に含みもっている世界をつうじて解明しようと努めていたのである。点が事物の原理であると見ていたゼノンとその一派についても、同様の判断をすべきである」(上村訳、同右、七二―七四ページ)。

*55――『イタリア人の太古の知恵』第一巻「形而上学篇」第四章「本質あるいは作用力について」一「形而上学的点ならびにコーナートゥスについて」では、デカルトとエピクロスはどちらも「図形と機械を用いて自然の事物について論じている」点で共通しているとしたうえで、このアプローチは自然の個別的な事物を解明するためには有効であったが、「原理(principio)と作用力(virtus)」のほうは「形がないためになんらの図形も存在せず、無

限定であるためになんらの機械も存在しない」ところから、そうした「原理と作用力」をあつかう形而上学の面で両者ともに躓いてしまったとの指摘がなされている（上村訳、同右、七五ページ）。

＊56――エウクレイデスの『原論』の第五命題はつぎのとおりである。「二等辺三角形の底辺の上にある二つの角は互いに等しく、また等しい二つの直線〔辺〕をさらに延長したなら、底辺の下にある二つの角も互いに等しい」。エウクレイデスの『原論』では、二つの三角形が合同であることを証明するのに、二等辺三角形にかんするこの第五命題が用いられている。『エウクレイデス全集』第一巻「原論Ⅰ―Ⅵ」（斎藤憲・三浦伸夫訳、東京大学出版会、二〇〇八年）参照。

＊57――ヴィーコの数学思想については、Antonio Corsano, "Vico and Mathematics," in: Giorgio Tagliacozzo and Hayden V. White (eds.), *Giambattista Vico: an International Symposium* (Baltimore, The Johns Hopkins Press, 1969), pp. 425-437; David Lachterman, "Vico, Doria e la geometria sintetica," *Bollettino del Centro di Studi Vichiani*, X (1980), pp. 10-35 を参照。

＊58――「構想力〔創意工夫の能力〕」の原語は ingenium である。これが「互いに離れたところにある相異なることどもをひとつに結合する能力」を指して言われていることについては、『イタリア人の太古の知恵』第一巻「形而上学篇」第七章「能力について」三「構想力について」（上村訳、同右、一一九ページ）を見られたい。

＊59――アリストテレス『政治学』第八巻第三章（一三三七b）参照――「人々が教育として教えるのを常としているものは大体四つである。すなわち、読み書き、体操、音楽、第四に、ある人々によれば図画である」。なお、プラトンも、『法律』第七巻第一四章（八〇九C）において、子どもを養育するのに必要な学科として、読み書きと音楽以外に、数学（算術）を挙げている。

＊60――『アルノーの論理学』とは、教父学とスコラ哲学の双方に通じた第一級の神学者でありながらデカルト哲学にも深い関心を寄せたことで知られるポール・ロワイヤル女子修道院の隠士、アントワーヌ・アルノー Antoine Arnauld（一六一二―一六九四）が、同じくポール・ロワイヤル女子修道院付属の学校で教えていたピエール・ニコル Pierre Nicole（一六二五―一六九五）と共同で執筆した『論理学もしくは思考の術』*La logique ou l'art de penser*（初版一六六二年）を指す。『ポール・ロワイヤルの論理学』とも呼ばれる。

＊61――ここでヴィーコが「クリティカ（critica）」と「トピカ（topica）」と称しているのは、それぞれ、真偽の判断にかかわる術（ars iudicandi）と論拠の在り場所の発見にかかわる術（ars inveniendi）を意味している。キケロは『トピカ』二・七において、後者の「発見術」は前者の「判断術」にたいして「自然の順序からしてたしかに先にあるべきである」と述べている。このキケロの定義が典拠とされている。さらには、ヴィーコが青少年教育の目標として掲げている「哲学者にして雄弁家」としての自己形成という点についても、キケ

ロも『弁論家について』三・一四三で「学識ある弁論家（doctus orator）」こそは弁論家の理想でなければならないと述べていたことに注意されたい。上村忠男『ヴィーコの懐疑』（みすず書房、一九八八年）、一六二ページ、同『ヴィーコ――学問の起源へ』（中央公論新社、二〇〇九年）、二四―二七ページを参照のこと。

＊62――この講義の記録は今日では失われてしまって存在しない。

＊63――ジャン・ルクレール Jean Le Clerc（一六五七―一七三六）はジュネーヴ出身の神学者。『普遍・歴史文庫』*Bibliothèque universelle et historique* 全二十五巻（一六八六―九三年）――のちに『精選文庫』*Bibliothèque choisie* 全二十八巻（一七〇三―一三年）、さらに『古代・近代文庫』*Bibliothèque ancienne et moderne* 全二十九巻（一七一四―二六年）と改称――の編者として知られる。

＊64――ピエール・ガッサンディ Pierre Gassendi（一五九二―一六五五）はフランスの哲学者。ルクレティウスの『事物の本性について』を読んでエピクロスの原子論的哲学の存在を知り、それをアリストテレス批判とデカルト批判に利用した。主著は『エピクロスの生涯・徳性・所見について』*De vita, moribus et placitis Epicuri*（一六四七年）と『エピクロス哲学のシンタグマ』*Syntagma philosophiae Epicuri*（一六四九年）。

＊65――プラトンの教義に依拠しつつ導き出された、ヴィーコ自身の哲学の核心部分を知るうえで重要な意義をもつこのくだりは、『新しい学』第二版（一七三〇年）の出版直後に作成さ

れたノート「訂正・改善・追加」にも、『自伝』のこのページへの参照を求めつつ、ほぼそのまま織りこまれている。上村訳『新しい学1』パラグラフ三四九の訳注2（二四二—二四三ページ）を参照のこと。

＊66——ロバート・ボイル Robert Boyle（一六二七—一六九一）はイギリスの化学者。対話篇『懐疑的化学者』*The Sceptical Chymist*（一六六一年）のなかで独自の「微粒子説」を提唱し、呪術的・錬金術的な自然学から近代的な化学への道を開拓したことで知られる。一六四一年にフィレンツェに滞在したこともあって、イタリアのガリレイ派科学者たちと緊密な関係を取り結んでいた。そして、とりわけ十七世紀後半には、ナポリでも、トンマーゾ・コルネリオ（後述）やルカントニオ・ポルツィオ（後述）をはじめ、インヴェスティガンテ（自然探求者）たちのアカデミー（後述）に結集した科学者のあいだで大いに話題になっていた。Cf. Clelia Pighetti, *L'influsso scientifico di Robert Boyle nel tardo '600 italiano* (Milano, Franco Angeli, 1988).

＊67——スパルギリカ（spargirica）は、パラケルスス（一四九三ごろ—一五四一）が錬金術に起源をもつ彼の医化学のための中枢的学問を指して Spargiria と呼んだのに由来する語。十七世紀から十八世紀初頭の時期には「薬剤学」とほぼ同じ意味で用いられていた。

＊68——「野蛮な仕方」とは、当時の医学や薬学の専門的著作で用いられていたラテン語・ギリシア語の術語や化学式などの表現様式を指す。ヴィーコの眼には、これらは放恣で野蛮なも

のと映じたようである。

＊69——エリクス・レギウス Erricus Regius はユトレヒト大学の医学教授ヘンドリーク・ファン・ロイ Hendrijk van Roi（一五九八—一六七九）のラテン名。彼の著書『自然哲学』とあるのは、正確には『自然学の基礎』*Fundamenta physicae*（一六四六年）のことである。また同書の発行地はユトレヒトではなくてアムステルダムだった。同書は大半がデカルトの思想の抜粋からなっており、ここから同書がデカルトの著作であるかのような誤解が生じることともなった。ヴィーコもそうした誤解におちいった一人であったことがここでの叙述からはうかがえる。もっとも、デカルト自身は誤解を解くべく、『哲学の原理』のフランス語版（一六四七年）に寄せたフランス語訳者宛ての書簡のなかで『自然学の基礎』は自分の手になるものではないと言明している。Cf. "Lettre-préface de l'édition française des *Principes*" in: Descartes, *Œuvres philosophiques* (ed. F. Alquié: Paris, Bordas, 1989), p. 784.〔井上庄七・水野和久訳「哲学の原理」：世界の名著『デカルト』（中央公論社、一九六七年）、三二九ページ〕

＊70——ここに『形而上学的省察』とあるのは、正確には、デカルトが一六四一年に公刊した『第一哲学についての省察』*Meditationes de prima philosophia*（略称『省察』）のことである。

＊71——正しくは「十三世紀」であろう。

＊72——グレゴリオ・カロプレーゾ Gregorio Caloprseo（一六五〇—一七一五）は当時のナポリに

おける代表的哲学者として知られる。この人物の思想について解説したものとしては、長らく、かろうじてRaffaele Cotugno, *Gregorio Caloprese* (Trani, Vecchi, 1900)を挙げることができるにすぎなかったが、近年になって十七世紀末から十八世紀初めにかけての時期におけるナポリ文化についての研究が進むなかで、この人物についても掘り下げた研究が登場するにいたっている。Cf. Nicola Badaloni, *Introduzione a G. B. Vico* (Milano, Feltrinelli, 1961), pp. 266-272; Silvio Suppa, *L'Accademia di Medinacoeli fra tradizione investigante e nuova scienza civile* (Napoli, Istituto Italiano per gli Studi Storici, 1971), pp. 12-19 et passim; Michele Rak, *La fine dei grammatici. Teoria critica della letteratura nella storia delle idee del tardo Seicento italiano* (Roma, Bulzoni, 1974).

＊73――実際には、デカルトの『情念論』*Passions de l'âme*（一六四九年）は、モラリストや説教師や文学者によって、人々の情念について議論したり描写したりするのに大いに利用された。

＊74――ニコラ・マルブランシュ Nicola Malebranche（一六三八―一七一五）はフランスのオラトリオ会修道士で合理主義哲学者。デカルトの物心二元論を機会原因論によって止揚しようと腐心したことで知られる。主著は『真理探求論』*De la recherche de la vérité*（一六七四年）。ヴィーコは『イタリア人の太古の知恵』第一巻「形而上学篇」の第六章「知性について」でマルブランシュの学説を取りあげて批判している（上村訳、前掲『イタリア人の

太古の知恵』、一一〇―一一一ページ参照)。しかし、とりわけ観念の神起源にかんするマルブランシュの所説が『新しい学』の時期のヴィーコにもなお多大の影響をあたえていることについては、上村忠男『バロック人ヴィーコ』(みすず書房、一九九八年)、八七―九六ページ、ならびに同、前掲『ヴィーコ――学問の起源へ』、一〇六―一二〇ページを見られたい。

＊75――パスカル Blaise Pascal(一六二三―一六六二)の遺稿集『随想録』*Pensée* の断片的性格については、ヴィーコはナポリ大学における一七三二年の開講講演「英雄的知性について」でも指摘している(本書付録2参照)。

＊76――『ポール・ロワイヤルの論理学』のことである。注60を見られたい。

＊77――ローマ軍のアジア地区への外征にさいし、大ポンペイウス(前一〇六―前四八)に指揮全権を付与するよう命じた護民官ガイウス・マニリウスの法案を弁護して、キケロが前六六年におこなった演説。

＊78――ペトラルカ『カンツォニエーレ』の七一・七二・七三に収められている三つのカンツォーネを指す。いずれもラウラの眸《ひとみ》によせたもので、ペトラルカ自身によって「三姉妹」と名づけられた。『カンツォニエーレ』七二・七六―七八参照――「カンツォーネよ、いましがたおまえの姉が先だって/もうひとりの妹が/同じ宿屋で旅支度をしているらしい、そこでわたしはさらなる紙に筆を染める」(池田廉訳『カンツォニエーレ』〔名古屋大学出版

会、一九九二年〕一三三ページ――訳文は訂正させてもらった）。

＊79――Cf. *Rime scelte di poeti illustri de'nostri tempi*, a cura di Bartolomeo Lippi (Lucca, 1709). なお、Benedetto Croce, *Bibliografia vichiana*, accresciuta e rielaborata da Fausto Nicolini (Napoli, Ricciardi, 1946), I, p. 104 によると、このカンツォーネは、すでに一六九四年、すなわち、ヴィーコがヴァトッラからナポリに戻ってきた年に、ナポリで出版されているという。Cf. Giovan Battista de Vico, *Canzoni in lode della serenissima Altezza elettorare di Massimiliano duca di Baviera* (Napoli, De Bonis, 1694).

＊80――Cf. *Raccolta di poeti napoletani non più ancora stampati*, a cura dell'abate Giovan Lorenzo Acampora (Napoli, Parrino, 1701), pp. 245-250. なお、イッポリータ・カンテルモ＝スチュアート Ippolita Cantelmo-Stuart（一六七七―一七五四）は当時のナポリでもっとも知性的な詩人として知られた文芸支援者。ブルッツァーノ公爵ヴィンチェンツォ・カラファ Vincenzo Carafa（一六六〇―一七二六）との結婚式が挙行されたのは、一六九六年七月十六日であった。のちヴィーコの娘の代母にもなっている。Cf. Nicolini 2, pp. 170-174.

＊81――カトゥッルス Gaius Valerius Catullus（前八四ごろ―前五四ごろ）は古代ローマ最大の抒情詩人。「夕べ来たりぬ」"Vesper adest" は「青年たち」と「少女たち」が互いに呼びかけあう祝婚歌。

＊82――ニコリーニによると、ヴィーコが言及しているタッソのカンツォーネというのは、一五七

八年に挙行されたアルフォンソ公とマルフィーザ・デステの結婚式のためにタッソが書いた祝婚歌「すでにしめやかなる夜想曲は」“Già il notturno sereno”ではないかという。Cf. Nicolini 3, p. 24, nota 7.

＊83――プラトン『ティマイオス』三九D参照――「時間の完全数が完全な年を満たすというのはやはり認めうることです」。「完全数」とはその約数の和がその全体に等しいものをいう。具体的には、恒星、土星、木星、火星、水星、金星、太陽、月の八天体が地球周転に要する期間を指す。その期間については『国家』五四六B―Cに説明がある。「完全数」に当たる年は「最大年」と呼ばれ、その年を境に新時代が始まるとされた。Cf. Gustavo Costa, *La leggenda dei secoli d'oro nella letteratura italiana* (Bari, Laterza, 1972).

＊84――ウェルギリウス『牧歌』第四歌参照。四行目にプラトンの「最大年」に該当すると思われる「最良の時代」という言葉が出てくる〈河津千代訳『牧歌・農耕詩』〔新装版：未來社、一九九四年〕九一ページ〉。

＊85――Cf. *Rime di varî illustri poeti napoletani*, a cura di Agnello Albani (Napoli, Antonio Muzio, 1723), 2 voll. このカンツォーネも、注79に記した一六九四年の小冊子にすでに収録されている。一六九四年はバイエルン公爵マクシミリアンとポーランドのテレサ皇女の結婚式が挙行された年であった。

＊86――マルシリオ・フィチーノ Marsilio Ficino（一四三三―一四九九）はルネサンス期イタリア

の新プラトン主義を代表する人文主義者。主著は『プラトン神学』*Theologia Platonica*（一四八二年）。

＊87――ピーコ・デッラ・ミランドラ Giovanni Pico della Mirandola（一四六三―一四九四）はルネサンス期イタリアの人文主義者。代表作は『人間の尊厳についての演説』*Oratio de hominis dignitate*（一四八六年）。

＊88――アゴスティーノ・ニーフォ Agostino Nifo（一四七三ごろ―一五三八または一五四五）はアヴェロエス的アリストテレス主義を主張したルネサンス期イタリアの哲学者。代表作は『知性ならびにダイモーンについて』*De intellectu et daemonibus*（一四九二年）。アゴスティーノ・ステウコ Agostino Steuco（一四九七―一五四八）はプラトンとアリストテレスを折衷した立場をとったルネサンス期イタリアの人文主義者で、対抗宗教改革の論客としても知られる。主著は『永遠の哲学について』*De perenni philosophia* 全十巻（一五四〇年）。

＊89――イァコポ・マッツォーニ Iacopo Mazzoni（一五四八―一五九八）は『神聖なる詩人ダンテの「神曲」の弁護論』*Discorso in difesa della Commedia della divino poeta Dante*（一五七二年）で知られるルネサンス期イタリアの人文主義者。哲学上の代表作にプラトンとアリストテレスの折衷をくわだてた『活動的、観照的、宗教的な人間の三重の生活にかんする三つの方法』*De Triplici Hominum Vita, Activa Nempe, Contemplativa, et Religiosa Methodi Tres*（一五七六年）がある。

*90――アレッサンドロ・ピッコローミニ Alessandro Piccolomini（一五〇八―一五七八）はギリシア語やラテン語で書かれた科学的・哲学的著作のイタリア語での普及に努めたことで知られるルネサンス期イタリアの人文主義者。哲学上の代表作に『自由な都市で高貴な身分に生まれた人間の全生涯の提要について』*De la institutione di tutta la vita de l'homo nato nobile e in città libera*（一五四二年）がある。同書については、一五六〇年に『道徳提要』*Istituzion morale* と改題された修正版が出ている。

*91――マッテーオ・アックアヴィーヴァ Andrea Matteo Acquaviva（一四五六―一五二九）は政治家として活躍したイタリアの貴族であったが、学芸界のパトロンとしても知られた。プルタルコスの『モラリア』をイタリア語に訳している。

*92――フランチェスコ・パトリーツィ Francesco Patrizi（一五二九―一五九七）は『逍遥学派論争』*Discussiones peripateticae* 全一五巻（一五七一―八一年）でアリストテレスを批判し、新プラトン主義に転じたことで知られるイタリアの哲学者。

*93――カルロ・ブラーニャ Carlo Buragna（一六三四―一六七九）はカリアリ生まれのイタリアの文芸人。プラトンの『ティマイオス』の註解をはじめ、さまざまな哲学的・科学的著作をものしたらしいが、すべてが未公刊で、原稿も現在はほとんど残っていない。ただし、没後の一六八三年に出版された『詩集』*Poesie latine e italiane* からは、詩の分野では、デッラ・カーサ（後出注94参照）からの影響の跡をなお強くとどめながらも、マリーニズモ

うかがえる。(前出注37参照)から脱してペトラルカ的な古典的詩風への回帰をこころみていたことが

*94——ジョヴァンニ・デッラ・カーサ Giovanni della Casa(一五〇三—一五五六)はイタリアの聖職者・詩人。抒情詩の分野でペトラルカを模倣しようとする一般的な風潮への対抗をくわだてたことで知られる。ほかに散文の主著として作法読本『ガラテーオ』*Galateo*(一五五八年)がある。

*95——レオナルド・ディ・カプア Leonardo di Capua(一六一七—一六九五)はイタリアの医学者。主著『医術の起こりと歩みを逐一語りつつ医術とはいかに不確実なものであるかを明らかにしている八つの論からなるリオナルド・ディ・カポア氏の見解』*Parere del Signor Lionardo di Capoa divisato in otto ragionamenti, ne' quali partitamente narrandosi l'origine, e'l progresso della medicina, chiaramente l'incertezza della medesima si fa manifesta*(一六八一年)は、ガレノス派の医学に新しいガリレオ的な実験的方法を対置するとともに、当時支配的であったバロック的言語思想に逆らって、十四世紀のペトラルカに端を発するトスカーナ語純正主義への復帰を実践してみせ、ナポリ文化に新風を吹きこんだことで知られる。

*96——トンマーゾ・コルネリオ Tommaso Cornelio(一六一四—一六八四)は、レオナルド・ディ・カプアとともに一六六四年ナポリで「インヴェスティガンテたち(自然探求者たち)のアカデミー」Accademia degli Investiganti を起ちあげたイタリアの数学者・医学者。主

著は『自然学予備演習』*Progymnasmata physica*（一六六三年）。ガリレオからデカルト、またハーヴィからボイルにいたる新時代の機械論的自然学の諸学説がテーマ別演習というかたちで解説・吟味されている。コルネリオとディ・カプアの仕事の意義、ならびに両者とヴィーコとの関係については、さしあたり、上村忠男「数学と医学のあいだで──ヴィーコとナポリの自然探求者たち」、『思想』第七五二号（一九八七年二月）、五九─八六ページ（その後、前出『ヴィーコの懐疑』に収録）を見られたい。

＊97──ドイツ人のイエズス会神父ヤーコプ・グレッツァー Jacob Gretser（一五六〇─一六二五）の『ギリシア語の基礎』*Rudimenta linguae graecae pro infima et pro media Schola Grammatices*（一五九三年）のこと。

＊98──オランダ人アドリアーン・デ・ヨンゲ Adriaan de Jonge、ラテン名ハドリアヌス・ユニウス Hadrianus Junius（一五一一─一五七五）の『万有用語解説辞典』*Nomenclator omnium rerum propria nomina variis linguis explicata indicans*（一五五五年）のこと。

＊99──パオロ・ジョーヴィオ Paolo Giovio（一四八三─一五五二）は人文主義的歴史叙述の代表者。『同時代史・全四十五巻』*Historiarum sui temporis libri XLV*（一五五〇─五二年）ほかの著作がある。

＊100──「ナウジェーロ」は、正確にはヴェネツィア生まれの詩人で弁論家でもあったアンドレーア・ナヴァジェーロ Andrea Navagero（一四八三─一五二九）。ヴィーコが言及している

『歴史』というのは、ナヴァジェーロの幻の書『イタリア史』を指す。ヴィーコの『自伝』が書かれる直前の一七一八年にパドヴァで公刊されたナヴァジェーロの『全集』の編者が記しているところによると、ナヴァジェーロはカエサルの『ガリア戦記』を手本にして『イタリア史』全十二巻を書きはじめたものの完成させることができず、原稿をすべて焼き捨てるよう遺言したという。「彼の『歴史』が被った大いなる損失にはただただ嘆息するばかりである」というヴィーコの述言は、この編者の言を素直に受けとったところから発せられている。

*101――ダンドレーア家の三兄弟のうち、神父のガエターノ・ダンドレーア Gaetano D'Andrea（?―一七〇二）についてはモノーポリの司教になったことが知られている程度であるが、フランチェスコ・ダンドレーア Francesco D'Andrea（一六二五―一六九八）はコルネリオならびにディ・カプアとともに「インヴェスティガンテたちのアカデミー」を創設し、十七世紀後半期ナポリ文化の刷新運動において主導的役割を演じた弁護士として知られる。Cf. Nino Cortese, *I ricordi di un avvocato napoletano del Seicento, Francesco D'Andrea* (Napoli, Lubrano, 1923); Biagio de Giovanni, *Filosofia e diritto in Francesco D'Andrea. Contributo alla storia del previchismo* (Milano, Giuffré, 1958); Salvo Mastellone, *Francesco D'Andrea politico e giurista (1648–1698)* (Firenze, Olschki, 1969). また弟のジェンナーロ・ダンドレーア Gennaro D'Andrea（一六三七―一七一〇）は王立神聖評議会評議員（裁判

官）や王室財務官などを歴任した。

＊102——ジュゼッペ・ルチーナ Giuseppe Lucina（生没年不詳）は、一六九八年にナポリで副王メディナセリ公爵ルイス・フランシスコ・デ・ラ・セルダ Luis Francisco de la Cerda y Aragón（一六六〇—一七一一）によって創設された王宮アカデミー（Accademia Palatina di Medinacoeli）の会合に参加して詩を朗読したり講義をしたりしていたという。Cf. Suppa, *L'Accademia di Medinacoeli* cit., pp. 46-58.

＊103——ニコロ・カラヴィータ Nicolò Caravita（一六四七—一七一七）はナポリ生まれの法律家・哲学者。ナポリ王国の司法財務官ならびにナポリ大学の封建法教授としてローマ教皇庁の干渉からナポリ王国を防衛するのに尽力した。またレオナルド・ディ・カプアの熱烈な追従者でもあって、その館は当時の革新的な知識人たちが集う文学サロンになっていたという。Cf. Salvatore Fodale, « CARAVITA, Nicolò », in: Dizionario Biografico degli Italiani, Vol. XIX (1976), pp. 676-679.

＊104——Cf. *Varî componimenti in lode dell'eccellentissimo signore don Francesco Bernavides conte di Santostefano, grande in Spagna, viceré del regno di Napoli*, raccolti da don Niccolò Caravita (in Napoli, presso Giuseppe Roselli, MDCXCVI).

＊105——「アウトディダスコロ」の原語は"autodidascolo"である。「自学自習者」を指す。エピクロスについては、ディオゲネス・ラエルティオス『ギリシア哲学者列伝』第一〇巻「エピ

クロス」一三を参照のこと。

*106——Cf. *Pompa funerali celebrate in Napoli per l'eccellentissima signora donna Caterina d'Aragona*, curata da Federico Pappacoda (in Napoli, presso Giuseppe Roselli, MDCXCVII). なお、カルロ・ロッシ Carlo Rossi（生没年不詳）は一六九八年にナポリ副王メディナセリ公爵の開いた王宮アカデミーでヴィーコの同僚となる。またエマヌエル・チカテッリ Emanuel Cicatelli（?—一七〇二）は当時、ナポリ大聖堂参事会員をしていた。

*107——クインティリアヌス『弁論家の教育』三・六参照——「あらゆる訴件はなんらかの段階（status）に含まれているのだから、それぞれの訴件がどんなふうにして扱われるべきかを論じるまえに、訴件がそこから生じるところの〈段階〉とはそもそもなんであるのか、またその数はどれだけあるのかを検討しておかなければならないと考える」。

*108——じっさいには賛成十二票、反対十票。かろうじて一票の過半数であった。なお、採用審査は一六九八年十月二十五日におこなわれ、一六九九年一月三十一日付けナポリ副王メディナセリ公爵の認可状をもって正式採用となった。Cf. Nicolini, *La giovinezza* cit., pp. 191-192.

*109——アルフォンソ・ダラゴーナ Alfonso d'Aragona（一三九六ごろ—一四五八）は十五世紀前半のナポリ王。その治世中にはナポリでも人文主義者たちのめざましい活躍が見られた。

*110——このナポリ副王メディナセリ公爵の設立したアカデミーは王宮アカデミー（Accademia

Palatina o di Palazzo Reale）とも称された。一六九八年三月二十日に開設され、一七〇二年二月、公爵が副王の任を解かれてスペインへ帰還したのと時を同じくして閉鎖されている。概要については、さしあたり、Suppa, *L'Accademia di Medinacoeli* cit. を見られたい。

＊111——これはヴィーコの思い違いである。実際には『方法叙説』は一六三五年に執筆されて一六三七年に公刊されており、『省察』のほうはラテン語版が一六四一年、フランス語版が一六四七年に公刊されている。

＊112——パオロ・マッティア・ドリア Paolo Mattia Doria（一六六七―一七四六）はジェノヴァの貴族の一門に生まれた哲学者・数学者。一六九〇年ナポリに移住し、死去するまでナポリで生活する。当初は熱烈なデカルト主義者であったが、まもなくプラトン主義へと転向していく。生前公刊された著作に『政治生活ならびに君主の教育』*Vita civile e l'educazione del principe*（一七〇九年）、『古代人と近代人の哲学をめぐる自然学的・哲学的論議』*Discorsi fisici filosofici intorno alla filosofia degli antichi e de moderni*（一七二四年）などがあるほか、大量の未公刊原稿を遺している。Cf. *Paolo Mattia Doria fra rinnovamento e tradizione. Atti del Convegno di studi, Lecce, 4-6 novembre 1982* (Galatina, Congedo, 1985). なお、ヴィーコは一七一〇年の『イタリア人の太古の知恵』第一巻「形而上学篇」をドリアに捧げている。

＊113——「理念においての賢者」と「実践においての賢者」の原語は、それぞれ、"l'uom sapiente

d'idea" と "l'uom sapiente di pratica" である。

＊114――「永遠の理念的な歴史」の原語は "storia ideale eterna" である。

＊115――「深遠な知恵」と「通俗的な知恵」の原語は、それぞれ、"sapienza riposta" と "sapienza volgare" である。

＊116――フランシス・ベイコンの『学問の尊厳と進歩』*De dignitate et augmentis scientiarum*（一六二三年）の最後に付されている「学問の新世界、もしくは願望されることがら」（Novus orbis scientiarum sive desiderata）を参照のこと。

＊117――ナポリ大学では学則で毎年十月十八日を開講日とすると定めており、その日には雄弁術の教授が開講講演をおこなう慣わしになっていた。したがって、ヴィーコも一六九九年にナポリ大学の雄弁術教授に採用されて以来、一七〇八年まで、毎年のように開講講演をおこなっていた。ただし、各講演のおこなわれた年はここでヴィーコが記しているのとは若干異なって、一六九九年、一七〇〇年、一七〇二年、一七〇五年、一七〇六年、一七〇七年、一七〇八年であったことが今日では判明している。Cf. Salvatore Monti, *Sulla tradizione e sul testo delle orazioni inaugurali di Vico* (Napoli, Guida, 1977), pp. 60-65. なお、つづいてヴィーコが述べているように、第七回目の講演は翌一七〇九年に『われらの時代の学問方法について』と題して公刊されたが、第六回目までの講演の記録については現在では失われてしまって残っていない。しかし、第七回目の講演が公刊されることになったさい、ヴ

ィーコはそれまでの講演についても同時に活字化したいと考えた模様で、一七〇八―〇九年にまとめなおされた原稿が残っている。『開講講演集』と呼ばれているものがそれである。以下の記述はこの原稿に依拠したものと推測される。

＊118――これはフィチーノをはじめとしてルネサンス期新プラトン主義の特徴をなすテーゼでもあった。Cf. Giovanni Gentile, *Studi vichiani* (seconda ed.: Firenze, Sansoni, 1927), pp. 44-67.

＊119――キケロ『トゥスクルム荘対談集』五・四・一〇参照。

＊120――フェリクス・ランシーナ Félix Lanzina y Ulloa（一六一九―一七〇三）はサラマンカ生まれのスペインの行政官。一六六八年にナポリ王国の神聖評議会議長に就任以来一七〇三年三月に死去するまでずっとその職にとどまりつづけた。したがって、このエピソードはそれ以前の講演に言及したものと見なされるべきか、それとも第四回目の講演がおこなわれたのはヴィーコが証言している「一七〇四年」ではないことになる。

＊121――クレメンス十一世の本名はジョヴァンニ・フランチェスコ・アルバーニ Giovanni Francesco Albani（一六四九―一七二一）。一七〇〇年にローマ教皇の座に就いている。

＊122――「ウモリスタたちのアカデミー」（Accademia degli Umoristi）は十七世紀ローマの代表的アカデミーのひとつ。一六〇〇年に設立され、十八世紀初頭まで存続した。

＊123――デトレ César d'Estrées（一六二八―一七一四）はフランスの外交官・枢機卿。

＊124――インノケンティウス十二世の教皇在位期間は一六九一―一七〇〇年。そして、その跡を襲ってクレメンス十一世が一七〇〇年に教皇の座に就いている。したがって、クレメンス十一世が「幸運の端緒」をつかんだのは、インノケンティウス十一世（在位期間一六七六―一六八九年）とアレクサンダー八世（在位期間一六八九―一六九一年）のもとにおいてであった計算になる。

＊125――スキピオ・アフリカヌスはカルタゴ討伐をもって知られる前二世紀のローマの将軍。文芸愛好家でもあって、喜劇作家テレンティウス Publius Terentius Afer（前一九五／八五―前一五九）その他の文人のパトロンであった。なお、テレンティウスの作品がスキピオと彼の友人ラエリウス Gaius Laelius（生没年不詳）の共作になるという噂については、テレンティウス自身が『兄弟たち』のプロローグで否定している。ちなみに、『自伝』のこのくだりは第四回目の開講講演自体には出てこない。

＊126――テオドリクス Theodricus Magnus（四五五ごろ―五二六）は東ゴート族がイタリアに創設した独立王国の建設者。カッシオドルス Flavius Magnus Aurelius Cassiodorus（四八五ごろ―五八五ごろ）はそのテオドリクス大王に仕えたローマの政治家・著作家。『神的ならびに世俗的な学芸の教程』*Institutiones Divinarum et Saecularium Litterarum*（五四三―五五五年）ほかの著作がある。ちなみに、このくだりも第四回目の開講講演自体には出てこない。

*127――アルクイヌス Alcuinus（七三五ごろ―八〇四）はヨーク出身のイギリス人学者。カール大帝に仕え、衰退していた学芸の復興（いわゆるカロリング・ルネサンス）に貢献した。

*128――プルタルコス『対比列伝』「アレクサンドロス伝」八・二、「カエサル伝」一一・五―六参照。

*129――ヒメネス Francisco Ximénes de Cisneros（一四三六―一五一七）はスペインのフランシスコ会修道士。アラゴンのフェルディナンド二世のもとで枢機卿として二度にわたって摂政を務めたほか、北アフリカへの十字軍を組織し、ムーア人をキリスト教に改宗させようと試みた。アルカラ大学の創設者でもあった。一方、リシュリュー Armand Jean du Plessis, cardinal-duc de Richelieu et de Fronsac（一五八五―一六四二）はフランスの聖職者・貴族。ルイ十三世の宰相として絶対王政の確立に貢献した。アカデミー・フランセーズの創設者でもあった。

*130――「セルギウス」というのは伝説上の背教修道士。ここでヴィーコが典拠にしているのは、Ludovico Marracci, *Alcorani textus universus in latinum translatus; appositis unicuique capiti notis, et refutatione* (Patavii, ex typographia Seminarii, MDCXCVIII) であるという。Cf. Antonio Garzya, "Vico, l'empio Sergio e lo stupido Maometto," *Bollettino del Centro di Studi Vichiani*, X (1980), pp. 138-143.

*131――アルマンソール Almanzor はアラビア語 al-Manṣūr のスペイン語表記で、「神の援助によっ

て勝利者となった者」を意味する。ニコリーニは、バクダードを拠点として中東地域を支配したイスラム帝国第二の世襲王朝であったアッバース朝の第二代カリフ、アブー・ジャーファル Abu Gia'far（在位七五四—七七五）ではないかとしている。Cf. Nicolini 3, p. 36, nota 7. これにたいして、バッティスティーニはニコリーニ説を紹介しながらも、むしろ、後ウマイヤ朝（コルドバのウマイヤ朝）のカリフ、ヒシャーム二世の治世下で首相として実権を握っていた名将、アル・マンスール、イブン・アビー・アーミル Abu Aamir Muhammad Ibn Abdullah Ibn Abi Aamir, Al-Hajib Al-Mansur（九三八ごろ—一〇〇二）を指しているとみるほうが妥当ではないかとしている。Cf. Battistini , p. 1276.

＊132——ヴィンチェンツォ・グリマーニ Vincenzo Grimani（一六五五—一七一〇）はヴェネツィアの貴族の家門に生まれた枢機卿。一七〇八年にナポリ副王に任命されている。

＊133——ここで「王」と称されているのは、オーストリア・ハプスブルク家のカール（一六八五—一七四〇）のことである。ナポリ王国は十六世紀初頭以来スペインの支配下にあったが、一七〇〇年、そのスペインで王の地位にあったハプスブルク家のカルロス二世が病死。カルロス二世には男児がなかったため、オーストリア・ハプスブルク家のレオポルト一世は、後継者として息子のカールを送ろうとした。しかしカルロス二世は生前、フランス王ルイ十四世の孫アンジュー公フィリップを推薦していたため、ここにオーストリアとフランスのあいだでスペイン継承戦争が起こる。そしてナポリは一七〇七年、カールの率いる軍隊

によって占領され、オーストリアの支配下に入る。そこでナポリ大学は、恭順の証しとして、一七〇八年の開講式をカールに奉献することにしたのだった。ちなみに、カールは一七一一年、カール六世として神聖ローマ帝国皇帝に即位している。

*134——『学問の新機関』とは『ノーウム・オルガヌム』*Novum Organum*（一六二〇年）のことを指す。ただし、『ノーウム・オルガヌム』ではたしかに知識の探求のさいに採用されるべき方法について論じられているが、「願望されることがら」の諸項目が列挙されているのは、注116でも記しておいたように、『学問の尊厳と進歩』*De dignitate et augmentis scientiarum*（一六二三年）の最後に付されている「学問の新世界、もしくは願望されることがら」（Novus orbis scientiarum sive desiderata）においてである。

*135——論考には『われらの時代の学問方法について』*De nostri temporis studiorum ratione* という標題が冠された〔日本語訳は上村・佐々木訳、前掲『学問の方法』〕。なお、論考が実際に刊行されたのは、「同年」、すなわち一七〇八年ではなく、翌年の一七〇九年春であった。

*136——「法律の奥義」の原語は"arcano delle leggi"である。

*137——「ローマ的な統治の理由」の原語は"ragione del governo romano"である。

*138——『われらの時代の学問方法について』第一一章「法賢慮について」（上村・佐々木訳、前掲『学問の方法』、九〇—一一八ページ）参照。

*139——ビンセンソ・ビダニア Diego Vincenzo Vidania da Huesca（一六三一—一七三二）は、当

時、ナポリ王国聖堂付き司祭長を務めており、職制上、王立大学の学長も兼務していた。ローマ法関係の仕事としては、一七一三年に匿名で公表されたユスティニアヌス法典にかんする論考がある。この論考は後出注142のヘンドリク・ブレンクマンから高く評価されたという。Cf. Nicolini 1, p. 114.

＊140——実際には、「バルセローナ、一七〇九年四月二十六日」付けの書簡であった。

＊141——Cf. *Joh. Baptistae Vici Liber Alter qui est de Constantia Jurisprudentis* (Neapoli, Felix Musca, MDCCXXI), pp. 242-246. この部分はニコリーニ版やそれに依拠したその後の諸版では削除されている。ただし、テクストそのものは Giambattista Vico, *Opere*, vol. 5: *L'autobiografia, il carteggio e le poesie varie*, a cura di B. Croce e F. Nicolini (Seconda edizione riveduta e aumentata: Bari, Laterza, 1929) の「書簡集」のなかに収録されている（cf. pp. 142-146）。

＊142——ヘンドリク・ブレンクマン Hendrik Brenkmann（一六八一—一七三六）はオランダの法学者。さまざまな法学者の著作中に登場する『学説彙纂』の断片を再構成する仕事に長いあいだ取り組んできたことで知られる。Cf. Arnaldo Momigliano, "Scipione Maffei e Hendrik Brenkmann: due progetti di collaborazione intellettuale italo-olandese nel Settecento," in: *Terzo contributo alla storia degli studi classici e del mondo antico* (Roma, Edizione di Storia e Letteratura, 1966), I, pp. 179-196; B. H. Stolte, jr., *Hendrik Brenkmann (1681-1736)*

Jurist and Classist. A Chapter from the History of Roman Law as Part of the Classical Tradition (Groningen, Bouma's Boekhuis, 1981).

*143——アントニオ・ディ・リナルド Antonio di Rinaldo（一六八五―?）は、ヴィーコの友人の弁護士、バジリオ・ジャンネッリ Basilio Giannelli（一六六二―一七一六）が開いていた法律事務所の修習生だったという。「ナポリのさる富豪」こと、サン・ジョヴァンニ侯爵夫人の弁護のため、フィレンツェに出張することになったさい、ジャンネッリから、ブレンクマンに手渡すようにと言ってヴィーコの『われらの時代の学問方法について』の刊本を一冊託されたとのことである。Cf. Battistini, p. 1278.

*144——ドメニコ・アウリジオ Domenico Aulisio（一六四九―一七一七）はナポリの法学者。一六九六年、フェリーチェ・アクアディエス（注20参照）の後を継いで、ナポリ大学の市民法夕方講座の教授に就任している。文献学・歴史・医学・数学等にも通暁していたと言われる。没後に出版された『市民法註解――「学説彙纂」の諸条項について』*Commentariorum iuris civilis: ad titt. Pandectarum*（一七一九年）ほかの著作がある。Cf. Nicolini, *Uomini di spada* cit., pp. 392-424.

*145——「学芸上の一大論争」とは、一六八一年に始まってその後十年以上にわたってナポリの学界を二分する争いにまで発展していったレオナルド・ディ・カプア（注95参照）とドメニコ・アウリジオとのあいだの虹をめぐる論争を指す。ディ・カプアがアリストテレス説を

否定して、虹は光の屈折によって発生するのであり、ときには全円の虹を見ることもできると述べたのにたいして、アウリジオが反論し、古典の権威をないがしろにすべきではないとやり返したことに端を発すると言われるが、資料はほとんど現存しない。さしあたり、論争のクロニクルを綴った Nicola Amenta, "Lionardo di Capua," in: *Vite di Arcadi illustri*, a cura di Giovan Mario Crescimbeni (Roma, A. de'Rossi, 1710), II, pp. 23-24 のほか、Raffaele Cotugno, *La sorte di Giovan Battista Vico e le polemiche scientifiche e letterarie dalla fine del XVII secolo alla metà del XVIII secolo* (Bari, Laterza, 1914), pp. 34-37; Badaloni, *Introduzione a G. B. Vico* cit., pp. 181-190 を参照のこと。

＊146――「目次をめくるだけではない人物」の原語は"uomo che non voltava indici"である。ガリレオ・ガリレイ『プトレマイオスとコペルニクスとの二大世界体系についての対話』第二日〔青木靖三訳『天文対話』上（岩波文庫、一九五九年）、二七九ページ〕参照――「きみはいままで同じようなことがどう起こるかを学ぶため、また自然の出来事についての知識を得るために、舟に乗ったり大砲の傍に行くことをせず、アリストテレスがそのことについてなにか言っていないかどうかを見るために、書斎に引きこもって索引や目次をひっくり返し、そしてテクストの本当の意味がどうであるかを確かめるとそれ以上は望まず、それについて知りうることが他にもあるとは考えない仲間の一人であったことがわかってきました」。

*147——"natura"は"nascor"の派生語であり、"ingenium"も"gigno"の派生語であること、すなわち、いずれも「生まれる」に由来する語であることに注意されたい。バッティスティーニによると、ヴィーコの典拠はオランダの古典学者ゲリト・ヤンツォーン・フォス Gerrit Janszoon Vos、ラテン名ゲラルドゥス・フォシウス Gerardus Vossius（一五七七—一六四九）の『ラテン語語源集』*Etymologicon linguae latinae. Praefigitur eiusdem de literarum permutatione tractatus* (Amsterdam, Elzevir, 1662), p. 274 ではないか、という。Cf. Battistini, p. 1280.

*148——アウグスティヌス『神の国』七・二三参照。そこでアウグスティヌスは「魂の三段階」にかんするウァッロの説を敷衍しながら、「アニマ」「アニムス」「アエテール」についてヴィーコと同様の説明をあたえている。ちなみに、「アエテール（aether）」は古代ギリシアにおいて大気圏よりも上層の領域を指して用いられた「アイテール（αἰθήρ）」のラテン語である。これにたいして、大気圏は「アーエール（ἀήρ）」（ラテン語では「アーエール（aer）」）と呼ばれた。

*149——ルクレティウス『事物の本性について』三・九四—一六〇参照。そこでルクレティウスは「アニマ」を生物の生命活動を支えるものと見る一方で、「アニムス」を「メーンス」と同義的なものとして生命のうちのとくに「コーンシリウム（consilium）」すなわち思考する力の宿る場所であるとするとともに、これを感覚の作用と関連づけ、「アニマ」にたいし

て指導的な地位にあるものとしている。
＊150――ルクレティウス『事物の本性について』四・七五八参照。
＊151――以上のヴィーコの議論の根底にはストア派の自然学が控えているものと推測される。ディオゲネス・ラエルティオス『ギリシア哲学者列伝』第七巻第一章「ゼノン」一三二―一五九参照。
＊152――ルーチョ・ディ・サングロ Lucio di Sangro（生没年不詳）は、発明家として有名であったサンセヴェーロ大公、ライモンド・ディ・サングロ Raimondo di Sangro principe di Sansevero（一七一〇―一七七一）の父方の叔父であったという。Cf. Nicolini 3, p. 43, nota 2.
＊153――イギリスの自然学者ウィリアム・ギルバート William Gilbart（一五四四―一六〇三）の『磁石論』*De Magnete, Magneticisque Corporibus, et de Magno Magnete Tellure*（一六〇〇年）のことが念頭に置かれているのか。ただし、磁石の性質については、ルクレティウス『事物の本性について』六・九〇六―一〇八九など、古典古代の著作中にもすでに言及がある。
＊154――プロスペロ・アルピーノ Prospero Alpino（一五五三―一六一七）はヴェネツィアの医師・植物学者。『エジプト人の医学』*De medicina Aegyptiorum*（一五九一年）ほかの著作がある。
＊155――「神的なあるもの」の原語は"quid divini"である。『ヒッポクラテス集成』中の「神聖病について」を参照――「神聖病と呼ばれている病気は、わたしの考えでは、他のもろもろの

病気以上に神的であるとも神聖であるのでもなく、自然的原因をもっている。ただ、人々は経験が欠如しており、驚異への性向が強いところから、他の病気に類似した点がまったく認められないとの理由で、これを神的なあるものと考えたのである」(Loeb ed., vol. II, p. 138. 小川政恭訳『古い医術について 他八篇』〔岩波文庫、一九六三年〕、三八ページ)。ちなみに、「神聖病」とは「てんかん」のことである。

*156――「延び拡がり」の原語は"escorso"である。ラテン語では"excursus"となる。この語を「延び拡がり」の意味で用いている例として、大プリニウス『自然誌』四・一七・一〇五、六・二・六を参照。

*157――「連鎖推理」(sorites, σωρείτης)とは二つ以上の三段論法を複合しながら連鎖的に推論を進めていく論法のことをいう。

*158――「生体の均衡について」(De aequilibrio corporis animantis)はおそらく一七一三年に執筆されたものと見られるが、印刷物のかたちでは公刊されておらず、現在は所在が不明。ここで報告されているヴィーコの自己証言が内容をうかがうことのできる唯一のテクストである。Cf. Benedetto Croce, *Bibliografia vichiana* cit., I, pp. 122-124.

*159――ルカントニオ・ポルツィオ Lucantonio Porzio(一六三九―一七二四)はイタリアの医学者・自然哲学者。トンマーゾ・コルネリオ(注96参照)に学び、インヴェスティガンテたちのアカデミー(注96参照)ならびにメディナセリ公爵の王宮アカデミー(注110参照)の

主要メンバーの一人であった。なお、この人物のことをヴィーコは「ガリレオ学派の最後のイタリア人哲学者」と呼んでいるが、実際に彼がとりわけ注目していたのはむしろデカルトの自然学関係の著作であり、そこでこころみられている人体への機械論的なアプローチであった。Cf. Alessandro Dini, *Filosofia della natura, medicina, religione. Lucantonio Porzio (1639–1724)* (Milano, Franco Angeli, 1985).

＊160――*De antiquissima Italorum sapientia ex linguae latinae originibus eruenda libri tres. Liber primus: metaphysicus* (Neapoli, Felix Musca, MDCCX.).

＊161――論争は『イタリア文人雑誌』*Giornale de'letterati d'Italia* 第五巻（一七一一年）にヴィーコの『イタリア人の太古の知恵』についての匿名書評が載ったことに端を発する。Cf. *Giornale de'letterati d'Italia*, tomo quinto, anno MDCCXI, articolo VI, pp. 119–130; *Risposta del signor* Giambattista di Vico, *nella quale si sciogliono tre oppsizioni fatte da dotto signore contro il Primo Libro* De antiquissima Italorum sapientia, *ovvero della Metafisica degli Antichissimi Filosofi Italiani tratta da'latini parlari* (Napoli, Felice Mosca, MDCCXI); *Giornale d'letterati d'Italia*, tomo ottavo, anno MDCCXI, articolo X, pp. 309-313; *Risposta di* Giambattista di Vico *all'articolo X del Tomo VIII del* Giornale de'Letterati d'Italia (Napoli, Felice Mosca, MDCCXII). なお、ヴィーコの二度目の答弁は、『自伝』では"Replica"（返答）となっているが、正確には第一回目同様、"Risposta"（反駁・答弁）である。また、

『自伝』では「寄稿者たち」と複数形になっているが、モスカ書店から出版された本では書評子は単数で表記されている。書評子はベルナルド・トレヴィザン Bernardo Trevisan（一六五三―一七二〇）であったという。Cf. Giambattista Vico, *Le orazioni inaugurali, il De Italorum sapientia e le polemiche.*, a cura di Giovanni Gentile e Fausto Nicolini (Bari, Laterza, 1914), p. 314; Battistini, p. 1283.

＊162――実際にも、*Giornale d'letterati d'Italia*, tomo duodecimo, anno MDCCXII, articolo XIII, pp. 417-418 には、「著者に敬意を表して」「争点を無限に増大させることのないように」論争を閉じるとの編集部の注が付いている。

＊163――『新しい学』一七二五年版、第三巻第三七章「すべての分節化された言語に共通の諸原理の発見」参照。

＊164――『新しい学』一七二五年版、第三巻第一章「神話学と語源学の新しい諸原理」、第二章「詩の新しい諸原理」参照。

＊165――アドリアーノ・カラファ Adriano Antonio Carafa di Fòrli（一六九六―一七六五）はナポリの名門の家に生まれ、一七一二年にトラエット公爵に任ぜられている。ヴィーコは長年、この人物の家庭教師をしていた。Cf. Fausto Nicolini, *Vico storico*, a cura di Fulvio Tessitore (Napoli, Morano, 1967), pp. 13-15.

＊166――アントニオ・カラファ Antonio Carafa（一六四二―一六九三）はウィーンでハプスブルク

家出身の神聖ローマ皇帝レオポルト一世（一六四〇—一七〇五）に仕えたナポリ出身の軍人。一六八三年から八九年にかけて、オーストリアに叛逆したオスマン帝国とハンガリーの軍勢にたいする軍事作戦を展開し、彼らからトランシルヴァニアの支配権を奪取したことで名を上げた。この作戦中に当初の大佐から将軍をへて元帥にまで上りつめている。後述のヴィーコ『アントニオ・カラファ伝』を参照。

＊167——Joh. Baptistae Vici *De rebus gestis Antonii Caraphaei* libri quatuor, Excellentissimo Domino Hadriano Caraphaeo Trajectionorum Duci Foroliviensium Dom. XIII. S. R. I. Comiti Hispan. Magnati Amplissimo Inscripti (Neapoli, Felix Musca, MDCCXVI).

＊168——「不朽の物語（storia immmortale）」という言葉をヴィーコは自分の著作にたいする讃辞と受けとっている。しかし、ニコリーニによると、実際にはクレメンス十一世は伝記の主人公アントニオ・カラファの軍功を讃えて、それは「文学の永遠の記念碑（aeternis literarum monumentis）」にふさわしいと述べたのだという。Cf. Nicolini 1, p. 116.

＊169——ジャンヴィンチェンツォ・グラヴィーナ Gianvincenzo (Giovanni Vincenzo) Gravina（一六六四—一七一八）はイタリアの詩人・法学者。カラーブリア地方コゼンツァ近郊の小都市ロッジャーノ・グラヴィーナで名門の家に生まれ、母方の叔父グレゴリオ・カロプレーゾ（注72参照）の指導のもと、ナポリで市民法と教会法を学ぶ。一六八九年ローマに移り、翌一六九〇年、文芸趣味を同じくする友人たちとともに古代ギリシアの復興を標榜して

「アルカディア（Arcadia）のアカデミー」を設立。一七〇一年に起きた同アカデミーの分裂後は新たに「クイリヌスの娘たち（Quirina）のアカデミー」を設立している。また、一六九九年にはローマ大学の市民法講座の教授、ついで一七〇三年には教会法講座の教授に任命されている。『詩作法について』*Della ragion poetica*（一七〇八年）、『市民法の起源・全三巻』*Origines juris civilis libri tres*（一七一三年）ほかの著作がある。

＊170——グロティウス Hugo Grotius（一五八三—一六四五）はオランダの法学者。『戦争と平和の法』*De iure belli et pacis* は一六二五年刊。「第四の著作家」というヴィーコの定義については、Guido Fassò, *I «quattro auttori» del Vico. Saggio sulla genesi della «Scienza nuova»* (Milano, Giuffré, 1949); Enrico De Mas, "Vico's Four Authors," in: *Giambattista Vico. An International Symposium* cit., pp. 3-14 を見られたい。

＊171——グロノヴィウス Johann Friedrich Gronovius（Gronov）（一六一一—一六七一）は、ドイツの古典学者。没後の一六八〇年、グロティウス『戦争と平和の法』のこの人物による注記と解説付きの版がアムステルダムで出版されている。

＊172——グロティウスは新教徒であった。

＊173——ヴィーコの注記は現存しない。ただ、『戦争と平和の法』については一七一九年に公刊された版の所在が確認されており（発行地名は記されていない）、ダリオ・ファウッチはこれがヴィーコの編になる版だと主張している。Cf. Dario Faucci, "Vico editore di Grozio?"

Giornale storico della letteratura italiana, CXXXVI (1959), pp. 97–104. しかし、このファウッチの主張にたいしては、いくつかの疑義が提出されている。Cf. C. Cordié, "U. Grozio nell'interpretazione di G. B. Vico," *Annali della Scuola Normale Superiore di Pisa*, XXX (1961), pp. 163–169; Salvo Mastellone, "Gli studi groziani e una presunta edizione vichiana del «De jure»," *Il pensiero politico*, IV (1971), n. 1, pp. 69–72.

＊174――「学院の賢者たちの提示する格率と国家の賢者たちの遂行する実務」の原語は"le massime de' sapienti dell'accademie e le pratiche de' sapienti delle repubbliche"である。

＊175――「〈知ること〉、〈欲すること〉、〈なしうること〉」の原語は"nosse, velle, posse"である。

＊176――この開講講演のテクストはいまでは失われてしまって現存しない。ただ、この論題は一七二〇年に公刊された『普遍法の単一の原理と単一の目的』の「序文」にもそのまま採り入れられている。

＊177――ピーコ・デッラ・ミランドラ（注87参照）は初期ルネサンスの宗教的・哲学的一大転換期にあって『ヨハネによる福音書』一四・二七から啓示を受け、宗教界ならびに哲学界の「平和」の確立をめざして、各派連合の一大「討論会」を企画。そのための予備資料として九〇〇のテーゼを取りあげ、それらを集約した『結論集』*Conclusiones* を一四八六年末に印刷し、関係筋に配布した。「あらゆる知りうるものについての結論」というのは、この『結論集』を指す。

＊178――「普遍法の梗概」Sinopsi del Diritto universale（一七二〇年）を指す。

＊179――『普遍法の単一の原理と単一の目的』*De universi iuris uno principio et fine uno*（一七二〇年）と『法律家の一貫性』*De constantia iurisprudentis*（一七二一年）の全三巻からなる通称『普遍法』を指す。

＊180――アントン・サルヴィーニ Anton Maria Salvini（一六五三―一七二九）はフィレンツェ大学のギリシア語講師。イタリア語の純正化を目的としたクルスカ学会 Accademia della Crusca（一五八二年創設）の会員でもあった。

＊181――フランチェスコ・ヴァッレッタ Francesco Valletta（一六八〇―一七六〇）はナポリ王国の行政官職を務めるかたわら、考古学者としても活動した。

＊182――ジュゼッペ・ヴァッレッタ Giuseppe Valletta（一六三六―一七一四）はナポリの哲学者・法学者・弁護士。「インヴェスティガンテたちのアカデミー」の創設者の一人で、デカルト哲学の支持者。主著に『近代哲学ならびにその研究者たちを弁護する書簡』*Lettera in difesa della moderna filosofia e de' coltivatori di essa*（一六九一年）と『哲学史』*Historia filosofica*（一六九七―一七〇四年）がある。彼の文庫にはヨーロッパ哲学の最新著が幅広く納められており、当時のナポリの知識人たちに惜しみなく貸与されていた。ヴィーコも若いころ、彼のサロンに足繁く通っていた（Cf. Nicolini, *La giovinezza* cit., p. 100）。

＊183――サルヴィーニが指摘した文献学上の問題点とは、具体的には、最高法院のあったアテナイ

の丘、「アレオパゴス」の語源にかんするものであった。Cf. Giambattista Vico, *Opere*, II–II: *Il diritto universale*, Parte seconda: *De constantia iurisprudentis*, a cura di Fausto Nicolini (Bari, Laterza, 1936), pp. 451–454.

＊184――ウルリヒ・フーベル Ulrich Huber（一六三六―一六九四）はオランダ出身の法学者。

＊185――クリスティアン・トーマス Christian Thomas（ラテン名 Thomasius）（一六五五―一七二八）はドイツの法学者。

＊186――ルートヴィヒ・フォン・ゲンミンゲン男爵 Ludwig Reichsfreiherr von Gemmingen zu Hornberg（一六九四―一七七一）はウェストファリアの領主の一門に生まれた政治家。ヴィーコの友人の神父トンマーゾ・アルファーニ Tommaso Maria Alfani（一六七九ごろ―一七四二）に宛てた一七二〇年八月三十一日付け書簡でヴィーコの「普遍法の梗概」を読んだ感想を記している。そこでは、正義を算術的比例にもとづく交換的正義と幾何学的比例にもとづく配分的正義に分けるアリストテレス以来の伝統的理解（注48参照）に反対したフーベルと、心の平静は神においてしか得られないと主張したトーマスに言及されたうえで、両者のテクストに依拠したいくつかの異議が表明されている。Cf. Vico, *Opere*, vol. V: *L'autobiografia, il carteggio e le poesie varie* cit., pp. 151–152.

＊187――Cf. Giambattista Vico, *De constantia iurisprudentis* (Neapoli, Felix Musca, MDCCXXI), pp. 259–260.

＊188――注63参照。

＊189――このルクレールのヴィーコ宛て書簡は『新しい学』の最終決定版である一七四四年版の冒頭に、「アックアヴィーヴァ枢機卿への献辞」に続いて、全文原典ラテン語のまま掲載されている。Cf. "Clarissimo atque eruditissimo viro Joanni Baptistae Vico, S. P. D. Joannes Clericus," in: Giambattista Vico, *Principj di Scienza nuova d'intorno alla comune natura delle nazioni* (Terza impressione: Napoli, Muziana, MDCCXLIV).

＊190――ウァッロ Marcus Terentius Varro（前一一六―前二七）はローマ古典時代の著作家。博学、多才で、詩文、法律学から自然科学にいたるまで総計六、七百巻の著作があるといわれるが、ほとんどは散逸してしまった。「ウァッロの区分」というのは、暗闇時代、神話伝説時代、歴史時代の三区分のこと。『神と人間のことがらについての古事記』*Antiquitates rerum humanorum et divinarum* においてなされた区分だという。同書も現存しないが、文法学者ケンソリウス Censorius の『誕生日論』*De die natali*（二三八年）二一・一をつうじて後世に伝えられ、ヴィーコの時代にもクロノロジーをめぐる議論のなかで盛んに引き合いに出されていたという。Cf. Battistini, p. 1291.

＊191――Cf. Ioh. Baptistae Philomarino, *Notae in duos libros, alterum* De uno universi iuris principio &c. *alterum* De constantia iurisprudentis (Neapoli, Felix Musca, MDCCXXII), pp. 19-36. そこでは、ホメロスについて、彼はギリシア人のあいだでまだ文字を知らなかった暗闇時

代に語り継がれてきたことどもを真実ありのままに語った歴史家（verus historicus）であるとの解釈が提出されている。

＊192――試験講義は一七二三年四月十日におこなわれたという。Cf. Nicolini 1, p. 118.

＊193――『学説彙纂』一九・五・一。

＊194――ヴィーコが選択した法文は、三世紀ローマの法学者パピニアヌスの『設問集』第八巻から採られたものであった。

＊195――ジャック・キュジャス Jacques Cujas、ラテン名クヤキウス Cujacius（一五二二―一五九〇）はフランスの人文主義法学者。いわゆるモース・ガリクス（mos gallicus）学派の代表者の一人で、中世の注釈学者たちの解釈を介さずに、ローマ法の原典とその社会的コンテクストを確定することに精力を傾注したことで知られる。

＊196――『学説彙纂全五十巻の釈義』*Paretitla in libros quinquaginta Digestorum sive Pandectarum*（一五六九年）の冒頭に置かれているグレゴリオ・ロメッリーナ宛て献呈書簡を見られたい。Cf. Giambattista Vico, *Vie de Giambattista Vico écrite par lui-même, Lettres, La méthode des études de notre temps*. Présentation, traduction et notes par Alain Pons (Paris, Grasset, 1981), p. 140, nota 85.

＊197――オトマン François Hotman（一五二四―一五九〇）はフランスの法学者。『法の文言についての新しい注解』*Novus commentaries de verbis iuris*（一五六四年）で「前書された文言

にかんする訴訟」の問題に介入している。Cf. Battistini, p. 1293.

＊198——ファーヴル Antoine Favre（一五五七—一六二四）はフランスの法学者。『パピニアヌス法学についての知識』*Iurisprudentiae papinianeae scientia*（一六〇七年）で「前書された文言にかんする訴訟」について論じている。また、『法の実務家や解釈者の誤謬について』*De erroribus pragmaticorum et interpretum iuris*（一六一五年）では、従来のローマ法解釈者たちの見解の論破を試みている。Cf. Battistini, p. 1293.

＊199——注25参照。

＊200——パオロ・ディ・カストロ Paolo di Castro（一三六〇／六二—一四四一）はイタリアの法学者。フィレンツェ、シエーナ、ボローニャ、パドヴァの大学で教えた。ユスティニアヌス法典ならびに『学説彙纂』の注釈者として知られる。

＊201——注26参照。

＊202——注29参照。

＊203——注103参照。

＊204——ドメニコ・カラヴィータ Domenico Caravita（一六七〇—一七七〇）は、父親のニコロと同様、ナポリの法曹界で活躍した人物で、ヴィーコの後援者でもあった。

＊205——*Bibliothéque ancienne et moderne*, Tome XVIII, pour l'année MDCCXXII, Partie seconde, "Article VIII," pp. 417-433.

＊206——いわゆる『新しい学・否定的形態版』*La Scienza nuova in forma negativa* である。

＊207——ジュリオ・トルノ Giulio Nicola Torno（一六七六—一七五六）はナポリ司教座聖堂参事会員。『普遍法』（一七二〇年）から『英雄的知性について』（一七三二年）にいたるまでのヴィーコのほとんどの著作の聖職者検閲官であった。Cf. Fausto Nicolini, "Vico e il suo censore ecclesiastico," in: Id., *Saggi vichiani* cit., pp. 281–295.

＊208——ヴィーコは一七二四年十二月、枢機卿ロレンツォ・コルシーニ Lorenzo Corsini（一六五二—一七四〇）——のちの教皇クレメンス十二世（在位一七三〇—一七四〇）——に『新しい学・否定的形態版』の献呈を申し出て、嘉納された。当時の暗黙の慣わしによると、これはコルシーニが出版費用を負担することを意味していた。ところが、ヴィーコの出版費用援助の懇請は一七二五年七月二十日コルシーニに謝絶された（cf. Nicolini 1, p. 119）。ここで言われている「さかしまな運命の一撃」とは、この一件を指す。コルシーニからの謝絶状は Vico, *Opere*, vol. V: *L'autobiografia, il carteggio e le poesie varie* cit., pp. 183–184 に収録されている。

＊209——*Principj di una scienza nuova intorno alla natura delle nazioni per la quale si ritrovano i principj di altro sistema del diritto naturale delle genti* (Napoli, Felice Mosca, MDCCXXV). ちなみに、ヨーロッパの諸大学に宛てた題辞を全訳しておくと、つぎのようである。「ヨーロッパのアカデミーは、／異教の歴史の／物語や／民間伝承だけでなく、／もっとも評

判の高い哲学者たちの／あらゆるどんな権威もが／厳格な道理の批判に／付される／この光に照らし出された時代にあって、／彼らの講壇から／このうえなき称賛とともに／万民の自然法を飾り立てている。／そしてスパルタとアテナイとローマの法は／それらの拡がりと持続において／この万民の自然法の／一小部分なのである。／それはスパルタとアテナイとローマが／世界の一小部分であるのと同じである。／このヨーロッパのアカデミーに／ジャンバッティスタ・ヴィーコは／著者が／諸国民の自然本性についての／新しい学を／発見することによって／省察してきた／このいまひとつ別の体系の諸原理を／イタリア語で／恭《うやうや》しく差し向けさせていただく。／諸国民の自然本性からこそ、疑いもなく、／万民の自然法は生じているのである。／そして、諸国民の文明に、／すべての／知識、学問、技芸は、／主としては、／それらの実践のすべてを負っているのである。／たしかに、それらは／それぞれの文明から起源を引き出しており、／それぞれの文明のなかで生きているからである。／なお、著者がこの著作をヨーロッパのアカデミーに差し向けさせてもらうのは、／この著作が公言する／学説に／公言するだけの価値がある場合には、／彼らの学識と知恵をもって／ここでなされるもろもろの発見を／補充したり修正したりすることによって、／この学説を最高度にまで／前進させていただきたいからである。／それはまた、ひとえに法律という職業に／栄光をあたえることをめざしてのことである。／さらにイタリア語で差し向けさせてもらうのは、／著者がこれまでに書いてきた／天賦乏しき／なにがしかの書き物にもし見るべきものがあるとすれば、／それはもっぱら／尊敬すべきイタリア語の／おかげであるからにほかならない」。

＊210——「時代の気風によって変化する人類の法学」の原語は“giurisprudenza del genere umano variante per certe sette de'tempi”である。

＊211——「普遍的な語源学」の原語は“etimologico universale”である。

＊212——「使徒書簡的な言語」の原語は“lingua epistolica”である。古代エジプトのヒエログリフ（神聖文字）と異なって、新約聖書に収められている使徒書簡で用いられているような、人々のあいだでの取り決めにもとづく民用の言語を指す。

＊213——セルウィウス『ウェルギリウス「アエネイス」註解』八・五六四参照。

＊214——グロティウスについては注170を見られたい。セルデン John Selden（一五八四—一六五四）はイギリスの法学者。『ヘブライ学にもとづく自然法および万民法』*De iure naturali et gentium iuxta disciplinam Ebraeorum*（一六四〇年）などの著作がある。プーフェンドルフ Samuel von Pufendorf（一六三二—一六九四）はドイツの法学者。『自然法および万民法』*De iure naturali et gentium*（一六七二年）、『自然法にもとづく人間および市民の義務』*De officiis hominis et civis iuxta legem naturalem*（一六七三年）などの著作がある。自然法ならびに万民法についてのこれら三人の法学者の学説をめぐっての『新しい学』一七二五年版でのヴィーコの批判にかんしては、Giambattista Vico, *Opere*, vol. III: *La Scienza nuova prima*, a cura di Fausto Nicolini (Bari, Laterza, 1931), pp. 14-17 を見られたい。また、『新しい学』一七四四年版の第二巻「詩的知恵」の第一部「詩的形而上学」の第二章「この学の主要な諸側面についての系」も参照のこと（上村訳、前掲『新しい学2』、三六―三九ページ）。

*215――注208参照。

*216――ロレンツォ・コルシーニの一七二五年十二月八日付けヴィーコ宛て書簡。Cf. Vico, *Opere*, vol. V: *L'autobiografia, il carteggio e le poesie varie* cit., pp. 192-193.

第二部

*1――ジュゼッペ・アティアス Giuseppe Athias（一六七二―一七四五）はスペイン出身のユダヤ人。リヴォルノ在住の文人で、ヘブライ語に通暁した聖書文献学者として知られる。数学、哲学、音楽、ローマ法、教会法の学者でもあった。一七二五年、ナポリを訪れたさい、ヴィーコと会っている。Cf. Nicolini 1, pp. 120-121; Nicolini 2, pp. 184-190.

*2――ニコリーニによると、『旧約聖書』のヘブライ語テクストを刊行したのは、コルドバ出身のアムステルダムの出版業者、ヨーゼフ・ベン・アブラハム・アティアス Joseph ben Abraham Athias（?―一七〇〇）で、同テクストの刊行年は一六六一年であるという（一

六六七年に再版されている)。Cf. Nicolini 1, p. 121; Nicolini 2, pp. 184-185.

＊3――ロベルト・ルイージ・ソステーニ Roberto Luigi Sostegni（?―一七三〇）はフィレンツェ出身の神父でラテラーノ地区聖堂参事会員。ナポリに定住し、ヴィーコとも親しかった。

＊4――スペイン王フェリーペ五世のナポリ行幸は一七〇二年四月十七日から同年六月二日にかけておこなわれた。

＊5――エスカローナ公爵兼ヴィレーナ侯爵フアン・マヌエル・フェルナンデス・パチェコ・イ・スニーガ Juan Manuel Fernàndez Pacheco y Zũñiga、イタリア名ジョヴァンニ・エマヌエーレ・パチェコ Giovanni Emanuele Paceco（一六五〇―一七二五）は、一七〇二年二月十五日から一七〇七年七月六日までナポリ副王を務めた。

＊6――セラフィーノ・ビスカルディ Serafino Biscardi（一六四三―一七一一）は当時のナポリでもっとも世人の信頼を得ていた法曹人であった。

＊7――*Panegyricus Philippo V Hispaniarum, Indiarumque, & Utriusque Siciliae Potentissimo Regi.* A Io: Baptista A Vico, Regio Eloquentiae Professore Inscriptus, Dicatus (Neapoli, Typis Felicis Mosca, MDCCII).

＊8――ヴィーリヒ・フォン・ダウン伯爵 Lorenz Wierich, Graf von Daun（一六六八―一七四一）はオーストリア陸軍元帥。一七〇七―〇八年、ナポリ王国統治の任に当たる。一七一三―一七一九年にも新たにナポリ王国の副王に就任している。

＊9――一七〇一年九月二十七日、スペイン統治下のナポリで、王国をオーストリア・ハプスブルク家の支配下に置こうとする貴族の謀叛（いわゆるマッキアの謀叛）がくわだてられたことがあった。カルロ・ディ・サングロ Carlo di Sangro とジュゼッペ・カペーチェ Giuseppe Capece は、いずれも、この謀叛の首謀者であった。カペーチェは決起の当夜、警官隊と戦って死亡。サングロは捕らえられ、同年十月三日斬首されている。この両人のための葬儀が、オーストリア皇帝家がナポリ王国の支配権を掌握するやいなや、スペイン統治下のレジスタンスの英雄として盛大に執り行われることとなった。そしてヴィーコは王立大学雄弁術教授として両人の墓碑銘等の文章の作成を「拝命」することとなったのだったが、そのヴィーコは謀叛事件の直後にもスペイン統治下にあって同じく政府の命で『一七〇一年ナポリ首領謀叛事件史』*Principum neapolitanorum coniurationis anni MDCCI historia* を執筆し、謀叛人たちを弾劾していたのだった。『自伝』中にこの著作についての言及がいっさい出てこないのは、ヴィーコが『自伝』を執筆していた当時はオーストリア・ハプスブルク家がナポリを統治していたためであろう。オーストリア・ハプスブルク家のナポリ統治は一七〇七年から一七三四年まで続く。

＊10――ベネデット・ラウダーティ Benedetto Laudati（?―一七二四）はサンティ・セヴェリーノ・エ・ソッシオ修道院長を長らく務めたベネディクト会士。ヴィーコの親友でもあった。

＊11――*Acta funeris Caroli Sangrii et Iosephi Capycii* (Neapoli, Typis Felicis Mosca, MDCCVIII).

＊12――カルロ・ボッロメーオ Carlo Borromeo Arese（一六五七―一七三四）はミラーノの貴族。一七一〇年から一三年までナポリ王国副王を務めた。

＊13――オーストリア・ハプスブルク家の神聖ローマ帝国皇帝ヨーゼフ一世は一七一一年四月十七日ウィーンで死去した。ナポリでの葬儀は五月十一日から二十日まで王宮の礼拝堂で執り行われた。ヴィーコが作成したという墓碑銘は散逸して現存しない。

＊14――どうやらヴィーコの作成した碑文は委託者たちを満足させなかったようで、その後、マッテーオ・エディツィオ Matteo Edizio（一六七四―一七四五）に委託された。「さかしまな運命」とはこのことを指す。Cf. Battistini, pp. 1301.

＊15――ヴォルフガング・フォン・シュラッテンバッハ Wolfgang Hannibal von Schrattenbach（一六六〇―一七三八）はオーストリアの枢機卿。一七一九年十二月から二一年四月までナポリ王国副王を務めた。

＊16――レオノーレ皇后は皇帝レオポルト一世（在位一六八五―一七〇五）の未亡人で、皇帝ヨーゼフ一世（在位一七〇五―一七一一）およびその弟の皇帝カール六世（在位一七一一―一七四〇）の生母。一七二〇年に死去。ナポリでは同年二月末と三月初めにかけて葬儀が執り行われた。

＊17――ニッコロ・ダッフリット Niccolò d'Afflitto については詳細不明。ただし、一六九二年に創設された「団結せる者たちのアカデミー」Accademia degli Uniti の創設メンバーのなかに

この名前があり、同一人物である可能性は排除できない（cf. Nicolini, *Uomini di spada* cit., pp. 96-101）。ちなみに、ヴィーコの同郷人でイタリア啓蒙主義の先駆者と目される法律家ピエトロ・ジャンノーネ Pietro Giannone（一六七六―一七四八）の『自伝』にも、この人物と法廷で闘ったことがあるとの記述がみえる。Cf. Pietro Giannone, *Vita scritta da lui medesimo*, a cura di Sergio Bertelli (Milano, Feltrinelli, 1960), pp. 53-54.

＊18――ジャンバッティスタ・フィロマリーノ Giambattista Filomarino は、若いころヴィーコの学生であった。彼の婚儀は一七二一年に挙行された。Cf. Benedetto Croce, *Storie e leggende napoletane* (Bari, Laterza, 1919), pp. 34-36.

＊19――Giambattista Vico, *Vari componimenti per le nozze di don Giambattista Filomarino principe della Rocca e donna Maria Vittoria Caracciolo dei marchesi di Sant'Eramo* (Napoli, Mosca, 1721).

＊20――Giambattista Vico, "Origine, progresso e caduta della poesia—A Marina della Torre, marchesana di Novili" (1723), in: *Rime di vari illustri poeti napoletani*, a cura di Agnello Albani (Napoli, Antonio Muzio, 1723), tomo II.

＊21――アンナ・フォン・アスペルモント Anna von Aspermont は一七二三年十二月十三日に死去している。息子のフォン・アルタン枢機卿 Kardinal Michael Friedrich von Althan（一六八二―一七三四）は一七二二年から二八年までナポリ王国副王であった。

*22――フランチェスコ・サントーロ Francesco Santoro(生没年不詳)はナポリの法律家・政治家。一七二二年に副王管轄民事裁判所の判事兼ナポリ王国書記官に就任している。

*23――「ヴィーコの女婿」とはヴィーコの長女ルイーザと結婚したアントニオ・セルヴィッロ Antonio Servillo(一六九六―一七五〇)を指す。

*24――アモローザ侯爵アントニオ・カラッチョーロ Antonio Caracciolo marchese dell'Amorosa。生没年不詳。ナポリ王国副王管轄裁判所大法廷裁判長代理(事実上の裁判長)として、一七一八年から一七二八年までナポリ市および周辺村落の治安知事を務めたという。Cf. Nicolini 3, p. 72, nota 7.

*25――Giambattista Vico, "Orazione in morte di Anna d'Aspermont," in: *Varj componimenti per la morte della eccellentissima signora Anna Maria contessa d'Altham, nata contessa d'Aspermont*, a cura di Francesco Santoro (Napoli, Mosca, 1724).

*26――キケロ『弁論家について』一・二八・一二八。

*27――サンテーラモ侯爵家のジュゼッペ・カラッチョーロ Giuseppe Caracciolo は、ジャンバッティスタ・フィロマリーノ(注18参照)の妻ヴィットリア・カラッチョーロの伯父であった(cf. Nicolini 1, p. 122)。

*28――ペトレッラ侯爵夫人アンジェラ・チンミーノ Angela Cimmino marchesana della Petrella は一七二六年、二十七歳で死去している。

＊29――*Ultimi onori di letterati amici in morte di Angiola Cimini marchesana della Petrella* (Napoli, Mosca, 1727).

＊30――注3参照。

＊31――第一部注180参照。

＊32――第一部注94参照。

＊33――レアンドロ・ディ・ポルチーア Leandro di Porcía（一六七三―一七四〇）はベルガモの司教。一七二八年、教皇ベネディクト十三世から枢機卿に任命されている。

＊34――ジャン・アルティコ・ディ・ポルチーア Gian Artico di Porcía（一六八二―一七四三）はフリウリ出身の伯爵。ヴェネツィア在住。

＊35――ジュゼッペ・ルイージ・エスペルティ Giuseppe Luigi Esperti（生没年不詳）は出身地バルレッタで弁護士をしたのち、聖職界に入って、ナポリで修道院長を務め、最後はローマ教皇庁の枢機卿にまで登りつめたという。Cf. Nicolini 3, p. 75, nota 5.

＊36――ロレンツォ・チッカレッリ Lorenzo Ciccarelli（生没年不詳）はナポリの出版業者。“Callenio Zacclori” という偽名を使って、ガリレオの『天文対話』やボッカッチョの『デカメロン』などを出版している（cf. Battistini, p. 1305）。

＊37――フランチェスコ会厳修派の神父カルロ・ロドリ Carlo Francesco Lodoli（一六九〇―一七六一）は古典語と建築学に通じ、当時ヴェネツィアに輸入される書物や同市で印刷される

書物全般の政府任命検閲官であった。Cf. Franco Bernabei, "Mito ragione architettura: Vico e Lodoli," in: *Vico e Venezia*, a cura di Cesare De Michelis e Gilberto Pizzamigno (Firenze, Olschki, 1982), pp. 223-243.

＊38――アントニオ・コンティ Antonio Conti（一六七七―一七四九）はパドヴァ出身の哲学者、文学者。一七一三年から一八年にかけてフランス、イギリス、オランダ、ドイツを訪問して回り、フォントネル、マルブランシュ、ニュートン、ライプニッツ等の面識を得ている。Nicola Badaloni, *Antonio Conti. Un abate libero pensatore tra Newton e Voltaire* (Milano, Feltrinelli, 1968) を参照。また、コンティは――以下の手紙からもうかがえるように――ヴィーコの『新しい学』初版を高く評価し、そのヴェネツィアでの再版計画に賛同した一人であったほか、ポルチーア伯爵の企画になるヴィーコの『自伝』の出版にも関与している。Cf. Pietro Giuseppe Gaspardo e Gilberto Pizzamigno, "La pubblicazione dell'autobiografia vichiana nella corrispondenza di Giovan Artico di Porcia con il Muratori e il Vallisnieri," in: *Vico e Venezia* cit., pp. 107-130.

＊39――カロジェラ Angelo Calogerà（一六九六―一七六六）はカマードリ会修道士。ロドリ神父とともに、ヴェネツィア共和国の書籍検閲官でもあった。当時のヴェネツィアにおける検閲の状況については、カロジェラ自身が自伝で興味深い情報を提供している。Cf. "L'autobiografia di Angelo Calogerà," a cura di Cesare De Michelis, *Atti dell'Istituto veneto di scienze, lettere ed arti*, CXXIV (1965–1966), pp. 131–168.

*40——"Vita di Giambattista Vico scritta da se medesimo," *Raccolta d'opuscoli scientifici e filologici*, tomo I (1728), pp. 143–256.

*41——ヴァッリスニエーリ Antonio Vallisnieri（一六六一―一七三〇）はイタリアの医師、自然学者。パドヴァ大学医学教授。一七〇三年からイギリスのロイヤル・ソサイエティ会員も務めた。

*42——Cf. *Acta eruditorum lipsiensia*, mensis augusti anni MDCCXXII, p. 283.

*43——ドメニコ・ヴィトーロ Domenico Vitolo（?―一七三二ごろ）はナポリ大学で一六八五年から第二医学実践講座教授をしており、ヴィーコの同僚であった。

*44——*Ioh. Baptistae Vici Notae in «Acta eruditorum» lipsiensia mensis augusti a. MDCCXXII, ubi inter «Nova literaria» unum extat de ejus libro, cui titulus "Principj di una scienza nuova dintorno alla natura delle nazione"* (Neapoli, Felix Musca, 1729). この小冊子は、通常、同じく表紙に記されているもうひとつの表題から採って、*Vici vindiciae*〔『ヴィーコの権利請求』〕と称されている。

*45——応答文では"ignotus erro"となっている。「放浪者」とあることから、当時ウィーンに亡命していたナポリの法律家ピエトロ・ジャンノーネ（注17参照）ではないかと推測するむきもあったが、ニコリーニは「この推測は断固として排除されるべきである」と述べてい

る。そして、想定される人物として、ナポリ大学でヴィーコのかねてよりの仇敵であった教会法の講師、ニコーラ・カパッソ Nicola Capasso（一六七一―一七四五）の名を挙げている（cf. Nicolini 3, p. 82, nota 3）。カパッソはライプツィヒの『学者紀要』の協力者でもあった。

＊46――ブルクハルト・メンケ Johann Burckhard Mencke（一六七四―一七三二）は当時、ポーランド王を兼ねていたザクセン選挙侯フリードリヒ・アウグスト二世の宰相であった。またライプツィヒ学者協会会長を務めるとともに、一六八二年に『ライプツィヒ学者紀要』を創刊した父のオットーが一七〇七年に死去してからは、同誌の編集責任者を引き受けていた。

＊47――ジェッサーリ Bernardino Gessari（生没年不詳）。

＊48――モスカ Felice Mosca（生没年不詳）。ヴィーコの著作の多くの印刷を引き受けてきたナポリの印刷屋である。

＊49――この原稿は研究者たちのあいだで『新しい学・否定的形態版』*Scienza nuova in forma negativa* と呼ばれている。ヴェネツィアでの出版計画が不調に終わったのち、ロドリ神父からヴィーコの許に送り返されたというが、その後紛失してしまって現在は所在不明。この原稿をめぐる込みいった事情については、Nicolini 1, pp. 125–126; Battistini, p. 1310 を参照。

＊50――第一部注207参照。

＊51――ニコリーニによると、この人物はフランチェスコ・ピッテーリ Francesco Pitteri（生没年不詳）というヴェネツィアの書店主兼出版業者ではなかったかという。Cf. Nicolini 1, pp. 125-126.

＊52――ヴェネツィアでの再版計画が破談に終わった経緯については、Vincenzo Placella, "La mancata edizione veneziana della *Scienza nuova*," in: *Vico e Venezia* cit., pp. 143-182 を参照されたい。ニコリーニによると、経費がかかりすぎるのが破談の理由ではなかったという (Nicolini 3, p. 85, nota 6)。またバッティスティーニは、ヴィーコの神経質な性格が災いした以外にも、原稿の量が膨大で、しかも注記が多く、煩瑣に過ぎるのが原因ではなかったか、と推測している (Battistini, p. 1310)。

＊53――『新しい学』第一版第三巻の第三〇章「異教徒の盾の紋章の起源についての新しい発見」、第三八章「ラテン語およびそれを手本にしての他のすべての言語の真の起源の発見」、第四三章「諸国民すべてに共通の知性の内なる語彙の辞書という観念」を指す。これら三つの箇所が『新しい学』第一版のうちでヴィーコが満足に思っている箇所であることについては、『新しい学』第二版のパラグラフ二八、三三、三五〔上村訳、前掲『新しい学1』三六、四一、四四ページ〕を参照。

＊54――『普遍法』の第二巻『法律家の一貫性』の第二部「文献学の一貫性」第三六―三七章を参

照。そこでヴィーコは十二表法がアテナイからやってきたという説を「作り話」であるとして批判している。一方、ユスティニアヌス法典の編纂者として知られる東ローマ帝国の法律家トリボニアノス（五〇〇ごろ―五四七）については『普遍法』中に四回ほど名前が登場するものの、そのトリボニアノスがアウグストゥスによって創始された元首政（帝政）の成立経緯についてあたえている解釈を「王法の作り話」であると明示的に断じた箇所は『普遍法』には見あたらない。ただし、『新しい学』第二版にはこの点についての明示的な言及が登場する〔上村訳、前掲『新しい学3』、一五五ページ参照〕。

＊55――この二つの「論考」は『新しい学』一七三〇年版に収められているが、一七四四年版では削除されている。

＊56――本書一〇三ページ参照。

＊57――『新しい学』第一版におけるこれらの問題については、Cesare Vasoli, "Note sul « metodo » e la « struttura » della *Scienza Nuova Prima*," *Bollettino del Centro di Studi Vichiani*, XIV–XV (1984–1985), pp. 21–37 を参照。

＊58――Giambattista Vico, *Cinque libri de' principj d'una Scienza nuova d'intorno alla comune natura delle nazioni* (Napoli, Mosca, 1730).

＊59――「降誕祭」から「復活祭」までということは、具体的には、一七二九年十二月二十五日から一七三〇年四月九日までの一〇六日間という計算になる。

＊60――ニコリーニの推定によると、ヴェネツィアからもたらされた「最後の不測の事態」とは、ヴェネツィアでの『新しい学』の再版計画が不調に終わったことについてロドリ神父から和解の手紙が届いたことを指すのではないかという（cf. Nicolini 1, p. 126）。

＊61――この「学芸情報」は『新しい学』改訂版の冒頭に「序文」として添えるために執筆されたもののようである。一七三〇年に出版された改訂版では、この「学芸情報」を縮約したとおぼしき「本書を構想するにいたったきっかけ」と題する一文が冒頭に挿入されている。

＊62――「第一註解」は、一七三〇年に出た『新しい学』改訂版では、正確には「訂正、改善、追加」（Correzioni, miglioramenti e aggiunte）となっている。その後、第二番目の註解が書かれたため、「第一註解」と呼ばれたのであろう。

＊63――スカレーア大公フランチェスコ・スピネッリ Francesco Maria Spinelli principe di Scalea（一六八六―一七五二）は古くからのヴィーコの友人で、デカルト主義者グレゴリオ・カロプレーゾ（第一部注72参照）の弟子であった。一七二四年ごろには、同じくヴィーコの友人で、かつてのデカルト主義的立場を捨ててプラトン哲学に傾倒していたパオロ・マッティア・ドリア（第一部注112参照）とのあいだで激しい論戦を展開している。Cf. Battistini, p. 1312.

＊64――「第二註解」は一七三一年初め、*Lettera dell'autore all'eccellentissimo signor D. Francesco Spinelli principe di Scalea* という表題を付けて、十二頁の小冊子のかたちで出版された。

ファクシミリ版 Giambattista Vico, *Cinque libri de' principj d'una Scienza nuova d'intorno alla comune natura delle nazioni (Napoli, 1730, con postille autogrfe, ms. XIII H 59)*, a cura di Fabrizio Lomonaco e Fulvio Tessitore con una Nota di Manuela Sanna (Napoli, Liguori, 2002) で見ることができる。印刷者名は記されていないが、一七三〇年に『新しい学』改訂版の印刷を引き受けたフェリーチェ・モスカであったという。

*65――ジェンナーロを指す（cf. Nicolini 3, p. 89, nota 1; Battistini, p. 1312）。

*66――『イリアス』一・一八一―一八五を参照。そこでは、ブリセイスがアキレウスのものであり、クリュセイスはアガメムノンのものであるとなっている。

*67――マンリウス・トルクワトゥスが息子を斬首に処したという情報については、リウィウス『ローマ建国史』八・七を参照。

*68――マンリウス・カピトリヌスの悲劇的な最期については、リウィウス『ローマ建国史』六・二〇・一一―一二を参照。

*69――プルタルコス『対比列伝』「アギス王の生涯」一九―二〇参照。

*70――『新しい学』一七三〇年版では"saguntini"となっていた。

*71――コルシーニ枢機卿（第一部注208参照）は一七三〇年七月十二日教皇の座に就いて、クレメンス十二世を名乗っている。

*72――枢機卿ネーリ・コルシーニ Neri Corsini（一六八五―一七七〇）は伯父のロレンツォ・コ

ルシーニが十八世紀初頭に創設したコルシーニ図書館の蔵書の拡充に貢献したことでも知られる。Cf. Battistini, p. 1313.

＊73――実際には、ヴィーコは一七三六年までナポリ大学に雄弁術教授として勤務している。また同年息子のジェンナーロに代講させるようになってからも、形式的には一七四一年まで教授職にあった。それ以後も『新しい学』第三版の完成をめざして訂正、改善、追加の作業を続けている。さらに、一七三二年十月の開講式典の日には久方ぶりに再開された開講講演を引き受け、「英雄的知性について」と題する講演（本書付録2を参照）をおこなっている。

＊74――ドメニコ・ロドヴィーコ Domenico Lodovico（一六七六―一七四五）はイエズス会士。『新しい学』改訂版のヴィーコの肖像画の下に二行連句の詩を寄せるなど、ヴィーコの信奉者でもあった。Cf. Nicolini 2, pp. 183-184.

＊75――この草稿も、『新しい学・否定的形態版』の草稿同様、その後散逸してしまって、現在は所在不明である。Cf. Nicolini 3, p. 92, nota 1.

＊76――アルビウス・ティブッルス（前五五ごろ―前一九）はローマの文人・詩人。

＊77――上村・佐々木訳、前掲『学問の方法』、一三八ページ参照。

＊78――クインティリアヌス『弁論家の教育』一・一・二三―二四。

＊79――パイドロス『寓話』三・九「ソクラテスより友人たちへ」三―四。

第三部

＊1――第一部注208参照。

＊2――ヴィーコは一六九九年十二月二日にテレーザ・カテリーナ・デスティート Teresa Caterina Destito（一六七八―一七五七）と結婚している。ヴィーコはデスティート家の二人の息子とかねてより親しく付きあっていた。これが機縁であったようである。美人で気立てもよかったようであるが、読み書きができなかったうえ、家事はからっきし駄目だったという。詳細については、Nicolini 2, pp. 134-136 を参照。

＊3――ルイーザ Luisa（一七〇〇―?）については、Nicolini 2, pp. 136-139 に簡単な紹介がある。

＊4――トルクアート・タッソ『解放されたエルサレム』一六・一七―一八。

＊5――ヴィーコの長男イニャーツィオ Ignazio（一七〇六―一七三七）を指す。詳細については、Nicolini 2, pp. 139-149 を見られたい。

＊6――ヴィーコの次女アンジェラ・テレーザ Angela Teresa（一七〇九―?）を指す。Nicolini 2, pp. 149-151 に簡単な紹介がある。ただ、ニコリーニによると、長らく重病を患っていたのは、テレーザではなくて、長男のイニャーツィオであったという。Cf. Nicolini 1, p. 130.

＊7――ヴィーコの次男ジェンナーロ Gennaro（一七一五―一八〇六）が父親のあとを引き継いで

ナポリ大学雄弁術講座の勅任教授に就任することになったさいの学長は、ニコーラ・デ・ローザ Nicola de Rosa 司教ではなくて、チェレスティーノ・ガリアーニ Celestino Galiani（一六八一―一七五三）であった（cf. Nicolini 1, p. 131）。ナポリ大学でのジェンナーロの講義については、Giovanni Gentile, "Il figlio di G. B. Vico e gl'inizi dell'insegnamento di letteratura italiana nella Universita di Napoli" (1905), in: Id, *Studi vichiani* (Seconda ed.: Firenze, Le Monnier, 1927), pp. 195-348 を参照。

＊8――アントニオ・マリーア・ダ・パラッツオーロ Antonio Maria da Palazzuolo（一六七二―一七三五）は一七二二年から五回にわたってカプチン修道会ナポリ管区長を務めたのち、一七三三年に同修道会の総管区長に選出されている。ヴィーコが死去した一七四四年にはすでに世を去っており、ヴィーコの臨終に立ち会ったのはサンタ・ソフィア信心会の教区司祭ニコーラ・メローラ Nicola Merola 神父であったという（cf. Nicolini 1, p. 132）。

＊9――ヴィーコが死去したのは「二十日」ではなく、二十二日から二十三日にかけての夜半であった（cf. Nicolini 1, p. 132）。

＊10――この寸鉄詩は古代ローマの詩人ウァッロ・アタキヌス Publius Terentius Varro Atacinus（前八二―前三五ごろ）の作としてよく知られている。しかし、作者が本当にこの人物であったかどうかについては異論もある。

＊11――《アルカディア》Arcadia は一六九〇年にローマで創設された古代ギリシア愛好者のアカ

デミー（第一部注169参照）。会員は「牧者」と称され、ギリシア名で呼びあっていた。

付録2

＊1――ハラッハ伯アーロイス・トーマス・ライムント Aloys Thomas Raimund Graf Harrach（一六六九―一七四一）。オーストリア＝ハプスブルク家に仕えた政治家・外交官。一七二八年十一月から一七三三年六月までナポリ王国の副王をつとめた。ちなみに、ナポリはスペイン継承戦争さなかの一七〇七年、オーストリア＝ハプスブルク家のカール（一六八五―一七四〇）の率いる軍隊に占領され、これによってナポリ王国の支配権はそれまでのスペインからオーストリアに移行することとなった。

＊2――開講講演は雄弁術教授が担当することになっていた。そのため、ヴィーコは一六九九年に王立ナポリ大学の雄弁術教授に就任して以来、この職務を引き受けてきた。しかし、開講講演は、残されている記録から判断するかぎり一七一九年に同じくヴィーコによっておこなわれたのを最後に、それ以後はおこなわれなくなっていた。

＊3――チェレスティーノ・ガリアーニ Celestino Galiani（一六八一―一七五三）のこと。一七三一年十二月にナポリ大学の学長に任命されている。

＊4――学則では聖ルカの日にあたる「十月十八日」が開講式と定められていた。

＊5――ホラティウス『詩論』三〇四―三〇五。
＊6――ウェルギリウス『アエネアス』一・三八〇。
＊7――キケロ『マルケッルスのための感謝演説』八・二六。
＊8――旧約聖書『詩篇』一一一・一〇。『箴言』一・七。『シラ書〔集会の書〕』一・一四。
＊9――チェーザレ・バローニオ Cesare Baronio（一五三八―一六〇七）には、全十二巻におよぶ浩瀚な『教会年代記』がある。
＊10――当時ナポリ大学では教育歴が二十年を超えた正教授に「宮中伯」の称号が授与されていた。
＊11――オーストリア＝ハプスブルク家のカールが神聖ローマ帝国皇帝の座に就いたのは、一七一一年である。なお、カールは、一七〇三年、ウィーンで、自分がスペイン王であると宣言。ユトレヒトならびにラシュタットの講和（一七一三―一七一四）でアラゴンとカタルーニャをスペインに譲渡してからも、名目的にはスペイン王のタイトルを保持していた。そしてヴィーコの本講演がおこなわれた一七三二年にはナポリはなおもオーストリアの支配下にあった。
＊12――プラトン『メノン』八七C参照。
＊13――プラトン『メノン』七三E―七四A参照。
＊14――ウェルギリウス『アエネアス』三・一七六―一七七参照。
＊15――オウィディウス『変身物語』二・六四一。同『祭暦』六・五参照。

＊16――プラトン『パイドン』八二D、八三B。同『アルキビアデス 一』一二四B―一三〇E参照。

＊17――アリストテレス『詩学』一四五四a二五―二七参照。そこでアリストテレスは悲劇に登場する人物の性格について述べ、目標とすべき第四番目の点として、「性格を首尾一貫して再現すること」を挙げている。またホラティウスの『詩論』一二五―一二七にも「これまでこころみられたことがないものを舞台にのせ、あえて新しい人物をつくり出すなら、それは最初舞台に現われたときの性格を最後まで保持していて、首尾一貫して終始自分自身と合致したものになっていなければならない」と述べている。

＊18――ルクレティウス『事物の本性について』一・七三。

＊19――クインティリアヌス『弁論家の教育』二・五・一八―一九。

＊20――マクロビウス『「スキピオの夢」註解』一・六・六四。

＊21――ホラティウス『詩論』二六九参照。

＊22――キーモーン Κιμων（前五一〇―前四五〇）はアテナイの政治家。前四八〇年のサラミスの海戦（第二回ペルシア戦争）での武勲によって軍事的英雄と称えられ、提督の地位にまで登りつめた。

＊23――ウァレリウス・マクシムス『記念すべき言行録』六・九・三参照。

＊24――キケロ『トゥスクルム荘対談集』五・一〇。

＊25――キケロ『善と悪の究極について』二・一。

＊26――ジュール・マザラン Jules Mazarin（一六〇一―一六六一）はイタリア生まれのフランスの宰相。ローマのイエズス会の学院を卒業後、軍職をへて、外交官に転じ、ローマ教皇の特別使節としてパリに赴任中、ルイ十三世の宰相リシュリューにとりたてられる。一六三九年フランスに帰化。一六四三年、ルイ十四世の即位後、摂政アンヌ・ドートリッシュの宰相に選ばれる。王権の絶対主義路線の維持・確立に努めたために貴族と人民双方からの抵抗を招き、フロンドの乱（一六四八―五三年）のさなかには二度にわたって国外亡命を余儀なくされるが、乱を収拾してからは名実ともに宰相としての実力を発揮し、フランスの国威を高めるのに貢献した。

＊27――フランチェスコ・グイッチャルディーニ Francesco Guicciardini（一四八三―一五四〇）はイタリアの歴史家・政治思想家。フィレンツェの貴族の家に生まれ、法律家として出発するが、メディチ家出身の二名の教皇、レオ十世とクレメンス七世の命を受けて、教会国家の行政官になり、手腕を発揮する。晩年はコジモ一世によって政界を追われ、著述に専念した。『回想録』『フィレンツェ史』『イタリア史』などがある。

＊28――ジャック・キュジャス Jacques Cujas（一五二二―一五九〇）はフランスの法学者。いわゆる「モース・ガリクス」（フランス風）を代表する人文主義者の一人として、中世の註釈書への依存から脱し、ローマ法の原典に直接立ち戻りつつ、当該の法律が成立したさい

の背景をなしていた社会的コンテクストの解明に努めたことで知られる。

*29——メルキオール・カヌス Melchior Canus（一五〇九—一五六〇）はカナリア諸島の司教を務めたスペインのドメニコ会士。サラマンサ大学神学教授。没後の一五六三年に出版された『神学トポス集』によって知られる。

*30——ルクレティウス『事物の本性について』一・九二六—九二七、四・一—一二。

*31——アエミリウス・パピニアヌス Aemilius Papinianus（一四二—二一二）は古代ローマの法学者。『定義集』ほかの著作がある。

*32——アントワーヌ・ファーヴル Antoine Favre（一五五七—一六二四）はフランスの貴族。パリとトリーノで法学を学んだのち、サヴォィア王朝の裁判官を務める。『パピニアヌス法学の知識』の公刊年は一六〇七年。

*33——ピエトロ・スフォルツァ・パッラヴィチーノ Pietro Sforza Pallavicino（一六〇七—一六六七）はイタリアのイエズス会士。コッレギウム・ローマーヌム（イグナティウス・デ・ロヨラによって創設されたイエズス会士たちの寄宿学校）の神学教授を務め、『善について』のなかでキリスト教道徳の体系化を試みた。

*34——プルタルコス『英雄伝』「アレクサンドロスの生涯」一二六参照。

*35——ガリレオ・ガリレイ『偽金鑑別官』四九および『プトレマイオスとコペルニクスとの二大世界体系についての対話』「第三日」参照。

*36――デカルト『哲学の原理』第二部「物質的事物の原理について」三九参照。
*37――アリストテレス『風について』二七三a一―三、一三―一六参照。
*38――リウィウス『ローマ建国史』五・二七・八。
*39――グロティウス『戦争と平和の法』緒言参照。
*40――セネカ『ルキリウス宛て書簡』三六・六、同『心の平静について』一一・三参照。

訳者解説——喩としての『自伝』

1

人の生涯には光り輝く一瞬というものがある。学者の場合、多くは未曾有の発見や発明をなしとげた瞬間がそれであろう。

しかし、ジャンバッティスタ・ヴィーコ（一六六八—一七四四）の場合は、どうであっただろう。ヴィーコは、一般には、『諸国民の共通の自然本性についての新しい学の諸原理』（略称『新しい学』）という著作において、「諸国民の世界はたしかに人間たちによってつくられてきたのであるから、それの諸原理はわたしたちの人間の知性自体の諸様態のうちに見いだすことができるはずである」との観点に立って、人間のつくりなす文化の世界の理解に新たな道を開拓した哲学者として知られる。このヴィーコの場合にもまた、人文学に知識の確実性を確保することになったこの観点をわがものとすることができたときがそうだったのだろうか。それとも、それは同じ著作のなかで彼が「この〈新しい学〉の親鍵」であると呼んでいる例の発見、すなわち、「異教世界の最初の諸国民は自然本性上の必然からして詩人たちであり、詩的記号によって語っていた」という発見に到達したときであったのか。

いや、そうではあるまい。これらのときもさることながら、一七〇八年十月十八日、ヴィーコが雄弁術（修辞学）の教授をつとめていたナポリの王立大学で、新学年度の開講講演をおこなったとき、あのときこそは、ヴィーコにとって、その七十五年におよぶ長い人生のうちでも、もっとも輝かしい一瞬だったのではないだろうか。ヴィーコは、学問研究の世俗的名誉を重んじ、知識は国家の善または市民たちの共通善のためにこそ研鑽にはげまれるのでなければならないとかんがえる政治的人文主義者のひとりであった。そのようなヴィーコにとっては、あの開講講演のときこそは、人生でもっとも輝かしく、記念すべき一瞬だったのではないかとおもわれる。

もっとも、開講講演をおこなったこと自体は、ヴィーコにとって、あの日が初めてであったわけではない。ナポリ大学では十月十八日が新学年度の開講式の日で、当日は雄弁術の教授が新入生を対象に「学問のすすめ」とでもいうべき内容の講演をおこなうのが慣例になっていた。したがって、開講講演そのものについていえば、ヴィーコは、一六九九年に同大学の雄弁術教授に就任して以来、それを毎年のようにおこなってきていた。

ただ、一七〇八年の場合には、例年とはことなる特別の事情があった。ナポリ王国は十六世紀初頭以来スペインの支配下にあったが、当時はそのスペインのカルロス二世亡きあとの王位継承をめぐる戦争の最中で、首都ナポリは前年の一七〇七年からオーストリア＝ハプスブルク家のカールの率いる軍隊によって占領されていた。こうした情勢のもとにあって、ナポリ大学は、一七〇八年の開講式を特別に公開で挙行し、恭順の証しとしてカールに奉献することとした。こうして、同年の開講講演には、学問と政治の悦ばしき結婚のことほぎ役という栄えある役目が託されることになったのである。これは、ヴィーコにとっては、みずからの抱懐する政治的人文主義の理想を身をもって実演してみせるための願ってもない檜舞台の到来を意味していた。

さらに、同年の開講講演の原稿は大学が費用を負担して出版されることに決まった。このことも、ナポリの小さな本屋の息子に生まれ、修業時代をほとんど独学でとおしたのち、三十歳でなんとか王立大学の教授職にありついたものの、それは俸給にして法学教授の六分の一という低い地位の雄弁術教授のポストでしかなく、また、いまだ本格的な著作もなくて無名に近かったヴィーコにしてみれば、じつにありがたいことであった。

「学問方法において、わたしたちのものと古代人のもの、いずれがより正しく、より良いであろうか」。これが晴れの日のためにヴィーコが選びとったテーマであった。彼が後日うちあけているところによると、フランシス・ベイコンが『学問の尊厳と進歩』の末尾において列挙している「諸科学の新世界実現のために願望されることがら」のひとつに加えられるに値するようなものであることを願って選択したとのことである。意気ごみのほどがうかがえようというものである。また、内容のほうも、デカルトの『方法叙説』に代表される新時代の学問方法の問題点がキケロ的＝人文主義的な教養思想の立場から完膚なきまでにえぐりだされていて、たしかに本人が自負するだけのものをそなえていた。ヴィーコ四十歳の秋のことであった。講演の原稿は、約束どおり、翌一七〇九年、『われらの時代の学問方法について』と題して公刊された。

だが、このときのヴィーコはいまだ哲学者ではなかった。哲学者としてのヴィーコは、これのあとに誕生する。その哲学者としてのヴィーコの歩みは、なるほど、一方では、神事と人事にかんする知識のいっさいをある単一の原理のもとに統括しようという、それ自体明らかに人文主義的な教養理念に導かれたものでありながら、同時に他方では、政治的実践の現場からの超越と孤立にむかっての歩みでもあった。しかも、それは多くの点で当の人文主義の拠って立つ地盤そのものを自己否定的に掘りくずしていかざるをえないような性質の歩みであった。『ラテン語の起源から導き出されるイタリア人の太古の知恵』第一巻「形而上学篇」(一七一〇年)に始まり、『普遍法の単一の原理と単一の目的』と『法律家の一貫性』ならびに両書への『註解』からなる通称『普遍法』(一七二〇—二二年)をへて、『新しい学』にいたる過程で敢行される「学者たちのうぬぼれ」からの骨身を削るような自己脱却の努力がそれである。

ヴィーコは、文明または——ヴィーコ自身の好んでもちいる言葉によれば——「諸国民の世界」の起源についてこれまでになされてきた哲学者たちの推理や言語文献学者たちの探究はいずれもがひとつの重大な「錯誤」ないし「うぬぼれ」におちいっているとみる。文明の起源はおよそみすぼらしくて粗野なものであったのであって、「諸国民の世界」を創建した「最初の人間たち」には悟性的判断力は皆無であったといってよく、彼らは全身が感覚と想像力の塊であった。いってみれば、彼らは天性の詩人たちであったのであり、その彼らが生来の「詩的知恵」を発揮してみずから創作した神への恐怖を支えにして「諸国民の世界」は成立をみたのであった。学問が登場するのは、この世界が成立してから何千年もあとになってからにすぎない。ところが、学者たちは、文明化され啓蒙された状態のもとで生きている自分たちの判断規準が「最初の人間たち」にもすでに分かちもたれていたかのようにかんがえて、文明の起源についての推理や探究をくわだててきた。これは「錯誤」ないし「うぬぼれ」以外のなにものでもないというわけなのだ。

そこで、ヴィーコは、文明の起源を明らかにするためには「これまでこの世には一冊の書物もなかったかのようにおもいなしてかからねばならない」との決意をかためる。とともに、人間が生きていくうえで必要または有益なことがらについての「人類の共通感覚」なるものを真理の唯一の規準にすえたうえで、この学者的反省をともなわない人類共通の感覚的判断を宿しているとみられる古語や古物についての「新しい批判術」をもちいて、「諸国民の世界」の創建者たちの「詩的知恵」の深奥にまで分け入っていこうとする。そして、そこから、ひるがえっては、学者たちによっていとなまれる学問の射程と限界を逆照射しようとするのである。

『新しい学』の初版は一七二五年に出た。出版費用を引き受けてくれるはずであったフィレンツェの枢機卿ロレンツォ・コルシーニ（のちの教皇クレメンス十二世）が約束を反古にしてしまったため、一・二五カラットのダイヤの指輪を処分してみずから費用を捻出し、分量も元の原稿を大幅に削減しての苦労の末の出版であった。が、その後一七三〇年に構成も内容も大幅に変更した第二版が刊行される。そして、これにさらに部分的改訂をほどこした第三版が校正も終わって製本に入ろうとしていた矢先の一七四四年一月二十三日、哲学者ヴィーコはその七十五年におよぶ苦難の生涯を閉じたのであった。

2

ところで、このヴィーコには『自伝』がある。イタリアにおける学問の進歩のために現役の著名なイタリア人学者たちの自叙伝記集の編纂を思い立ったヴェネツィア在住の伯爵、ジャン・アルティコ・ディ・ポルチーアから依頼を受けて、一七二五年、『新しい学』第一版の上梓と前後する時期に執筆され、その後一七二八年になって伯爵のもとに送付された追加原稿とあわせて、アンジェロ・カロジェラなる神父が同年ヴェネツィアで創刊した『学芸論集』という季刊雑誌の第一巻に「本人の書いたジャンバッティスタ・ヴィーコの生涯」と題して公表された部分[*1]と、『新しい学』の第二版が出版された直後の一七三一年、今度はヴィーコをウルビーノの《アッソルディートたち（大音響で耳が聞こえなくなってしまった者たち）》というアカデミーの会員に推挙したモデナの僧侶で高名な歴史家、ロドヴィーコ・アントニオ・ムラトーリの依頼で執筆されたものの、ヴィーコの生前には公表されることなくおわってしまい、一八一八年になってようやく、ヴィーコの息子から父親の遺稿類を託されたヴィッラローザの侯爵、カルラントニオ・デ・ローザの手によって日の目を見るにいたった追補部分[*2]とからなる。ヴィーコの思想の形成過程をうかがうための基本テクストである。

が、それにしても、このヴィーコの『自伝』、これはまたなんという自伝であろう。というのも、同書は、自伝でありながら、「ジャンバッティスタ・ヴィーコ氏は……」という書き出しで始まっている。従来から多くの議論を呼んできた三人称体話法である。しかし、注意をうながしたいのは、この点ではない。このような話法の採用自体は、公共の言論にはたとえ話者自身のことであっても三人称をもちいるのがむしろ慣例であった古くからの伝統にしたがっただけのこととみてよいだろう。[*3] 注意をうながしたいのは、これとは別の点である。ヴィーコの『自伝』は、これを普通の意味での自伝と受けとって、著者の思想形成過程を理解するためのこれまた普通の意味での歴史的資料として利用するには、そこで語られていることがらの全体があまりにも喩的でありすぎるのだ。それも、自伝もまたひとつのれっきとした文学作品である以上、駆使されていてもおかしくはない修辞技法の話としてではなくてである。

なるほど、ヴィーコはレトリックの専門家であった。『自伝』を書いたころには、ヴィーコはすでに三十年近くもナポリの王立大学の雄弁術教授の職にあり、毎年、学生たちに法廷弁論の技法を教授してきていた。また、その間に王都の貴顕紳士の冠婚葬祭や歓迎送別等の機会に依頼されてラテン語で執筆したとヴィーコが『自伝』に誇らしげに書きしるしている祝辞、悼辞、賛辞等の儀礼文の数も、十指に余るどころでない。ヴィーコは、文字どおり、レトリックのプロフェッショナルであった。そして、アンドレーア・バッティスティーニがその野心的なヴィーコ研究書『レトリックの尊厳』(一九七五年)に収められている論考「自伝における喩」においてみごとに解析してみせているように、[*4] そうした修辞法の専門家としてのヴィーコの腕前のほどは『自伝』でもそれなりに発揮されていないわけではない。

とくに注目されるのは、これもバッティスティーニの指摘にもあるように、[*5]「グノーメー(γνώμη)」ないし「センテンティア(sententia)」と呼ばれて古くより修辞法の伝統のなかで慣用されてきた掉尾美文が、随所に効果的にもちいられていることである。見てみよう。

まずは一七二八年に公表された部分の冒頭のくだり。そこでは、「ジャンバッティスタ・

ヴィーコ氏は、ナポリで一六七〇年、とても立派な世評を残した実直な両親の子として生まれた。父親は陽気な性格であったのにたいして、母親はかなりの憂鬱気質であった。かくては双方の性質があいまって、彼らの子どもの生まれつきの性質の形成に寄与するところとなった」と書き出しにあったのち、このようなわけで、幼児のころにはヴィーコはきわめて活発で、落ち着きのない性質であったのが、七歳のとき、梯子から転落して頭に大怪我を負ったのがきっかけとなって、それ以後は憂鬱で辛辣な気質の人間になった次第が語られている。そして、さらに言葉を接いで、「このような性質は、機知に富み、しかも深く自省的な人物に特有のものである。彼らは構想力〔創意工夫の能力〕に恵まれているために一瞬のうちに綺想がひらめき、ものごとを深く省察する能力に秀《ひい》でているために軽口をたたいたり虚偽を吹《ふい》聴《ちょう》したりするのを喜ばないのである」としめくくられている。[*6] これなどは、一七三一年に書かれた追補部分の、文字どおり全体の掉尾を飾るつぎの文章[*7]とともに、掉尾美文の効果的な活用のもっとも典型的な例である。

〔…〕それ〔『新しい学』の発見〕以降、ヴィーコは生活と自由と名誉を享受しつつ、卓越したパイドロスがその名を挙げて、

この人のような死をも、もし名声を獲得できるなら、厭わないだろうし、
また灰となって無実が露わとなるならば、誹謗をも甘受するだろう。

と、高潔な誓いを立てていた、あのソクラテスよりも恵まれていると自認していたのである。

また、二十代のさなか、ある領主から息子たちの家庭教師を依頼されて、ナポリの南方にあるチレント半島のヴァトッラという僻遠の地におもむき、「学芸の嗜好が衣服の流行のように二、三年ごとに変化してしまう都会」から隔絶した「森」のなかにあっての「優に九年も続いた孤独」ののち、ナポリにもどってきたものの、「彼の生まれた祖国においてまるで余所者であるかのように生活していただけでなく、だれからも名を知られることなく生活していた」ことを語った、デカルトの『方法叙説』をなぞっていることで有名なくだりには、つぎのような文章も見える。

運命の女神は青年たちの友だと言われる。なぜなら、彼らが生涯の仕事を選択するのは彼らの若い時代に栄えている技芸や職業にもとづいてなのであるが、世の中はその本性上、年々歳々嗜好を変えていくので、やがて年老いて気がついてみると、自分が得意としているのは、もはやだれにも喜ばれず、ひいてはなんの利益も生み出さない知識でしかないという結果とあいなってしまうからである。

ただし、ここでは、この美文措辞上必須のトポスとはいいながら、あまりにも多用されすぎてきたきらいのある文章は、「このような次第で、ナポリでも、十六世紀の最良の学芸がすべて残らず長期にわたって復活するはずであるとみんなが信じていたまさにそのときに、副王公爵閣下のお発《た》ちとともに事態が一変し、あっという間にあらゆる期待を裏切ってなにもかもがご破算となり、まったく新しい状況が出来《しゅったい》するという、学芸上の一大転換が生じたのだった。それというのも、形而上学は修道院に閉じこめておくべきだ、などと二、三年前には言っていた有為な文人たちも、われ遅れじとばかりにそれの修養に精を出しはじめたのだったが、ただし、その形而上学は十六世紀においてあれほど多くの偉大な学者や文人たちを輩出してきたマルシリオ・フィチーノを介してのプラトンやプロティノスにもとづいた形而上学ではなくて、ルネ・デカルトの『省察』にもとづいたものであった」という叙述の、掉尾ではなくて冒頭に置かれている。これは本来の掉尾美文の転用例のひとつとみてよいだろう。*8

ちなみに、ここでヴィーコが言及している「副王公爵」というのは、一六九六年から一七〇二年までナポリに駐在してスペイン国王代理をつとめたメディナセリ公爵ルイス・フランシスコ・デ・ラ・セルダのことである。在任中の一六九八年三月、王宮付属のアカデミー（通称《アッカデミア・パラティーナ》を創設し、学芸の振興を図った。ヴィーコも一六九九年ナポリ大学の雄弁術教授に任ぜられると同時に会員になっている。ただ、この「副王公爵閣下のお発ち」とともに、「学芸上の一大転換」が生じ、十六世紀の最良の学芸の再興がもたらされるはずであったのが、デカルトの『省察』に依拠した形而上学へとだれもがこぞってなだれこんでいったというのは、正確ではない。ヴィーコの言及している十六世紀の最良の学芸の再興というのは、主として、ヴィーコが青年時代に足しげく通って深い影響をうけた在野のアカデミー、《インヴェスティガンテたち（自然探求者たち）》の主宰者のひとりであったレオナルド・ディ・カプアなどが推進しつつあった新ペトラルカ主義的な学風のことを指しているものと推測される。しかし、このディ・カプアの影響のもとで育ったグレゴリオ・カロプレーゾのような人物が新しい王宮付属アカデミーの主導者のひとりであったことは事実であるが、デカルト的〈コギト〉の形而上学への接近は、すでにこの王宮付属アカデミーの内部にあって、ほかでもないカロプレーゾなどによってくわだてられていたのであった。しかも、その彼らのデカルトは、これもヴィーコが指摘しているのとは相違して、それ自体、新プラトン主義的なメンタリズモ（mentalismo）の方向において読みこまれたデカルトであったのである。そして、さらに付言しておくならば、このような思想的展開の背後には、自然主義的経験主義のもとで思想の自由をもとめようとしていた《インヴェスティガンテたち》の段階から一歩飛躍して、理性的精神に導かれた法律の厳格な適用のもとで封建貴族にたいする王権の支配の確立強化をめざそうとしたナポリの新興法曹市民層（ceto civile）の政治的関心が作用していたのであった。*9

しかし、この点はさておき、わたしが注意をうながしたいのは、『自伝』中でもちいられて、それなりに説得効果をあげているかにみえる、これらの修辞技法のことではない。ヴィーコの『自伝』を普通の意味での自伝と受けとって、著者の思想形成過程を理解するためのこれまた普通の意味での歴史的資料として利用するには、そこで語られていることがらの全体はあまりにも喩的でありすぎるとわたしが言うとき、その「喩」というのは、こうした修辞技法によって生じているのとは別の意味においてのものである。

それにどうであろう。レトリックの専門家としてのヴィーコということでいえば、花田圭介が、『思想』第七五二号（一九八七年二月）の特集《ヴィーコを読む》によせた論考「ヴィーコにとってのヴィーコ――『自伝』を読む」において、これらの掉尾美文の活用例に十分な考慮をはらいつつ、そのうえでなお確認しているように、[*10]『自伝』全体としてレトリシャンとしての専門意識は概して旺盛ではないとみてよいのではないだろうか。ひいては、これもまた花田のまとめにあるように、[*11]ヴィーコはむしろ「レトリック教授としての現実の生活を厭い、そこから何とか抜け出ようとして、地割れをおこしているような地点からフィロロジア創出に全精力を傾けている」といえるのではないだろうか。もしそうでなかったとしたら、読者がたちまちにして遭遇するであろう配列の目に余る乱雑さ、重述と渋滞、おびただしい余談の挿入、そしてなによりも陳述の全体をつうじて終始解消されずに残っている晦渋さなど、とてもレトリックの専門家の書いたものとはおもえない事態のかずかずは、いったい、なにに起因しているというのか。

3

では、ヴィーコの『自伝』における言説空間を全体として規定している喩というのは、どのような意味においてのものであるのか。

読んでみるとよい。『自伝』中には、花田も注目しているように、[*12]「運命（fortuna）」とか「前兆（segno）」あるいはまた「守り神（buon genio）」といった言葉が随所に出てくる。そして、それらがヴィーコのつつましやかな生涯にもそれなりにおとずれているさまざまな転機や局面のよってきたるところを説明するのに援用されている。

例1　十二、三歳のころ、やらされていたイエズス会の学校でうけた教師の仕打ちに憤慨して学校を抜けだし、家にひきこもって、毎日、夜を徹して勉強したことがのべられているくだり。「折しも季節は夏だったので、夜になってから勉強机に向かった。優しい母親は、一眠りして目を覚ますと〔息子がまだ勉強しているのを見て〕可哀想に思い、もう寝なさいと命じるのだったが、それでも空が白みはじめるまで息子が勉強を続けていたのを翌朝になって知ることも一度や二度ではなかった。これは、ヴィーコがやがて学芸の研究で年を積んでいくなかで学者としての自分の名声を強力に擁護するにいたったことの前兆であった[*13]」。
例2 「この間、ヴィーコは一度だけ王立大学に出かけたことがあり、そのとき幸運にも守り神の導きで有能な首席法学講師フェリーチェ・アクアディエス氏のクラスを聴講する機会に恵まれた[*14]」。一六八四年、十六歳のころ、またまた家にひきこもってスアレスを勉強していたときの話。
例3 「このような次第であったから、ヴィーコは自分がその言葉に付き従うと誓わねばならないような師をもたなかったことを幸いに思い、あの〔ヴァトッラの〕森のなかで、自分の守り神に導かれて、勉学の時期の大部分をなんらの学派的感情にも左右されずに過ごせたこと」に感謝した[*15]。一六九五年、ヴァトッラからナポリに「祖国にあっての余所者」としてもどってきたときの話。
例4 一七一〇年に公刊した『イタリア人の太古の知恵』第一巻「形而上学篇」と同書をめぐるヴェネツィアの学芸雑誌記者たちとの論争に関説して。「しかし、かねてよりヴィーコのなかで感じられはじめていた文法的語源学への不満は、その後最近の著作〔一七二五年に公刊された『新しい学』〕のなかで彼がすべての言語に共通の自然本性の原理から導き出された言語の起源を発見するにいたったことの前兆であった。〔…〕また、ヴェルラム卿はその本〔『古代人の知恵について』〕のなかで詩人たちの物語る神話伝説から古代人の知恵を探り出そうという試みに乗り出しているが、この本にほとんど満足できなかったことが、ヴィーコが同じく最近の著作のなかで、ギリシア人やラティウムの人たち、そして彼らのあとに登場した他の諸国民がこれまで信じてきたのとは別の詩の諸原理を発見するにいたったことのもうひとつの前兆であった[*16]」。

例5　一七二三年、法学講座公募試験に応募したものの不首尾におわったいきさつを語ったくだり。「しかしながら、ヴィーコは故国〔ナポリ〕の、ひいてはイタリアの栄光のためにこそ生まれたのだった。なぜなら、ヴィーコはモロッコではなくここで生まれて文人となったからである。このことは、ほかでもなくつぎの事実からはっきりと見てとれる。すなわち、このさかしまな運命の一撃――それは他の者なら学問を修めたことを後悔はしないまでも学問なぞもう沢山だと放り出しかねないほどの一撃であったが、そうした一撃にもめげず、他の著作の執筆に励んだという事実がそれである[*17]」。

例6　その準備中の「他の著作」、すなわち、いわゆる「『新しい学』の否定的形態版」が当初出版資金を出してくれるはずであったコルシーニ枢機卿が約束を反古にしてしまったために出版不可能になったことに暗に触れて。「また、その一方では、これまた同じくさかしまな運命の一撃によって、その著作を印刷に回すことができなくなってしまい、〔…〕そこで、なんとかして、もっと簡潔で、ひいてはもっと効果的でもあるような、ひとつの積極的な方法を見つけ出せないものか、と全精神を集中して厳しく思索に思索を重ねた」[*18]。

例7「次いでさかしまな運命がヴィーコの学芸人としての評価を傷つけようとした。しかし、これはヴィーコの力の及ぶ範囲で起こったことではなかったために、その逆境はおよそ君主制下における臣下には期待することがけっして許されていない名誉をヴィーコにもたらすこととなった」[*19]。皇后レオノーレの葬儀にさいして墓碑銘文の作成を仰せつかって献上したものの、採用されず、エピグラフ作家としての世上の評判に傷がつこうとしていたところへ、副王の使者が事情説明のためにわざわざヴィーコの家まで足を運んでくださったという話。

このように、ヴィーコの『自伝』にあっては、「運命」や「前兆」あるいはまた「守り神」といったものどもが頻繁に出没しては彼の人生のさまざまな転機や局面のよってきたるゆえんの説明役を買って出ている。わたしが『自伝』におけるヴィーコの言説空間を全体として規定している喩ということで言おうとしているのは、これらの「運命」や「前兆」あるいはまた「守り神」といったものどものまとっている喩的性格のことにほかならない。

4

実際にも、ヴィーコは、一七二八年に公表された部分の初めのほうで、叙述の方針というか、執筆にとりかかるにさいしての覚悟を明らかにして、こう宣言している。

ルネ・デカルトはもっぱら自分の哲学と数学だけを称揚し、神および人間のことがらにかんする知識の完成をめざす他のいっさいの学問をおとしめようとして、自分の習得した学問の方法について狡猾に装ったが、ここではそのように装うことはしないようにしよう。ここでは〔デカルトの場合とは違って〕、歴史家として当然の率直さをもって、ヴィーコが修めた学問のすべてが逐次順序を追って包み隠さず物語られるだろう。こうして、彼の学者としての、このようであるべきであったのであってこれ以外ではありえなかった成りゆきの、固有にして自然本性的な諸原因が知られるようになるだろう。[*20]

また、一七三一年の追補部分中の、ポルチーア伯爵からの依頼で「みずからの学芸的生涯」について書くにいたった経緯を回顧したくだりでは、今度は全体を総括して、つぎのようにのべている。

ここに見られるとおり、それ〔みずからの学芸的生活〕を哲学者として書いた。だからこそ、もろもろの自然的ならびに道徳的な原因とさまざまな運命の機会について省察したのだった。幼少のころから、ある種の研究にたいして他の種の研究にたいしてよりも強く抱いていた好悪について省察したのだった。自分の進歩を促したり妨げたりした好機や逆境について省察したのだった。そして最後に、自分なりになんらかの正しい方向を求めておこなってきたいくつかの努力について省察したのだった。この努力がやがてヴィーコに『新しい学』という彼の最新の著作を書きあげるさいの基礎をなしているもろもろの反省を実らせることとなったのであって、この著作こそはヴィーコの学者としての生涯がこのようでなければならずこれ以外であってはならなかったことを立証してくれているはずなのである。*21

前の文章の前段、「狡猾に装った（astutamente finse）」とはずいぶんとまた思いきった言い方をしたものである。

ここで指弾されているのが例の『方法叙説』におけるデカルトの叙述態度であることはあえて言葉をはさむまでもあるまい。デカルト自身の言によれば、同書において提供されるのは自分がたどってきた学問のそれ自体紆余曲折にみちた道程のありのままを逐次包み隠さずに物語った「一篇の歴史（une histoire）」以外のなにものでもなく、読者のだれもが著者の「率直さ（franchise）」に満足してくれるだろうとのことであった。[*22] そして、実をいえば、このデカルトの『方法叙説』こそは、おそらく、ポルチーア伯爵の計画の淵源にあって、モデルとして思いえがかれていた作品でもあったのだ。というのも、ライプニッツが一七一四年三月二十二日、パドヴァ出身の哲学者にして数学者であるアントニオ・コンティの声望のことを伝えてきたヴェネツィア逗留中の友人にウィーンから送った手紙のなかに、「デカルトは自分がほとんどなにも読まなかったかのようにわたしたちに信じこませようとしたが、これはいささかやりすぎであった」とあったのち、「しかし、もろもろの着想の源泉がわたしたちに明らかになり、それらをいくぶんかでもわたしたち自身のものにできるようなしかたで、他の者たちの発見を研究するのはよいことだ。だから、わたしは創案者たちが彼らの発見と彼らがそこに到達するまでの歩みの歴史をわたしたちに提供してくれることを願っている」との述言が見える。このライプニッツの願望のことがコンティに伝わり、さらにコンティをつうじて友人のポルチーア伯爵に伝えられたと推測されるのである。[*23]

ところが、その『方法叙説』を指して、ヴィーコは、デカルトが「自分の哲学と数学」、すなわち、数学に範をとった彼の普遍学の理念、〈マテーシス・ウーニウェルサーリス〉の理念を称揚するために巧妙につくりあげたフィクションにほかならないという。そして、「歴史家として当然の率直さ（ingenuità dovuta da istorico）」は、彼ヴィーコのほうこそがこれを誇りうるであろう、と。「デカルトの敵」ヴィーコの面目躍如といったところであろうか。さきほども見たように、『方法叙説』の文句や構成をほとんどそのままなぞってまでして、対抗心をたくましくしている「デカルトの敵」ヴィーコのである。

しかし、このデカルトにたいするヴィーコの敵対的態度の意味するところについてはいまはおく。また、同じく前の文章の後段、「歴史家として当然の率直さをもって、ヴィーコが修めた学問のすべてが逐次順序を追って包み隠さず物語られるだろう」との宣言がなされながら、これにただちに「ヴィーコの学者としての生涯がこのようでなければならずこれ以外であってはならなかったことを立証してくれているはずなのである」との限定が付けられていることについても、いまはただこうした限定が付されていること、そして、前の宣言文では「歴史家として（da istorico）」物語るとあったのが、後の総括文では——この限定句中にいわれている「原因の認識」ということを仲立ちにして——「哲学者として（da filisofo）」書いたとなっていることに注意をうながすだけにとどめておく。

ともあれ、ここでヴィーコは、前後いずれの場所においても、〈新しい学〉を見いだすにいたったみずからの学者としての生涯を「このようでなければならずこれ以外であってはならなかった（tale e non altra）」というように規定するとともに、前者では、そのような「このようであるべきであったのであってこれ以外ではありえなかった」みずからの学者としての生涯の、その「原因（cagioni）」について省察することが『自伝』執筆の目的であると宣言し、後者では、事実そうした省察をおこなってきたのだと総括している。

しかしながらどうであろう。言われているような「原因」の認識、これをヴィーコはほんとうになしえているであろうか。

この点について、『自伝』のうちに、「実際にはのちになって発見されたものであるのに、それをあたかもあらかじめ設定されていた目標であったかのようにわたしたちにおもわせる」、それ自体としては自然な「錯覚」にとらわれた一種の目的論と、ヴィーコが抱懐し『新しい学』の実現へと結実させていった諸観念の「心理的」起源についての説明の欠如とを見ているのは、ヒューム的懐疑論の流れをくむ十九世紀前半期イタリアの哲学者で最初のまとまったヴィーコ著作集を編んだジュゼッペ・フェッラーリである。フェッラーリは、みずからの「学者としての、このようであるべきであったのであってこれ以外ではありえなかった成りゆきの、固有にして自然本性的な諸原因」を究明するとの当人の主張にもかかわらず、『自伝』は結局のところ、「ごくありふれた伝記、またはせいぜいがひとつの歴史的資料以外のものではない」と断定している。*24

もっとも、このフェッラーリの断定にたいしては、ベネデット・クローチェが、そのヴィーコ研究史上の記念碑的著作『ジャンバッティスタ・ヴィーコの哲学』（一九一一年）に付されているヴィーコの生涯と性格にかんする論考において、ヴィーコは自分の生涯について「哲学者として」書いたとのべているのに、このことをフェッラーリはまったく見ていない、と批判している。そして、彼のいわゆる「精神の学としての哲学」の旗色を鮮明にしながら、反問している。「哲学者の生涯を哲学者として書くということは、彼の思考が客観的必然性をもつものであったことを理解し、それの手がかりのかずかずを、それを思考していた瞬間には本人にはまったく不分明であったところにも見つけだすということでなくて、なんであろうか」と。また、そのように「哲学者として」書いた結果、ヴィーコの『自伝』は「『新しい学』を著者本人の伝記に適用したもの」となっているが、「この方法は独創的ながら、同時にまた正しい真実の方法でもあるのだ」と。しかし、かくいうクローチェも、ただちに言葉を接いで認めているのではなかったか。「ヴィーコがこのみずからに課した任務を部分的にしか遂行しえなかったことはあえて強調するまでもなく明らかである」と。[*25]

それよりも、ここでもまた花田の指摘――。随所に「運命」とか「前兆」あるいはまた「守り神」といった言葉が出てきて、これらがみずからの生涯におとずれたさまざまな転機や局面のよってきたるゆえんを説明するのに援用されていることに注目した花田は、このような「運命」の意識に支配されたヴィーコの『自伝』に「オイディプス型自伝」という呼称をあたえるとともに、「少なくとも『自伝』に関する限り、生けるヴィーコを生かしている「好き」「嫌い」「幸運」「勘違い」「逆境」「噂」等々、気紛れな「運命」の謎は何らかの原因その他によって明かされるというよりも、それら自体が広い意味での原因、出来事の謎を明かすものとされている」と指摘している。[*26] 率直なところ、こう見たほうがよほど当たっているのではないだろうか。ひいては、総括のほうのくだりには「原因」の文字とならんで「さまざまな運命の機会（occasioni della fortuna）」という文句が見えるが、これもけっして偶然ではなかったと言ってよいのではないか。しかも、これもまた同じく花田の指摘にあるように、[*27]

こうして一方では「運命」へといっさいを還元し、三人称体で平静かつ沈着に叙述を進めることが意図されながらも、他方では、ときに満たされずに一人称表現を強く要求する叙情や叙意によって平静が乱され、澄明さに歪みが生じている。そして、このことが、ひるがえっては、当の「運命」自体、「歴史家」と「哲学者」との結びつき自体を、ひとつの謎として読後に残す結果となっているのである。

なお、人生において経過する諸事件の「歴史」的記述とそれらの事件の「原因」についての「哲学」的省察とのヴィーコにおける一種独特な結びつきについて、これを花田は、『自伝』にかんするかぎり、ヴィーコの理解するタキトゥスにおける「あるがままの人間の観察」と「比類なき形而上学的精神」との「奇しき結び付き」に由来しているようにおもわれるとのべているが、[28] そのさい花田が念頭においている『自伝』中の「比類のない形而上学的知性をもって、タキトゥスは人間をそのあるがままの姿において、プラトンはそのあるべき姿において観照している」というくだりにも、やはり「悪意と運命のもたらす無数の不規則な出来事」といった言葉が出てくる。[29] 留意しておいてよい点かとおもう。

ただ、ここで見落としてならないのは、これら『自伝』の随所に出没しては人生のさまざまな転機や局面のよってきたるゆえんの説明役を買って出ている「運命」とか「前兆」あるいはまた「守り神」といったものどもは、それ自体がいずれも、ある何者かの喩として登場しているということである。ヴィーコの生涯には、たしかに、その背後にあって全体を終始強く緊縛している何者かが存在している。しかしまた、それを直叙することはヴィーコにはできない。そうであればこその「運命」なのである。「前兆」なのである。「守り神」なのである。これらを花田は「遁辞」と呼んでいる。[*30] しかし、「遁辞」というよりも、その直叙しようにも直叙しようのない何者かの、これらは喩にほかならなかったのではないだろうか。

そして、最後にさらに一言付け加えさせてもらうなら、ヴィーコがレトリック教授としての現実の生活を厭い、そこからなんとか抜け出ようとして、地割れをおこしているような地点からのものであったと花田のとらえている〈新しい学〉としてのフィロロジーアの創出に向けての努力——この努力が展開されるのも、ほかでもない、ひとり『自伝』にかぎらず、一般に、みずからの、学問的とはいいながら、その当の学問的な言説空間をも規定しているとみられる本質的に喩的な性格の、今度はそのよってきたるゆえんの省察としてであったのである。[*31]

＊1——"Vita di Giambattista Vico scritta da se medesimo" in : *Raccolta d'opuscoli scientifici e filologici*, t. I (1728), pp. 143–256. ヴィーコ自身の作成になる著作目録が付いている。

＊2——*Opuscoli di Giovanni Battista Vico*, raccolti e pubblicati da Carlantonio de Rosa marchese di Villarosa (Napoli, Porcelli, 1818), I, pp. 88–158. この追補部分を公けにするにあたって、編者のヴィッラローザ侯爵は、ヴィーコの晩年にかんするさらなる追加文をみずから作成して付加している（cf. pp. 158–168）。ヴィッラローザ侯爵版がその後ながらく定本として普及したこともあって、ヴィーコの『自伝』といわれる場合には、侯爵による追加部分をふくめていわれることが多い。

＊3——グスタヴォ・コスタは、自伝を書くにあたって、ヴィーコは詩人ガブリエッロ・キアブレーラ（一五五二—一六三八）の自伝 *Vita di Gabriello Chiabrera scritta da lui medesimo*（一六二五年ごろ出版）の様式を模倣したのではないか、との推定をおこなっている。Cf. Gustavo Costa, "An Enduring Venetian Accomplishment: The Autobiography of G. B. Vico," *Italian Quarterly*, 21 (1980), pp. 49–50. これにたいして、ドナルド・フィリップ・ヴェリーンは、キアブレーラの自伝がヴィーコの三人称様式の源泉である可能性はみとめつつも、そのような様式自体はローマと人文主義の伝統のなかに先例があることに注意をうながしている。Cf. Donald Phillip Verene, *The New Art of Autobiography. An Essay on the Life of Giambattista Vico Written by Himself* (Oxford, Oxford University Press, 1991), pp. 66–69.

*4——Andrea Battistini, "Il traslato autobiografico" in: Id., *La degnità della retorica. Studi su G. B. Vico* (Pisa, Pacini, 1975), pp. 15–50.

*5——Cf. ibid., pp. 26–28.

*6——Vico, *Opere*-Laterza, V: *L'autobiografia, il carteggio e le poesie varie*. Seconda edizione riveduta e aumentata a cura di B. Croce e F. Nicolini (Bari, Laterza, 1929), p. 3. 本書八―九ページ。

*7——Vico, *Opere*-Laterza, V, p. 79. 本書一六九ページ。

*8——Vico, *Opere*-Laterza, V, pp. 20 seqq., 24–25. 本書五二ページ以下。五五ページ。

*9——メディナセリ公爵の創設した《アッカデミア・パラティーナ》の活動内容とその意義にかんしては、さしあたり、Biagio de Giovanni, "Il ceto intellettuale a Napoli fra la metà del '600 e la restaurazione del Regno" in: Aa. vv., *Storia di Napoli*, vol. VIII (Napoli, Edizioni Scientifiche Italiane, 1968), pp. 353–466; Silvio Suppa, *L'Accademia di Medinacoeli. Fra tradizione investigante e nuova scienza civile* (Napoli, Istituto italiano per gli studi storici, 1971) を参照のこと。また、《インヴェスティガンテたちのアカデミー》については、拙著『ヴィーコの懐疑』（みすず書房、一九八八年）に収録してある「数学と医学のあいだで――ヴィーコとナポリの自然探求者たち」を見られたい。

*10——花田圭介「ヴィーコにとってのヴィーコ――『自伝』を読む」『思想』第七五二号（一九

八七年二月)、五一ページ。

*11――同右、五五ページ。

*12――同右、四五ページ。

*13――Vico, *Opere*-Laterza, V, p. 4. 本書一一―一二ページ。

*14――Vico, *Opere*-Laterza, V, p. 6. 本書一五ページ。

*15――Vico, *Opere*-Laterza, V, pp. 21-22. 本書四八ページ。

*16――Vico, *Opere*-Laterza, V, pp. 37-38. 本書八二―八三ページ。

*17――Vico, *Opere*-Laterza, V, p. 48. 本書一〇四ページ。

*18――Vico, *Opere*-Laterza, V, p. 48-49. 本書一〇五ページ。

*19――Vico, *Opere*-Laterza, V, p. 57. 本書一二二―一二三ページ。

*20――Vico, *Opere*-Laterza, V, p. 5. 本書一二―一三ページ。

*21――Vico, *Opere*-Laterza, V, pp. 62-63. 本書一三三―一三四ページ。

*22――Cf. Descartes, *Œuvres*, publiées par Charles Adam & Paul Tannery, VI: *Discours de la Méthode & Essais* (Paris, Vrin, 1965), p. 4. 谷川多佳子訳『方法序説』(岩波文庫、一九九七年)、一一ページ。

*23――Cf. Max Harold Fisch, Introduction to : *The Autobiography of Giambattista Vico*. Translated by Max Harold Fisch and Thomas Goddard Bergin (First printing for Great Seal Books:

Ithaca, New York, Cornell University Press, 1963), pp. 4-5 ; Mario Fubini, Prefazione a: Giambattista Vico, *Autobiografia*, a cura di Mario Fubini (Prima edizione nella « NUE Nuova serie »: Torino, Einaudi, 1977), p. VIII. もっとも、ポルチーア伯爵は、『学芸論集』第一巻に掲載されている彼の趣意書「イタリアの学者たちへの各自の生涯について書くことの提案」(Progetto ai letterati d'Italia per scriver le loro Vite) のなかでは、ヴィーコからよせられたものを「いままでに受けとったもののうちでいちばん自分の構想に合致している」とのべ、基準として参照するよう他の執筆予定者にもとめている。Cf. Fisch, op. cit., p. 6 ; Fubini, op. cit., p. VIII ; Battistini, op. cit., p. 16. なお、ライプニッツの手紙は、G. W. Leibniz, *Die philosophische Schriften* ed. Gerhardt, III (Unveränderter Nachdruck der Ausgabe Berlin 1887: Darmstadt, Olms, 1965), pp. 564-70 に収録されている。一九七八年八月二十一―二十五日、ヴィーコの『自伝』のヴェネツィアでの出版二百五十年を記念してジョルジョ・チーニ財団とジョルジョ・タリアコッツォの主宰するヴィーコ研究所が共催した国際シンポジウム《ヴィーコ/ヴェネツィア》の記録、*Vico e Venezia*, a cura di Cesare De Michelis e Gilberto Pizzamiglio (Firenze, Olschki, 1982) に収録されている Cesare De Michelis, "L'autobiografia intellettuale e il « Progetto » di Giovanartico di Porcia" (pp. 91-106) も参照のこと。

*24――Cf. Giuseppe Ferrari, Prefazione a: *Opere di Giambattista Vico*, ordinate ed illustrate da

Giuseppe Ferrari (Seconda ed.: Milano, Classici italiani, 1852–1854), vol. IV, pp. X–XVI. Prima ed., 1835–1837.

＊25——Cf. Benedetto Croce, "Intorno alla vita e al carattere di G. B. Vico" in: Id., *La filosofia di Giambattista Vico* (Bari, Laterza, 1911), pp. 280–81. ベネデット・クローチェ著、上村忠男編訳『ヴィーコの哲学』（未來社、二〇一一年）、第1章「ヴィーコの生涯と性格について」、四五—四六ページ。

＊26——花田、前掲論文、四八—四九ページを参照のこと。

＊27——同右、五三ページ。

＊28——同右、五四—五五ページ。

＊29——Vico, *Opere*-Laterza, V, p. 26. 本書五七ページ。

＊30——花田、前掲論文、四五ページ。

＊31——ヴェリーンは、ヴィーコの『自伝』についての注目すべき試論『新しい自伝術』（一九九一年）のなかで、ヴィーコの『自伝』を『新しい学』において「諸国民の世界に共通の自然的本性」の解明のために彼の開発した「生成論的方法」を自分自身の生涯に適用しようとした「哲学的自伝」であり、「verum ipsum factum の原理の一事例」であるとおさえたうえで、「ヴィーコの観点のもとにあっては、自伝はたんなる内観でもなければ、諸観念と諸現象との結びつきについての批判的理解という意味での反省的知識でもない。自伝的

思考というのは、ヴィーコの観点のもとにあっては、スペキュラティヴ（speculative）なものである。あるいはヴィーコ自身のもちいている用語でいいかえるならば、省察的-物語的な思考である。この種の思考においては、認識者は自分が自分自身についての真実のスペクルム〔鏡像〕を獲得したとおもうまで、彼自身の存在の諸行為を言語のなかで反復ないし「模倣」する。自伝を書く者の自己認識の仕事が完了するのは、彼が世界劇場の内部に彼自身の劇場を設営しえたと判断するときである」とのべている（Verene, op. cit., pp. ix-x, 228-30）。しかし、「生成論的方法」の開発もさることながら、ヴィーコの『新しい学』の最大の学問論的意義は、ここでヴェリーンのいう「自分自身についての真実のスペクルム」の獲得にむけてのスペキュレーション自体があるひとつの〈根源的な隠喩作用〉を基礎として遂行されているという事実を「諸国民の世界」の場面において明らかにしたことではなかったのか。『自伝』においても問われるべきであるのは、その〈根源的な隠喩作用〉がヴィーコというひとりの個人の生涯のうちにどのようなかたちであらわれているかということであろう。

訳者あとがき

本書は十八世紀ナポリの哲学者ジャンバッティスタ・ヴィーコの『自伝』の新訳である。

翻訳の底本にはつぎのテクストを使用した。

“Vita di Giambattista Vico scritta da se medesimo (1725–8),” “Aggiunta fatta dal Vico alla sua autobiografia (1731),” “Gli ultimi anni del Vico. Aggiunta del marchese di Villarosa,” in: Giambattista Vico, *Opere*, vol. V: *L'autobiografia, il carteggio e le poesie varie*, a cura di Benedetto Croce e Fausto Nicolini (Seconda ed. riveduta e aumentata: Bari, Laterza, 1929), pp. 3–88.

また、「訳者解説」の注1と注2で指示しておいたオリジナル・テクスト“Vita di

Giambattista Vico scritta da sa medesimo" in: *Raccolta d'opusculi scientifici e filologici*, t. I (1728), pp. 143-256; *Opuscoli di Giovanni Bttista Vico*, raccolti e pubblicati da Carlantonio de Rosa marchese di Villarosa (Napoli, Porcelli, 1818), I, pp. 118-158, 158-168 にくわえて、以下のイタリア語各版所収のテクストおよび各国語訳を参照した。

Giambattista Vico, *Opere*, ordinate ed illustrate da Giuseppe Ferrari, vol. IV: *Principj di una Scienza nuova d'intorno alla comune natura delle nazioni,* secondo l'edizione del MDCCXXV, si aggiungono le *Vindiciae in Acta Eruditorum Lipsiensia*, ec. e la *Vita* dell'autore (Seconda ed: Milano, Società tipografica de'classici italiani, 1853)

Giambattista Vico, *Opere*, vol. I: *Autobiografia; Della antichissima sapienza del'italiani; ed Orazioni accademiche*, a cura di Francesco Sav. Pomodoro (Napoli, Stamperia de'classici latini, 1858)

Giambattista Vico, *Autobiografia (1725–1728),* a cura di Fausto Nicolini (Milano, Bompiani, 1947)

Giambattista Vico, *Autobiografia,* seguita da una scelta di lettere, orazioni e rime, a cura di

Mario Fubini (Torino, Einaudi, 1947; Seconda ed.: 1965)

Giambattista Vico, *La Scienza nuova e Opere scelte*, a cura di Nicola Abbagnano (Torino, UTET, 1951)

Giambattista Vico, *Opere*, a cura di Fausto Nicolini (Milano-Napoli, Ricciardi, 1953)

Giambattista Vico, *Opere*, a cura di Paolo Rossi (Milano, Rizzoli, 1959)

Giambattista Vico, *Opere filosofiche*, introduzione di Nicola Badaloni, a cura di Paolo Cristofolini (Firenze, Sansoni, 1971)

Giambattista Vico, *Autobiografia, Poesie, Scienza nuova*, a cura di Pasquale Soccio (Milano, Garzanti, 1983)

Giambattista Vico, *Opere*, a cura di Andrea Battistini (Milano, Mondadori, 1990)

Giambattista Vico, *Autobiography,* translated by Max Harold Fisch and Thomas Goddard Bergin (Ithaca, NY, Cornell University Press, 1944; Great Seal Books: 1963)

Giambattista Vico, *Autobiographie*, mit einer Einführung in Vicos philosophische Bedeutung von Vinzenz Rüfner (Zürich-Brüssel, Occident-Verlag, 1948)

Giambattista Vico, *Vie de Giambattista Vico écrite par lui-même, Lettres, La méthode des études de notre temps.* Présentation, traduction et notes par Alain Pons (Paris, Grasset, 1981)

ジャンバッティスタ・ヴィーコ著、福鎌忠恕訳『ヴィーコ自叙伝』（法政大学出版局、一九九〇年）

ジャンバッティスタ・ヴィーコ著、西本晃二訳『ヴィーコ自叙伝』（みすず書房、一九九一年）

＊　＊　＊

付録1のカンツォーネ「望みを絶たれた者の想い」は、ヴィーコがチレント半島のヴァトッラという土地の領主ドメニコ・ロッカの子息たちの家庭教師をしていた一六九二年、その土地の森のなかでうたったものという。翌一六九三年にドメニコ・ロッカへの献辞を添えて公刊された。刊行地は「ヴェネツィア」となっているが、実際にはナポリで印刷されたもののようである。ヴィーコの最初の公刊作品であるが、どういうわけか、『自伝』中にはこの作品についての言及はない。しかし、人間存在の両義性をめぐって若きヴィーコが苦悩に満ちた思索をめぐらせていたことがよくうかがわれる作品であるので、ここに訳出させてもらった。翻訳の底本には“Affetti di un disperato,” in: Vico, *Opere*, vol. V: *L'autobiografia, il carteggio e le poesie varie* cit., pp. 313-317 を使用した。

付録2の「英雄的知性について」は、ヴィーコが一七三二年十月十八日に王立ナポリ大学でおこなった開講講演である。

ヴィーコが雄弁術教授に採用された王立ナポリ大学では毎年十月十八日が新学年度の開講式の日で、当日は雄弁術教授が新入生を対象に「学問のすすめ」とでもいうべき内容の講演をおこなうのが慣例になっていた。したがって、『自伝』でもくわしく紹介されているように、ヴィーコも、一六九九年に雄弁術教授に就任後は一七〇八年まで毎年のようにそのような趣旨の講演をおこなっていた。なかでも、一七〇八年におこなわれた第七回目の開講講演は、翌年、大学が経費を負担して『われらの時代の学問方法について』というタイトルで公刊されている。

ただ、その後は——同様の開講講演を一七一九年にもおこなったという記述が『自伝』に見られるものの——、ナポリ大学だけではなく、イタリア各地の大学を見舞うこととなった学制上の危機ともあいまって、開講式の日に雄弁術の教授が講演をおこなうという慣例はいつしか廃れてしまったようである。

しかしながら、ナポリ大学では、一七三一年十二月に国王の勅命で「王国司祭長」の職に就き、規定にしたがって王立大学の学長も兼任することとなったドメニコ会士、チェレスティーノ・ガリアーニの熱意によって、この慣例が復活する。こうしてヴィーコが雄弁術教授としての職責上、一七三二年十月十八日におこなった開講講演が「英雄的知性について」なのであった。講演の原稿はただちに、これも大学が経費を負担して大学専属の印刷業者ジョヴァン・フランチェスコ・パーチのもとで印刷され、公刊された。現存資料からうかがうかぎり、ヴィーコがナポリ大学でおこなった最後の開講講演である。

翻訳の底本には"De mente heroica," in: Giambattista Vico, *Opere*, vol. VII: *Scritti vari e pagine sparse*, a cura di Fausto Nicolini (Bari, Laterza, 1940), pp. 3-20を使用した。また、訳出にあたって、Giambattista Vico, *Opere*, XII: *Varia. Il 'De mente heroica' e gli scritti latini minori*, a cura di Gian Galeazzo Visconti (Napoli, Guida, 1996), pp. 134-169所収のイタリア語対訳付きラテン語テクストのほか、Giambattista Vico, *Opere*, a cura di Fausto Nicolini (Milano-Napoli, Ricciardi, 1953), pp. 909-926に収録されているFausto Nicoliniによるイタリア語訳と、*Social Research*, Winter 1976, pp. 886-903に掲載され、その後、*Vico and*

Contemporary Thought, edited by Giorgio Tagliacozzo, Michael Mooney, Donald Phillip Verene (London and Basingstroke, Macmillan, 1980), vol. 2, pp. 228-245 に再録された Elizabeth Sewell & Anthony C. Spignano による英語訳を参照した。

ちなみに、Giambattista Vico, *Opere*, a cura di Andrea Battistini (Milano, Mondadori, 1990), pp. 367-401 にもイタリア語対訳付きラテン語テクストが収められているが、イタリア語訳にかんしては Nicolini 訳がそのまま採用されている。また、英語訳には、*New Vico Studies*, Vol. 22 (2004), pp. 85-99 に掲載された Paul J. Archambault による翻訳もあるが、これも Nicolini によるイタリア語訳からの重訳である。

＊　＊　＊

ヴィーコの『自伝』の性格と意義については、拙著『バロック人ヴィーコ』（みすず書房、一九九八年）の序章「喩としての『自伝』」で考察をこころみたことがある。この論考は、みすず書房の了解を得て、本書に「訳者解説」として転載させてもらった。また、カンツォーネ「望みを絶たれた者の想い」についても、拙考「若きヴィーコと人間存在の両義性」、『知の考古学』第七号（一九七六年三―四月）――その後、拙著『ヴィーコの懐疑』（みすず書房、一九八八年）に収録――のなかで、少しばかり立ちいって考察をめぐらせている。参照されたい。

なお、「英雄的知性について」は『思想』第一〇五〇号（二〇一一年十月）に掲載された拙訳をそのまま転載させてもらった。転載を許可してくださった岩波書店『思想』編集部に感謝する。

＊　＊　＊

最後ながら、本書の編集を担当してくださった平凡社編集部の保科孝夫さんに感謝の意を表させていただく。

二〇一二年五月　　上村忠男

平凡社ライブラリー　768

自伝《じでん》

発行日…………2012年8月10日　初版第1刷

著者……………ジャンバッティスタ・ヴィーコ
訳者……………上村忠男
発行者…………石川順一
発行所…………株式会社平凡社
〒101-0051　東京都千代田区神田神保町3-29
電話　東京(03)3230-6579［編集］
東京(03)3230-6572［営業］
振替　00180-0-29639

印刷・製本 ……中央精版印刷株式会社
DTP…………平凡社制作
装幀……………中垣信夫

ISBN978-4-582-76768-1
NDC 分類番号137
B6変型判（16.0cm）　総ページ360

平凡社ホームページ　http://www.heibonsha.co.jp/

平凡社ライブラリー　既刊より

【思想・精神史】